W0271882

ANDREA SCHWARZ

Leben

WAS SONST!

365 Entdeckungen

Patmos Verlag

Leben – was sonst!
Für Alfons und Hildegard
und Alfons und Elsbeth,
die bestimmt schon viel Spaß miteinander hatten!

FSC www.fsc.org
MIX
Papier aus verantwortungsvollen Quellen
FSC® C083411

Klimaneutral
Druckprodukt
ClimatePartner.com/14549-2003-1001

Alle Rechte vorbehalten
© 2020 Patmos Verlag
Verlagsgruppe Patmos
in der Schwabenverlag AG, Ostfildern
www.patmos.de

Bibelzitate folgen der Einheitsübersetzung der Heiligen Schrift
© 2016 Katholische Bibelanstalt Stuttgart

Gesamtgestaltung: Finken & Bumiller, Stuttgart
Druck: CPI books GmbH, Leck
Hergestellt in Deutschland

ISBN 978-3-8436-1261-6

Lieber Leser, liebe Leserin,

mitten in die Zusammenstellung der Texte für dieses Buch kam „Corona" und hat die Welt und unseren Alltag in den vergangenen Wochen und Monaten ziemlich durcheinandergewirbelt. Auf einmal war das „normale Leben" durchkreuzt, Ausgangssperren, Kontaktbeschränkungen, Todesstatistiken, Reproduktionszahlen, *home office* ... all das brachte Verunsicherung und Angst mit sich. Und plötzlich bekam der Titel dieses Buches, der schon länger feststand, eine überraschend neue und aktuelle Bedeutung: *Leben – was sonst!*

Ja, es klingt ein bisschen trotzig, diese Erinnerung an das Leben inmitten der tödlichen Bedrohung, die uns alle derzeit im Griff hat. Im Moment kann noch niemand sagen, wie es mit dem Virus weitergeht. Eines Tages wird Corona hoffentlich nur noch Erinnerung sein.

Aber solche „Mächte des Todes" gab es schon immer und wird es auch immer geben. Sie haben sehr verschiedene Namen. Früher waren es die Pest und Wegelagerer, feindlich gesinnte Völker und bittere Armut, die zum Auswandern zwang. Da gab (und gibt) es Versklavung, Ausbeutung ganzer Erdteile und furchtbare Kriege. Heute sind es Klimaerwärmung, Mikroplastik in den Weltmeeren, die atomare Bedrohung, weltweite Fluchtbewegungen, Hungerkatastrophen. Und ganz individuell und persönlich immer wieder Tod, Krankheit, Angst, Einsamkeit, Verzweiflung, Gewalt, Ohnmacht. „Corona" ist nur *ein* Name, *eine* „Erscheinungsform" solch tödlicher Bedrohungen.

Diese „Mächte des Todes" werfen auch durchaus *existenzielle* Fragen auf. Aber wir als Christen dürfen und können diesen Fragen ein trotziges „Leben – was sonst!" als Antwort entgegensetzen. Nicht blauäugig, sondern aus dem Glauben heraus an einen Gott, der das Leben will, „Leben in Fülle" für uns. Das nimmt den Tod nicht weg, egal, welchen Namen er trägt. Aber wir wissen um einen, der den Tod kennt, der ihm nicht ausweicht, ihn nicht leugnet, sondern durch ihn hindurchgeht – hin zu neuem Leben. Und der uns einlädt, ihm zu folgen.

Leben – was sonst! Das ist die unverschämte und freche Gewissheit, dass das Leben das letzte Wort hat und eben nicht der Tod.

Dazu wollen die Texte dieses Buches einladen, wollen Spuren legen und Zeichen setzen, Mut machen und Hoffnung geben. Denn ich habe wenig Lust dazu, den „Mächten des Todes" oder irgendwelchen Viren einfach kampflos das Feld zu überlassen. Leben – was sonst!

Ein Text, eine „Ent-deckung", eine Ermutigung für jeden Tag des Jahres ... aber man kann genauso gut quer und nach Zufallsprinzip lesen ... oder auch drei Texte an einem Morgen. Wichtig könnte sein: sich das Leben in den Rucksack packen – und damit losgehen!

Manche der Texte beziehen sich dabei auf die Bibel – uraltes Wissen, Erfahrungen der Menschen mit dem Gott des Lebens und den Mächten des Todes, ist dort ins Wort gebracht. Vielleicht macht Sie ja das eine oder andere Zitat neugierig – dann lesen Sie einfach mal in der Bibel nach. Es gibt noch einiges mehr in „Sachen Leben" zu entdecken!

Ob Sie wohl Lust dazu haben? Na ja, wie sagte schon *Johann Gottfried Seume* (1763–1810, deutscher Dichter): „Das Beste vom Leben ist, dass man niemand zwingen kann, es zu leben."

Aber möglicherweise brauchen Corona & Co. eine entsprechende Antwort von uns.

Meine jedenfalls heißt: Leben – was sonst!

Steinbild, am 14. Mai 2020, dem Fest der heiligen Corona (nicht gerade geplant, aber auch nicht unpassend)

INHALT

JANUAR

ahnen

MIT GOTT

In alten Kassenbüchern, gut verwahrt in entsprechenden Archiven, kann man es manchmal noch lesen: Fein säuberlich steht da auf der ersten Seite geschrieben: „Mit Gott“. Und erst danach kommen die Zahlen über Einnahmen und Ausgaben, Kredite und Schulden und das ganz profane Geschäft.

„Mit Gott“ – wäre das nicht eine gute Überschrift für die erste Seite des noch unbeschriebenen neuen Jahres? All das, was das neue Jahr uns bringen mag, unter dieses Vorzeichen stellen – all das Schöne und Traurige, das Frohe und Belastende, die Katastrophen und die kleinen Wunder. All das, was uns Menschen angeht, berührt, betrifft, bewegt – mit Gott. Und eben nicht nur während einer Stunde am Sonntag in der Kirche ... sondern jeden Tag neu.

Gott will das Leben mit uns leben. Deshalb ist er Mensch geworden – damit er in unser Leben „hineinpasst“, genau zwischen all die Mails und das Mittagessen-Kochen, zwischen Einkaufen und Betten-Machen und Die-Mülltonne-vor-die-Tür-Stellen.

Aber wir müssen ihn auch in unser Leben hineinnehmen. Er ist da, aber drängt sich nicht auf. Er lässt uns die Freiheit, „nein“ zu sagen.

Teresa von Ávila soll einmal gesagt haben: „Gott und ich sind immer in der Mehrheit!“

Warum also das neue Jahr nicht mit Gott?

Mit Gott – für das Leben.

HEILIGE TAGE

Fast ist es wie ein Ritual für mich – am Anfang eines neuen Jahres blättere ich schon einmal durch den Kalender: Was erwartet mich? Welche Termine stehen schon drin? Viele Termine haben etwas mit Arbeit zu tun, einige sind privat: Geburtstagsfeiern oder Urlaub zum Beispiel. *Holidays,* wie man so schön neudeutsch sagt ...

Irgendwann stolperte ich mal über dieses Wort *holidays* – eigentlich klingt es fast wie *holy days,* „heilige Tage“. Ein Blick ins englische Herkunftswörterbuch half mir weiter. Das Wort kommt aus dem alten Englisch und meinte ursprünglich religiöse Festtage, an denen man dann natürlich auch frei hatte. Und im Laufe der Zeit wurden aus den *holy days,* den heiligen Tagen, ganz einfach die Tage, an denen man frei hatte, *holidays* eben.

Aber „freie Tage“ sind heute nicht mehr unbedingt „heilige Tage“ – und „heilige Tage“ bedeuten nicht mehr, dass man auch frei hat. Umso notwendiger brauche ich aber für mich *holy days* und eben nicht nur *holidays.* Diese „heiligen Tage“ müssen nicht unbedingt deckungsgleich mit den offiziellen „Feiertagen“ der Kirche sein, aber sie müssen irgendwo in meinem Terminkalender drinstehen – Tage ohne Telefon, Mails, Computer. Tage, an denen ich vor Gott einfach „ich“ sein darf, ich, Andrea. Tage, an denen ich nicht die pastorale Mitarbeiterin, nicht die Schriftstellerin, nicht die Leiterin und Trainerin bin.

Es lohnt sich, zu Jahresbeginn den Kalender einmal abzuklopfen, ob er neben den Ferien, den *holidays,* auch ausreichend *holy days,* heilige Tage, für mich und Gott bereithält. Arbeitstermine stehen eh schon genug drin.

GOTTES CLOWN SEIN

Anfang Januar findet vielerorts die Sternsinger-Aktion statt: Kinder und Jugendliche ziehen als „Heilige Drei Könige“ verkleidet durch die Straßen, segnen die Häuser und sammeln Geld für Kinder in Afrika oder Südamerika.

Eine Kollegin hängte gerade ein Plakat dazu auf, als ein kleiner Junge auf sie zukam und neugierig fragte: „Was is’n das?“ Sie erzählte davon, aber schon nach zwei Sätzen hellte sich sein Gesicht auf, und er sagte stolz: „Das kenn ich! Da hab ich letztes Mal auch mitgemacht! Ich war der Clown!“

Ich kann mir den verwirrten Blick der Kollegin gut vorstellen – ein Clown bei der Sternsinger-Aktion? Aber schließlich klärte sich alles auf: Jens war beim letzten Sternsingen der Caspar, also einer der Heiligen Drei Könige, gewesen – und der „Kasper“, das ist schließlich so was wie ein Clown. Ein Clown bei den Heiligen Drei Königen? Warum eigentlich nicht? Ist es nicht irgendwie verrückt, aufgrund eines Sterns aufzubrechen und loszugehen? Auf etwas zu vertrauen, das regelrecht in den Sternen steht?

Ja, das ist närrisch. Aber genau dazu sind wir als Christen eingeladen. Wir sollen so wie die Heiligen Drei Könige aufmerksam und wach sein – um den Stern aufgehen zu sehen. Um seiner Botschaft zu vertrauen und aufzubrechen. Um das, was wir suchen, nicht bei den Reichen und Mächtigen zu finden, sondern bei den Armen und Zu-kurz-Gekommenen. Ja, manche mögen das lächerlich finden – aber „Christ-Sein“ war schon immer ein wenig „anders“ – oder sollte es zumindest sein.

Leonardo da Vinci sagt es so: „Binde deinen Karren an einen Stern!“ – das mag verrückt sein, aber vielleicht doch eine Idee für das neue Jahr?

Lieber Sterngucker

heute Nacht
lacht mir
der Mond
auf meinen Schreibtisch

und ich
lebe im Aufbruch
bin vertraut mit der Angst
widerstehe
der Versuchung zur Sesshaftigkeit

heute Nacht
ist mir
die Zwischenstation
Heimat
genug

neben mir
der Koffer
gepackt
mit Sehnsucht

DEM STERN GLAUBEN

Wie ich das damals erlebt habe, was Sie heute „Weihnachten“ nennen, fragen Sie? Na ja, wenn ich ganz ehrlich sein soll – wir kamen ein bisschen zu spät und waren zuerst auch noch an der falschen Adresse. Und irgendwie war alles ganz anders, als ich mir das gedacht hatte.

Zunächst einmal: Ich bin gar kein König – und die beiden anderen sind es auch nicht. Wir sind Sterndeuter – in den dunklen Stunden der Nacht, wenn andere schlafen, schauen wir in den Himmel und versuchen herauszufinden, was die Sterne uns sagen wollen. Und manchmal wird dann eine Sehnsucht in uns wach: Möge es doch mehr als nur diese irdische Wirklichkeit geben, mehr als den Staub und die Mühe des Alltags! Ja, es sind oft sehr einsame Nächte – und doch wird gerade in solchen Stunden das Neue möglich, wird anderes denkbar, werden Träume und Visionen greifbar.

Und dann sah ich ihn, den Stern! Den, der noch nie da gewesen war! Und er stand am Himmel, und seinem Ruf konnte ich mich nicht entziehen. Ich musste aufbrechen, losziehen, meiner Sehnsucht folgen, das Neue suchen.

Was ich zu finden hoffte? Kann man denn so genau sagen, wovon man eigentlich träumt? Ist da nicht einfach eine Idee, eine Ahnung? Und dann sieht man plötzlich den Stern – und geht los ... Unterwegs habe ich die beiden anderen getroffen. Auch sie hatten sich berühren lassen von diesem Stern – und von ihrer Sehnsucht. Im Suchen haben wir uns gefunden – und gemeinsam waren wir unterwegs. Und wir folgten dem Stern, unseren Träumen, unseren Visionen.

Der Weg war weit und lang. Und mühsam. Das Ziel, das wir irgendwie nur erahnten, lag nicht gerade um die Ecke. Was würden wir finden? Oder würde unser Weg ins Leere gehen?

Und dann Jerusalem – die große Stadt. Bei den vielen Lichtern konnten wir den Stern nicht mehr sehen. Wir wussten nicht wohin. Nach der Stille der Wüste brachen die Geräusche, die Stimmen der Menschen, die Hektik regelrecht über uns herein. Wo sollten wir suchen?

In unserer Verwirrung und Ratlosigkeit gingen wir zum König. Aber dort fanden wir nicht, was wir suchten. Im Gegenteil – unsere Fragen machten ihn unruhig. Er schickte uns weiter, in ein kleines Dorf namens Betlehem. Und als wir Jerusalem verließen, war plötzlich auch der Stern wieder da.

Und dann fanden wir, was wir nicht gesucht hatten.

Ein kleines, neugeborenes Kind ...

Und das sollte das Ziel unserer Träume, des langen Weges sein? Wir schauten uns an – und traten doch näher.

Und da spürten wir es. Dieses Kind war das Andere, das Neue. Mit diesem Kind war etwas geboren worden, das die Welt braucht. Ein Stück Himmel war zur Erde gekommen – um uns den Himmel zu öffnen, mitten in all dem Staub und der Mühe unseres Alltags. Um uns zu zeigen, dass Grenzen überschritten werden können. Um unserer Sehnsucht einen Namen und Hand und Fuß zu geben.

Ich weiß nicht mehr viel von dieser Begegnung. Ich weiß nur, dass ich niederkniete vor dem Kind – und dass es mich anlächelte.

Und in diesem Moment bin ich dann doch zum König geworden.

Weil dieses Kind mich ansah und mich meinte.

Weil es mir seine Liebe schenkte ... und den Himmel für mich öffnete.

Und weil dieses Stück Himmel jetzt mit mir geht ...

Mutter Nacht

Nur in den dunklen
Stunden der Nacht
bekommen Visionen
Hand und Fuß
haben Träume
ein Gewicht
werden Märchen
Wirklichkeit

und verwundert
lauscht der Morgen
unbekannten Melodien

Als Jesus am See von Galiläa entlangging, sah er Simon und Andreas, die auf dem See ihre Netze auswarfen, sie waren nämlich Fischer. Da sagte er zu ihnen: Kommt her, mir nach!
Die Bibel, Markus-Evangelium, Kap. 1, Verse 16–17

AN EINEM TAG WIE JEDER ANDERE

Als sie am Morgen unter ihren Decken hervorkriechen, schimmert das Licht zur Tür herein. Der Hahn kräht, die Schafe blöken – Zeit für einen neuen Tag. Ein Blick zum Himmel, wie würde das Wetter werden? Das Feuer anfachen, Wasser warm machen, ein kaltes Stück gebratenen Fisch vom Vorabend – ein Morgen wie jeder andere. Und dann fahren sie hinaus auf den See, um zu fischen ... so wie sie es jeden Tag tun ...

Dass es kein Tag wie jeder andere ist, das können sie noch nicht wissen. Dass da einer am Ufer steht und sie ruft – und dass sie alles stehen und liegen lassen, um ihm zu folgen. Dass da etwas ihre Alltagsroutinen plötzlich durchkreuzt, dass da jemand etwas von ihnen will – und für sie will.

Es gibt Momente, die das Leben auf den Kopf stellen, die ihm eine vollkommen andere Richtung geben. Und meistens weiß man am Morgen noch nicht, dass es der Tag für solch einen Moment ist. Und vielleicht ist es ganz gut so, dass wir es am Morgen noch nicht wissen – wer weiß, ob wir uns dann nicht die Decke über den Kopf ziehen würden, um einfach weiterzuschlafen. In einem neuen englischen Kirchenlied heißt es: „Herr, du kamst ans Ufer des Sees, voll Liebe hast du mich angeschaut, mich zärtlich lächelnd beim Namen gerufen. Und ich hab mein Boot am Ufer zurückgelassen – um mit dir zu neuen Ufern zu gehen!“ Neue Ufer, die können sich an einem Tag wie jedem anderen ergeben – auch wenn ich am Morgen noch gar nichts davon weiß.

BIST DU EIGENTLICH NEUGIERIG?

Als ich einer Freundin neulich diese Frage stellte, schluckte sie kurz, bemerkte dann trocken: „Das ist eine gute Frage!“, schwieg einen Moment und sagte: „Neugierig bin ich nicht – aber interessieren tät's mich schon!“ Und ich denke, mit dieser Antwort hat sie den Nagel auf den Kopf getroffen. Denn das mit der Neugier ist so eine Sache – neugierig sein will man nicht, aber interessieren tät es einen halt schon ...

Auch die Bibel kennt solche Situationen. Zwei Jünger Johannes' des Täufers gehen Jesus nach, und als er das merkt, wendet er sich um und fragt sie: *Was sucht ihr?* – und sie antworten mit einer Gegenfrage: *Meister, wo wohnst du? (Die Bibel, Johannes-Evangelium, Kap. 1, Vers 38).*

Ja, das ist neugierig – und wenn uns diese Frage gestellt wird, dann gibt es in der Regel ganz verschiedene Antwortmöglichkeiten. Man kann natürlich einfach den Namen der Straße sagen, in der man wohnt. Aber manchmal fangen wir auch an zu erzählen – von der schönen Wohnküche, von dem Fliederbusch vor der Tür, von dem Sonnenlicht, das auf dem Boden spielt. Es kommt ganz darauf an, wer fragt und wie er fragt. Denn wir spüren instinktiv, dass der andere eigentlich wissen will, wie ich lebe. Und manchem mag ich das erzählen – und für andere reicht der Straßenname.

Ja, die Neugier hat zwei Gesichter. Zumindest kenne ich von meinen Eltern noch den Satz: „Sei nicht so neugierig!“ – und damit war jede Diskussion beendet. Es gehört(e) zur guten Erziehung, andere nicht neugierig auszufragen. Neugier kann tatsächlich Formen annehmen, die Grenzen überschreitet, wenn eine Frage in einen Bereich meines Lebens hineinzielt, den ich dem anderen nicht öffnen will.

Andererseits – wer Neues und neue Welten entdecken will, der muss neugierig sein. Und das gilt für *Christoph Kolumbus* (1451–1506) genauso wie für *Albert Einstein* (Physiker, 1879–1955), der einmal gesagt hat: „Ich habe keine besondere Begabung, sondern bin nur leidenschaftlich neugierig."

Eine solche Neugier will nicht wissen, um selbst mächtiger zu sein und das Wissen irgendwie auszunutzen – sondern eine solche Neugier will wissen, weil es mich wirklich interessiert, weil mir etwas am anderen liegt, weil ich glaube oder denke, dass der andere etwas weiß oder hat, von dem ich etwas lernen kann. Eine solche Neugier will sich nicht mit dem Alten und Hergekommenen zufriedengeben, sondern will neue Welten entdecken.

Neugier kann positiv und negativ sein. Es kommt auf meine Absicht an. Bin ich wirklich am anderen interessiert – oder verspreche ich mir nur irgendwelche Vorteile davon?

Jesus hat die beiden Jünger nicht mit irgendwelchen Straßennamen abgespeist. Er lädt sie ein: *Kommt und seht!* Und sie gehen mit Jesus und bleiben den Tag bei ihm. Und sie werden zu seinen ersten Jüngern.

Mich lassen diese Gedanken ein wenig nachdenklich zurück: Bin ich noch neugierig auf Gott? Bin ich wirklich interessiert an ihm? Will ich wissen, wo er eigentlich wohnt? Traue ich mich, ihn zu fragen: *Wo wohnst du?*

Ja, es könnte sein, dass Jesus heute wie damals sagt: Komm und sieh! Mach dir selbst ein Bild! Red nicht nach, was andere sagen! Hab deine eigene Meinung!

Aber dazu müsste ich wenigstens ein ganz klein wenig neugierig sein ...

WAS MEINEM LEBEN FEHLT

Manchmal ist Leben sehr klein und eng. Da jongliere ich zwischen Terminen hin und her, probiere, meine To-do-Listen irgendwie ordentlich abzuarbeiten, versuche halbherzig, mich abzugrenzen, und verliere mich doch irgendwie in all dem, was zu tun ist. Manchmal fühle ich mich so, als würde ich gelebt, statt zu leben.

Wenn ich Wildgänse höre oder sie fliegen sehe, dann werde ich sehnsüchtig. Sie erinnern mich an Freiheit, an Weite, an Unterwegs-Sein. Und einen Moment lang ahne und spüre ich, was meinem Leben fehlt: Ich hätte Lust aufzubrechen und loszuziehen, Neues auszuprobieren, mir den Wind um die Nase wehen zu lassen, wieder mal das Prickeln auf der Haut zu spüren, voller Lust und Neugier. Irgendwie so ein bisschen Pippi Langstrumpf eben ...

Stattdessen erledige ich meine To-do-Listen, bringe das Auto zur Inspektion, erarbeite die Vorlage für den Gottesdienst, schreibe den Beitrag für die Kirchenzeitung, packe die Wäsche in die Waschmaschine, beantworte Mails, denke über neue Formen der „Feier der Versöhnung“ nach, schaue nach den Sonderangeboten, bereite das Seminar vor. Und denke: Das Bad müsste ich auch mal wieder putzen ...

Manchmal ist es mir zu viel, die Termine, das Verplant-Sein, das zu Erledigende. Und ich habe zu wenig Zeit für Träume, Visionen, Spontaneität.

Da ist ein Zuviel an Pflicht – und ein Zuwenig an Lust.

Mitten im Leben hab ich die Lust am Leben verloren.

Höchste Zeit für Sehnsucht.

**hungrig
nach leben**

ausgehungert
bin ich
und doch übersatt

ausgehungert nach leben
echtheit liebe
freude mich spüren

übersatt
von falschheit neid
ehrgeiz status die anderen

und so
halt ich dir
meine leeren hände entgegen

meine leeren hände
voll hunger
und sehnsucht

komm
ich bin
da

Vor der Tür des reichen Mannes aber lag ein armer Mann namens Lazarus. Die Bibel, Lukas-Evangelium, Kap. 16, Vers 20

GUCK MAL VOR DER TÜR …

Unsere Welt ist laut und schnell geworden. Oft sind wir so sehr damit beschäftigt, alles mitzukriegen, immer dabei zu sein, dass wir manches nicht mehr sehen und wahrnehmen. Ein Spruch, den ich auf einer Karte las, bringt es auf den Punkt: Von innen sieht ein Hamsterrad auch wie eine Karriereleiter aus. Man läuft und läuft und läuft – und kommt doch nirgendwo an. Und bis man das merkt und durchschaut, kann es manchmal zu spät sein.

Dabei liegt das wirklich Wichtige direkt vor der Tür. Und wenn man diese Tür öffnete, würde man regelrecht darüber fallen. Da ist nämlich das Leben – live und ungeschminkt, in all seiner Herrlichkeit und seiner Tragik, mit allem Leid und allen Freuden. Da ist der junge Mann aus Afrika, der, seitdem er dreizehn war, auf der Flucht und nirgendwo mehr zu Hause ist. Da ist die junge Frau, die an einer Sozialphobie leidet und sich nicht mehr unter Menschen traut. Da ist das Eichhörnchen, das sich den Meisenknödel klaut. Da ist die stille Ecke in einer alten Kirche, in der Kerzen brennen. Da ist die Umarmung eines Freundes, und da sind die Tränen einer Freundin. Wenn man rausgeht, begegnet man dem Leben. Live.

Zugegeben – es kann einfacher sein, die Tür geschlossen zu lassen. Man kann sich wunderbar in dem einrichten, von dem man denkt, es sei das Leben. Aber es könnte sein, dass man sich dann doch eines Tages fragt: Und das soll alles gewesen sein? War es nicht … aber es lag vor der Tür.

der ruf
der wildgänse
erinnert mich

ruf
sehnsucht
bestimmung

vielleicht heimat
und doch
wieder aufbruch

miteinander
und doch
allein

der erde verbunden
mit dem himmel
vertraut

mich dem wind geben
das dunkel
als freund

um eines tages
vielleicht
anzukommen

an der krippe
am kreuz
oder irgendwo auf dem
weg

dem zu begegnen
der mich
ruft

ich hab noch
lust auf leben

nicht mehr
jede herausforderung
annehmen

aber noch einmal
die koffer packen
und unterwegs sein

um mich
zu spüren
und

das
was
trägt

IN DIE PFÜTZEN SPRINGEN

Grad ist ein Wolkenbruch über Juist heruntergegangen. Auf den Straßen stehen große Pfützen ... aber schon wagen sich die Menschen wieder aus den Häusern hervor, wo sie Zuflucht vor dem Regen gesucht haben. Zwei Kinder, mit Gummistiefeln und Regenjacken, vielleicht drei und fünf Jahre alt, haben ihren Spaß – sie springen mit beiden Füßen in die Pfützen, dass das Wasser nur so umherspritzt, und lachen und freuen sich.

Ich schaue ihnen zu – und werde ein bisschen wehmütig. Ja, so war ich auch einmal ... aber wann habe ich das eigentlich verlernt? Ich hab es wohl in dem Moment aufgegeben, als mir bewusst wurde, dass dabei die Schuhe nass und die Hosen dreckig werden können ... oder es mir entsprechend klargemacht wurde. Und so gehe ich inzwischen ganz ordentlich um die Pfützen herum. Dann bleiben die Schuhe trocken und die Hose sauber – aber ich hab auch keinen Spaß mehr. Und jetzt werde ich nachdenklich. Sollten tatsächlich trockene Schuhe und saubere Hosen wichtiger sein als die Freude am Leben?

Könnte es sein, dass Kinder etwas wissen und können, was wir „Großen“ verlernt haben? Könnte es sein, dass wir uns manchmal nicht mehr am Leben freuen, weil das Kind in uns nicht mehr leben darf? Könnte es sein, dass gerade dadurch Leben manchmal schwer und kompliziert werden kann? Und zur Last?

Bei Gott, unserem Vater, dürfen wir getrost Kinder sein. Und Freude am Leben haben. Und mit beiden Füßen in die Pfützen springen.

Nasse Schuhe trocknen wieder – und für dreckige Hosen gibt es eine Waschmaschine.

Die Freude am Leben ist das wert. Kinder wissen das.

Alle Zöllner und Sünder kamen zu Jesus, um ihn zu hören. Die Pharisäer und die Schriftgelehrten empörten sich darüber.
Die Bibel, Lukas-Evangelium, Kap. 15, Verse 1–2

„SUCHER" GESUCHT!

Zöllner und Sünder einerseits – Pharisäer und Schriftgelehrte andererseits: Worin unterscheiden sich eigentlich die beiden Gruppen? Vielleicht darin: Die einen suchen, aus ihrer Schwachheit heraus, trotz aller Fehler – die anderen meinen, schon längst gefunden zu haben.

Gefunden haben: Ich weiß, wie das hier läuft, das haben wir schon immer so gemacht, das ist richtig und das ist falsch, wie kommen Sie denn auf die Idee?, also das hat noch nie funktioniert ... Suchen: Ich weiß nicht, aber ich würde gerne, ich sehne mich nach etwas, vielleicht doch?, ich bin noch nicht fertig mit Gott und der Welt, mir reicht das nicht, ich träume von etwas anderem, das kann doch nicht alles gewesen sein ...

Zöllner und Sünder, Pharisäer und Schriftgelehrte – vielleicht stehen sie für Haltungen, die es nicht nur zur Zeit Jesu gab, sondern durchaus auch heute. Diejenigen, die meinen, schon gefunden zu haben, wollen nicht mehr aufbrechen. Und werden sich über alles aufregen und empören, was ihre Ruhe stört. Die wollen alles so lassen, wie es schon immer war. Diejenigen, die suchen, haben nichts zu verlieren, sondern nur zu gewinnen. Sie sind offen für das Neue, sind bereit, etwas zu probieren und etwas zu riskieren. Die suchen das Andere und gehen der Hoffnung nach.

Die einen empören sich über Jesus, die anderen hören ihm zu. Ich könnte mir vorstellen, dass Jesus eher Sucher will – und nicht Gefunden-Habende ...

Ein Mann hatte zwei Söhne. Er sagt zum ersten: Geh und arbeite heute im Weinberg. Er antwortete: Ich will nicht. Später aber reute es ihn und er ging hinaus. Die Bibel, Matthäus-Evangelium, Kap. 21, Verse 28–29

IN DIE ANTWORT HINEINWACHSEN

Vor einigen Jahren fragte mich der südafrikanische Priester, mit dem ich damals zusammenarbeitete: Könntest du dir eigentlich vorstellen, mal in Südafrika zu arbeiten? Nein, das konnte ich mir gar nicht vorstellen. Aber irgendwie – die Frage blieb und war ein Stachel im Fleisch. Und aus dem Nein wurde so ganz allmählich ein „Na ja, warum eigentlich nicht?“ ... da lockte etwas, da war etwas Reizvolles an der Überlegung. Und dann sagte ich doch Ja und ging. Und es war eine wichtige Zeit in Südafrika, und es war eine gute Entscheidung.

Damals habe ich etwas gelernt. Manche Fragen sind so wertvoll, dass ihnen eine spontane Antwort nicht gerecht wird. Die Antworten darauf müssen und dürfen wachsen. Wer dann vorschnell mit „ja, ja“ antwortet, nur um den quengeligen Frager loszuwerden oder keinen Ärger zu bekommen, der verpasst was. Der sagt Ja und tut doch nichts. Aber dann wird auch nichts geschehen.

Manche dieser Fragen kann ich mir selbst stellen, andere werden mir gestellt: Wozu willst du leben? Wofür bist du? Und für was trittst du ein? Mit einer schnellen Antwort ist es bei solchen Fragen nicht getan. Ich kann sie an die Seite schieben, aber ich kann mich von den Fragen auch bewegen, zum Suchen einladen lassen. Und genau darum geht es im Glauben. Sag ich „ja, ja, Herr“ – und tue doch nichts, oder wachse ich in mögliche Antworten hinein?

Vor
dem Wind

wenn
du
voran
kommen willst

dann musst du
den sicheren Hafen
der Bequemlichkeit
der Geborgenheit
der scheinbaren Ruhe
verlassen

wag dich
hinaus
stell dich
dem Wind

mach die Leinen los
bestimme den Kurs
richte die Segel aus
und trau dich

nur
wer losfährt
wird
ankommen

Da sprach Gott zu dem reichen Bauern: Du Narr! Noch in dieser Nacht wird man dein Leben von dir zurückfordern. Wem wird dann das gehören, was du angehäuft hast? Die Bibel, Lukas-Evangelium, Kap. 12, Vers 20

WETTEN DASS ...

Wahrscheinlich machen wir Menschen es schon seit Urzeiten – wetten. Welches Pferd ist das schnellste? Welcher Ringer ist der stärkere? Wer gewinnt das entscheidende Fußballspiel – und wird das Kind ein Junge oder ein Mädchen? Offene Fragen, offene Entscheidungen – da haben Vermutungen, Einschätzungen, Prognosen Hochkonjunktur.

Wenn ich mir meiner Meinung sehr sicher bin, dann traue ich mir zu, etwas vorherzusagen. Und wenn ich mir noch sicherer bin, dann setze ich sogar Geld dafür ein. Ich wette, dass ...

Die Frage stellt sich auch im Leben: Worauf setze ich? Was ist mein Einsatz? Wofür stehe ich ein? Woran glaube ich?

Ich kann auf das „hier und jetzt" setzen. Aber wenn ich auf Gott setze, auf ein „danach" oder ein „darüber hinaus", dann wird im „hier und jetzt" anderes wichtig.

Blaise Pascal, ein französischer Philosoph (1623–1662), sagt es so: Setze auf den Glauben. Wenn du gewinnst, gewinnst du alles. Wenn du verlierst, verlierst du nichts.

Man kann es auch so sagen: Wenn es mir im „hier und jetzt" hilft, an ein „danach" oder „darüber hinaus" zu glauben, dann gewinne ich immer.

Aber entscheiden muss ich mich halt schon.

Einladung

da lädt mich einer ein
zu lachen und zu weinen
zu klagen und zu träumen
zu lauschen und zu staunen
zu danken und zu wandeln

leben hier und jetzt
es ist meine Entscheidung

aber
um Antwort
wird gebeten

Und plötzlich weißt du: Es ist Zeit, etwas Neues zu beginnen und dem Zauber des Anfangs zu vertrauen. Meister Eckhart zugeschrieben

ein zettel
beim aufräumen
gefunden

und
plötzlich
weiß ich

es wird zeit
den nächsten schritt
in den blick zu nehmen

sich zu verabschieden
anderes zu beginnen
mich neu verzaubern zu lassen

über grenzen zu gehen
neues zu wagen
mich zu probieren

mit schmerzen und mit tränen

und mit ganz viel lust
auf leben

gebet am morgen

vom licht
der morgendämmerung
herausgelockt

aus dem
dunkel
der nacht

die tür
in den tag
öffnen

den schlaf noch
in den augen
die haare verstrubbelt

ins grün hinausschauen
die vögel zwitschern hören
den wolken nachschauen

frei atmen
mich spüren
sein

und
Gott
guten morgen sagen

Und die Menschen waren voll Staunen über seine Lehre; denn er lehrte sie wie einer, der Vollmacht hat. Die Bibel, Markus-Evangelium, Kap. 1, Vers 22

MIT VOLLMACHT

Ich gebe es zu – Sport gehörte in der Schule nicht gerade zu meinen Lieblingsfächern. Während der Zeit auf der Realschule war es deshalb diese Note, die mein Zeugnis nicht ganz so schön aussehen ließ. Beim Abitur aber war das anders – da hatte ich plötzlich die höchstmögliche Punktzahl in dem Fach. Nein, ich war nicht unbedingt sportlicher geworden – aber die Lehrerinnen hatten gewechselt. Die eine hatte mir jeden Spaß und jede Begeisterung genommen, die andere erkannte meine Begabung für Volleyball und setzte mich im Schulteam ein. Und da war ich gerne dabei.

Man kann sehr unterschiedlich lehren. Wie einer das tut, hat weniger etwas mit Lehrplan, Methodik und Didaktik zu tun, sondern viel mehr mit einer Haltung. Kinder spüren sehr genau, ob etwas echt ist und von innen heraus kommt – oder eben nur aufgesetzt und äußerlich ist. Und entsprechend ist die Reaktion der Schüler. Und das gilt auch für unser Christ-Sein: Andere spüren, ob etwas wirklich von innen heraus kommt, ob wir das leben und glauben, was wir da sagen, ob wir selbst davon erfüllt sind. Wenn es sich aber für den anderen nicht echt „anfühlt", dann wird er auch kein Interesse daran haben. Und „Das macht man eben so" war schon in meiner Jugend kein besonders überzeugendes Argument.

Jesus lehrt das, was er ist – und er ist das, was er lehrt. Deshalb kann seine Rede solch eine Wirkung haben – man glaubt ihm, was er sagt. Und für so einen spiel ich gern im Team mit.

AUFBRECHEN

Wer aufbricht, der hat eine Entscheidung getroffen. Der geht los. Der verlässt etwas und nimmt Neues in den Blick.

Manchmal wird man zum Aufbruch gezwungen. Man spürt, irgendwas passt und stimmt nicht mehr. Was vor kurzem noch getragen hat, trägt nicht mehr. Man muss sich neu orientieren, das Vertraute verlassen. Und das kann auch wehtun.

Dann wieder hat man selbst Lust zum Aufbruch, ist neugierig auf das Neue und Andere, lässt das Alte gerne hinter sich zurück.

Jeder Aufbruch bricht auch denjenigen auf, der sich auf den Weg macht. Da tut sich was, da verändert sich was – in mir. Kein Aufbruch ist kostenlos zu haben. Wichtig könnte die Frage sein: Wozu breche ich auf – und wohin?

Mein „wozu und wohin?" finde ich in einem Satz von *Pablo Neruda* (1904–1973), einem chilenischen Dichter: „Ich bekenne, ich habe gelebt!" Diesen Satz möchte ich gerne eines Tages über mein Leben sagen können. Und dazu gehört auch: Ich habe den Aufbruch gewagt, habe Neues riskiert, hatte Mut zum Anders-Sein! Ich habe gelebt!

Ich jedenfalls finde das spannender als: Ich habe am Samstag den Bürgersteig gefegt, habe alle Rechnungen pünktlich bezahlt, habe versucht, es immer allen recht zu machen.

Aber wie gesagt – es ist natürlich Ihre Entscheidung.

Von Gott geleitet

mache ich mich auf den Weg verlasse den Hafen
setze Segel folge den Sternen
traue der Sehnsucht geb mich der Weite

lasse los um Neues zu gewinnen
breche auf um anderes zu entdecken
wage mich in die Unendlichkeit

mit Bangen und Hoffen
mit Suchen und Sehnen
mit Fragen und Ahnen

verlass ich die Enge
gebe die Sicherheit auf
mache den nächsten Schritt

voll Vertrauen

du bist
dabei

Die Kraft wächst mit dem Weg

wenn du
Gott vertraust
seiner Zusage
glaubst
den nächsten Schritt
wagst

ohne zu ahnen
wohin der Weg führt
ohne zu wissen
wie das Ziel heißt
nur von Hoffnung
und Sehnsucht getrieben

dann wirst du
achtsam bleiben
wach mit allen Sinnen
suchen und sein
und dankbar für Zeichen und Worte
und staunen darüber

wie sich
Schritt für Schritt
ein Weg ergibt
sich das Ahnen verdichtet
der Boden trägt
und zum Quellgrund wird

Gottes Versicherung

Sonntagsüberweisungen
kaufen nicht frei
kein Rabatt für
gute Führung
weder Mahnung noch
Computernummer
kein Schadensersatz
und keine Kostenübernahme
Risiko
auf eigene Rechnung

nur das Leben
wird gestellt

Da sagte Jesus zu Simon und seinem Bruder Andreas: Kommt her, mir nach! Die Bibel, Matthäus-Evangelium, Kap. 4, Vers 19

MITARBEITER GESUCHT!

Die Frage ist vielerorts drängend: Wie finden wir neue Mitarbeiter? Wer kandidiert für den Pfarrgemeinderat, wo ist jemand, der die Orgel spielen will und kann? Eine Frauengemeinschaft löst sich auf, weil sie niemanden findet, der im Vorstand mitarbeiten will – und manche Leiter von Wort-Gottes-Feiern müssen an drei Wochenenden hintereinander „ran“, weil sonst niemand da ist. Ein bisschen neidisch liest man dann dieses Evangelium von der Berufung der Jünger und denkt: Wäre doch toll, wenn das so einfach gehen würde! Aber so einfach geht das leider nicht.

Zum einen sind wir nicht Jesus. Der hatte wahrscheinlich schon eine ganz besondere Ausstrahlung und Anziehungskraft. Zum anderen: Jesus hat nicht alle gefragt, sondern nur einige. Und er hat sie zunächst einmal einfach zum Mitgehen eingeladen. Sie konnten und durften bei ihm sein, ihm zuhören, sich an seiner Nähe freuen, sozusagen etwas für sich tun. Und er stellt interessante Möglichkeiten in den Raum ...

Wenn Menschen eingeladen werden, bei etwas Spannendem dabei zu sein, bei etwas, was mit ihrem Leben zu tun hat, dann hören sie hin, bekommen Lust darauf. Wenn Mitarbeiter gesucht werden, dann gibt es Aufgaben, die erledigt werden sollen. Darum reißt sich niemand. Wollen wir „zu Erledigendes“ abhaken – oder Menschen zum Leben einladen?

Wenn wir den Menschen meinen, dann könnte es sein, dass sich plötzlich manche Aufgaben von ganz alleine erledigen.

Übergang

die Zeichen
mehren sich

das Boot
liegt schon am Ufer

Altes
trägt nicht mehr

weil Neues
wird

und ich
fange an

Abschied
zu nehmen

und wieder
brech ich auf

und lass
los

mit Protest
und unter Schmerzen

und einem ersten Ahnen
dass am anderen Ufer

andere Blumen
blühen

Nehmt Neuland unter den Pflug! Es ist Zeit, den Herrn zu suchen. Die Bibel, Buch Hosea, Kap. 10, Vers 12

Dem Ahnen nachgehen

Neuland
fremd und
unbekannt
Wildnis
verwachsen
überwuchert
Sträucher
Bäume
Zweige

kein Durchkommen
dicht an dicht

und doch ein Hinweis
auf neue Erde
unvergiftet
unverbraucht
fruchtbar
reich an Möglichkeiten

mir ein Herz fassen
ins Unbekannte hinein
auf der Suche
was noch nicht ist

roden
mir einen Weg bahnen
Platz machen
wegräumen
Gewachsenes entwurzeln
das Unterste
zuoberst kehren
umbrechen

Raum schaffen
Kraft einsetzen
mich mühen
Schweiß und Tränen
Arbeit und Mühe
Ordnung schaffen

und manchmal die Frage
wozu eigentlich

es ist Zeit
den Herrn zu suchen

um vielleicht zu finden
um vielleicht zu ernten

FEBRUAR

losgehen

WEIHNACHTEN IM FEBRUAR

Während in den Geschäften und auch im Radio Weihnachten schlagartig mit dem 26. Dezember vorbei ist, bleiben in vielen Kirchen und in manchen Familien Krippe und Weihnachtsbaum bis zum 2. Februar stehen – auch bei mir zu Hause. Zugegeben – es ist ein wenig unpraktisch, der Baum nadelt inzwischen bedenklich, und der Abholtermin der Jugendfeuerwehr für ausgediente Christbäume ist auch schon lange vorbei.

Aber früher ging die Weihnachtszeit im offiziellen Festkreis der katholischen Kirche bis zu diesem Tag, an dem das Fest „Mariä Lichtmess" begangen wird, wie es umgangssprachlich oft genannt wird. Man feierte Weihnachten vierzig Tage lang, und dieses Fest war der offizielle Abschluss. Das Evangelium, das an diesem Tag im Gottesdienst gelesen wird, erzählt davon, wie Josef und Maria ihr Kind in den Tempel bringen, so wie es vorgeschrieben ist. Aufgrund der Aussage des greisen Simeon: *... meine Augen haben das Heil gesehen, das du vor allen Völkern bereitet hast, ein Licht, das die Heiden erleuchtet ...* (*Die Bibel, Lukas-Evangelium, Kap. 2, Verse 30–32*) entwickelte sich der Brauch, Kerzen zu weihen und Lichterprozessionen durchzuführen – und so sprach man dann einfach von „Mariä Lichtmess", der „Lichtermesse der Maria".

Mit der Liturgiereform 1960 wurde das Ende der Weihnachtszeit auf das Fest „Taufe des Herrn" vorverlegt und das Fest am 2. Februar offiziell umbenannt in „Darstellung des Herrn" – Jesus wird in den Tempel vor Gott gebracht („dargestellt"). Damit wollte man auch zum Ausdruck bringen, dass es kein Marienfest, sondern ein „Christusfest" ist. Aber für viele blieb es einfach bei „Mariä Lichtmess" – und dabei, dass Weihnachtsbaum und Krippe eben so lange stehen bleiben.

Das alles zu wissen, mag ja ganz nett sein – aber was fangen wir jetzt damit an? Na ja, als allererster Gedanke kam mir, dass wir heute immer noch vierzig Tage Weihnachten feiern, wir fangen nur schon Ende November damit an. Und das finde ich eigentlich schade. Denn ist es ein guter Brauch, dass man Feste nach-, aber nicht vorfeiert – und wir haben den Advent dabei verloren.

Was ich an diesem Fest nun wirklich bemerkenswert finde: Die Geburt Jesu war ja alles andere als gewöhnlich – da kommt ein Engel zu Maria und verkündet ihr, dass sie einen Sohn empfangen wird, ganze Heerscharen von Engeln erscheinen den Hirten – so im Lukas-Evangelium. Josef bekommt seine Anweisungen durch Engel in Träumen – und mag wohl etwas überrascht gewesen sein, als auf einmal die drei weisen Männer aus dem Osten mit kostbaren Geschenken vor der Tür stehen – so berichtet es der Evangelist Matthäus. Alles eher außergewöhnlich – aber Maria und Josef dünken sich deshalb nicht etwas Besseres. Sie hätten ja auch sagen können: „Wir sind ausersehen – für uns gelten all die Regeln nicht, was man nach einer Geburt zu tun und zu lassen hat." Nein, sie befolgen treu die Vorschriften, sie reagieren nicht „abgehoben", sondern bleiben „auf dem Teppich". Sie reihen sich ein, beanspruchen keine Sonderbehandlung, tun das, was vorgesehen ist.

Was ich für mich daraus lerne? Den Alltag und seine Routinen wertschätzen, das Gewöhnliche tun, damit Außergewöhnliches werden kann. Und eben nicht zu denken, dass ich aufgrund meines Glaubens schon etwas Besseres wäre ... auch dann nicht, wenn bei mir noch Weihnachten ist, wenn es für alle anderen schon längst vorbei ist.

Dein Wille geschehe

du rufst
und
ich lasse mich rufen

du forderst
und
ich lasse mich fordern

du brauchst mich
und
ich lasse mich brauchen

du schickst mich
und
ich lasse mich schicken

du lädst ein
zum Leben

und ich sage
Ja

zugvogel

du
hast
den ruf
gehört

die sehnsucht
treibt dich
geheimnisvolle
bestimmung

und du
fliegst
der heimat
entgegen

flügelschlag
um flügelschlag
deiner bestimmung
folgend

sich hineingeben
in das nichts
das
alles ist

und sich finden
in der verlorenheit
die den weg
zeigt

abschied

und ganz
behutsam

nehme ich
stein für stein

aus meinem
rucksack heraus

und mit einer träne
ziehe ich

meine wurzeln
zurück

und mit jedem stein
mit jeder träne

werde ich
leichter

und bereit
für den aufbruch

und doch

tut es

unsagbar
weh

Niemandsland

nicht hier
und
nicht dort

und noch hier
und schon
dort

zerrissen zwischen
gestern
und morgen

das heute
zu leben
versuchen

Grenzgänger

heimatlos

Die Fahrenden Gottes müssen überall zu Hause sein, wo Gott ist, und dort mehr zu Hause sein, wo Gott mehr ist. Das bedeutet – so einfach es sich dahinschreibt – viel Not, viel wundes Herz, viel Ehrlichkeit. Alfred Delp (1907–1945, Jesuit, engagiert im Widerstand gegen den Nationalsozialismus)

Zigeunerin Gottes

verzaubernde Worte
der lockende Ruf der Flöte
und ich entzieh mich nicht

funkelnde Sterne
nichts was mich festhält
wenn ich den Träumen trau

eine verwandelnde Kraft
und ich geb mich
ohne zu wissen was wird

ich sehn mich
in die
Unendlichkeit

und
geh

endlich
los

Aufbruch

Einen Augenblick lang erahnt
was Ewigkeit ist
einen Augenblick lang gespürt
was Erfüllung ist
einen Augenblick lang gefühlt
wie Gott liebt

und vorbei

und doch
gewesen
und Sehnsucht nistet sich ein
macht mich unruhig
macht mich sehnen
lässt mich suchen
macht mich schreien vor Schmerz

und so breche ich auf
und lasse mich aufbrechen
und lasse schmerzhaft los
und verlass mich
auf sein Wort
und gehe los

breche auf in mir
breche auf zu mir

gehe los
um mich zu finden

WENN ES ZEIT DAFÜR IST …

Ich sitze vor dem Computer und ärgere mich. Ich muss dringend den ersten Entwurf für die Predigt machen, aber es schreibt sich nicht. Ich quäle mir regelrecht einen Satz ab, nur um ihn gleich wieder zu löschen. Ich suche nach Worten – und finde nicht die passenden. Es fließt überhaupt nicht.

Den Zustand kenne ich – und den kennen wohl die meisten, die gelegentlich etwas schreiben müssen. Heute Nachmittag hätte es sich grad so runtergeschrieben, da hatte ich die Formulierungen schon im Kopf, es juckte mir regelrecht in den Fingern. Aber da musste ich zu einem Termin. Jetzt habe ich die Zeit – und es klappt nicht. Ich hab den Zeitpunkt verpasst. Manchmal kommt es auf den richtigen Moment an. Und das gilt nicht nur für das Schreiben.

Der rechte Zeitpunkt, das hat wenig mit einem konkreten Datum oder einer festen Uhrzeit zu tun. Im Griechischen gibt es zwei verschiedene Wörter für Zeit, „chronos" und „kairos". *Chronos*, das ist die Zeit, die wir mit der Uhr messen können. *Kairos* dagegen meint den günstigen, den passenden Augenblick. In der Mythologie wird *Kairos* als junger Gott dargestellt, im schnellen Lauf, mit Flügeln an den Füßen. Sein Kopf ist kahlgeschoren, nur an der Stirn gibt es eine Locke. Wenn *Kairos* an mir vorbeiläuft, dann muss ich ihn beim Schopf packen, denn wenn er vorbei ist, habe ich nichts mehr, wo ich zupacken kann. Daher stammt auch die Redensart „die Gelegenheit beim Schopfe packen". Auch bei uns Menschen geht es oft eher um den *kairos*, den rechten Moment, als um *chronos*. Auch Entscheidungen müssen heranwachsen – und ich muss sie dann treffen, wenn der rechte Moment dafür da ist.

... VERDICHTEN SICH DIE ZEICHEN

Sowohl vorschnelle wie zu späte Entscheidungen können risikoreich sein, deshalb gilt es, ein Gespür für den richtigen Zeitpunkt zu entwickeln. Aber das ist manchmal gar nicht so einfach. Als ich eine alte Ordensschwester einmal danach fragte, woran ich denn den rechten Zeitpunkt erkennen kann, sagte sie nur: „Hundertprozentig wissen wirst du es nie. Aber wenn die Zeichen sich verdichten, dann könnte es sein, dass jetzt die Entscheidung angesagt ist.“

drüber geschlafen

den Koffer
in der Hand
der schon lange
gepackt war
ziehe ich
die Tür
leise ins Schloss
das Lied von Edith Piaf
auf den Lippen

– die Luft
schmeckt anders
heute Morgen –

schön
dass mein Schaukelstuhl
vorerst
bei dir
stehen bleiben kann

In jenen Tagen murrte das Volk gegen Mose. Sie sagten: Wozu hast du uns überhaupt aus Ägypten heraufgeführt? Die Bibel, Buch Exodus, Kap. 17, Vers 3

WACHSEN MIT DEM WEG

Aufbruch – von Ägypten in das verheißene Land, aus der Sklaverei in die Freiheit, aus der Knechtschaft in die Lebendigkeit – der Weg geht oft durch die Wüste hindurch. Er kann anstrengend und mühsam sein. Aber es könnte sein, dass es genau diesen Weg braucht, um daran zu wachsen.

Schmetterlinge müssen sich aus ihrem Kokon herauskämpfen – nur dadurch werden sie stark genug, um zu überleben. Würde man den Kokon aufschneiden, um es dem werdenden Schmetterling einfacher zu machen, wäre er zum Sterben verurteilt. Um geboren zu werden, muss man durch die Enge hindurch.

Der Weg von Ägypten ins Gelobte Land geht durch ein Zwischenland, durch Wüste, mit Hunger und Durst, Sehnsucht und Zweifeln. Denn Freiheit und Lebendigkeit wollen gelernt und eingeübt sein. Manche mögen das nicht. Deshalb wünschen sie sich zurück – nach Ägypten, in frühere Zeiten, als alles noch besser war, die Kirchen noch voll und man wusste, was man zu tun und zu lassen hat. Und dann kann es sein, dass Träume verblassen und die Sehnsucht keine Kraft mehr hat.

Natürlich kann man nach Ägypten zurück. Oder man hat sich dort schon gleich gemütlich eingerichtet und geht gar nicht erst los. Bequemer mag das sein. Aber dort ist das Leben nicht zu haben, höchstens das, wie andere meinen, dass mein Leben zu sein hat. Und es kostet die Freiheit. Die Zusage gilt: Wenn wir mutig aufbrechen in Richtung Leben, dann geht Gott mit. Und an diesem Weg werden wir wachsen.

**Wenn du aufbrichst
dann geh ganz**

wenn du aus Ägypten
dem Sklavenhaus
ausziehst
dann geh ganz

wenn du frei sein willst
dann lass Ägypten zurück
auch die Fleischtöpfe
und die Sicherheit

solange du Ägypten
noch im Herzen hast
und es mit dir geht
wirst du nicht frei sein

andererseits:
wenn du Ägypten zurückgelassen hast
dann kannst du genauso gut
da wohnen bleiben

Freiheit
findet
im Herzen
statt

SEHNSUCHT DANACH, FREI ZU SEIN

Freiheit – ein großes Wort! Und es ist eine Grundsehnsucht der Menschen, frei zu sein. Dafür haben viele ihr Leben gelassen, Revolutionen und Kriege wurden und werden deshalb geführt. Es ist das Thema von zahllosen Dramen und Romanen, von Liedern und Gedichten.

Mit den Wildgänsen verbinden viele eine solche Freiheit, ein Ungebunden-Sein. Sich dem Wind überlassen, grenzenlos leben, niemandem untertan, tun, was man tun mag. Sich nicht zähmen lassen, im Unterwegs zu Hause sein. Und nicht zuletzt sind wir wohl alle durch das Lied von *Reinhard Mey* geprägt: „Über den Wolken muss die Freiheit wohl grenzenlos sein."

Deswegen kann es durchaus sein, dass man ein wenig sehnsüchtig wird, wenn man ziehenden Wildgänsen nachsieht. Man selbst fühlt sich gebunden, eingezwängt in Verpflichtungen und Termine, in Erwartungen und Verbindlichkeiten. Man kann nicht einfach so ausbrechen, sondern tut, was zu tun ist, richtet sich häuslich ein – und versteckt seine Sehnsucht in der letzten freien Ecke seines Herzens. Man zähmt sie sozusagen und begrenzt sie auf die wenigen Urlaubstage, das freie Wochenende, die eine oder andere mehr oder weniger abenteuerliche Unternehmung.

Ja, Wildgänse sind frei – aber sie sind anders frei, als es unseren Vorstellungen und Sehnsüchten entspricht. Eigentlich sind sie sogar ziemlich gebunden, im Frühjahr ziehen sie nach Norden, im Herbst nach Süden, die Familie zählt viel, man hat bewährte Zugrouten, legt Wert auf das Nest vom vergangenen Jahr, bleibt beim Partner ... aber vielleicht sind sie gerade dadurch frei?

GRENZENLOS?

Es gibt keine grenzenlose Freiheit, zumindest nicht unter den Wolken, da, wo wir alle leben. Wie es „über den Wolken“ aussehen mag, da erlaube ich mir kein Urteil – darauf bin ich nur neugierig.

Wenn Freiheit grenzenlos wäre, dann könnte ich jederzeit alles tun. Das Problem ist nur: In dem Moment, wo ich etwas tue, kann ich anderes nicht mehr tun. An einer Wegkreuzung stehen mir drei Wege offen – in dem Moment, wo ich mich für einen Weg entscheide, werden zwei Wege unbegangen bleiben. Wenn ich mich aber für gar keinen Weg entscheide, weil ich mir eben alle Möglichkeiten offenhalten will, dann werde ich an dieser Wegkreuzung Wurzeln schlagen und dort festwachsen. Gerade ein falsch verstandener Gedanke von Freiheit kann unfrei machen. Es geht eben nicht darum, nur das zu tun, was ich tun will – und sobald ich das nicht tun kann, mich „unfrei“ zu fühlen. Freiheit heißt nicht „Beliebigkeit“, sondern Entschiedenheit, heißt sich unter mehreren Möglichkeiten für das zu entscheiden, was zum Leben und zur Lebendigkeit führt.

Ich bin in bestimmte Bedingungen und Realitäten „hineingestellt“, die sich nur begrenzt, wenn überhaupt, ändern lassen. Ich bin als Mädchen zur Welt gekommen, ich lebe in Mitteleuropa, die Geschichte meiner Eltern hat mich geprägt oder auch die momentane Stellung der Frau in Gesellschaft und Kirche. Ich muss mich damit arrangieren, dass ich Begabungen und Fähigkeiten habe, aber manches eben auch nicht kann. Und da ich über sechzig Jahre alt bin, brauche ich mir auch nicht mehr vormachen, dass mir alle Türen offenstehen. Manches kann ich nicht ändern – auch wenn ich es gerne wollte.

DIE FREIHEIT DER ENTSCHEIDUNG

Es gibt keine grenzenlose Freiheit – aber es gibt eine Freiheit der Entscheidung. Der Mensch muss essen und trinken, um zu (über-)leben. Was ich esse und was ich trinke und wie ich das tue, das kann ich in der Regel selbst entscheiden – über das „Ob“ gibt es normalerweise keine Diskussion.

Meine Freiheit besteht darin, mit den gegebenen Möglichkeiten bestmöglich umzugehen und meine eigene Entscheidung zu treffen.

Freiheit – das hat vor allem etwas mit mir selbst zu tun und kommt eigentlich aus dem Innern heraus. Freiheit nur an äußere Rahmenbedingungen zu koppeln, hilft nicht weiter. Nur so lässt es sich erklären, dass Menschen wie *Dietrich Bonhoeffer* oder *Nelson Mandela* frei waren, obwohl sie im Gefängnis waren. Und dass andererseits Menschen, auch wenn sie in Freiheit leben, manchmal alles andere als frei sind, weil sie sich von der Meinung und den Erwartungen anderer abhängig machen. Manche bauen sich ihre Gefängnisse durchaus selbst. Für mich bringt es *Leo N. Tolstoi*, ein russischer Schriftsteller (1828–1910), auf den Punkt:

Frei ist, wer sich als lebendig begreift. Und sich als lebendig begreifen heißt, das Gesetz seines Lebens zu begreifen, heißt, danach zu streben, das Gesetz des eigenen Lebens zu erfüllen.

Darauf kommt es an. Meinen Weg zu finden und ihn zu gehen, den Weg, den kein anderer gehen kann. Mit Grenzenlosigkeit hat das nichts zu tun, sondern damit, wie ich mit Grenzen umgehe. Wer ohne Grenzen lebt, verliert sich im Unendlichen. Kontur und Profil werde ich nur bekommen, wenn ich Entscheidungen treffe.

WARUM HAST DU NICHT NEIN GESAGT?

Vor einigen Wochen trafen wir uns mit Freunden in einem Hotel im Münsterland. Gleichzeitig feierte dort ein junges Paar mit Verwandten und Freunden Hochzeit, es gab wohl ein gutes Essen – und natürlich wurde anschließend getanzt.

Spät standen wir noch auf der Terrasse, ein letztes Glas in der Hand, als plötzlich drüben das Lied gespielt wurde: „Warum hast du nicht Nein gesagt?" Wir schauten uns etwas verblüfft an, mussten lachen, und einer der Freunde meinte nur: „Ist das nicht ein bisschen früh für diese Frage?"

Für mich war es ein wunderbarer Einstieg für die Ansprache zu einer Silberhochzeit am Wochenende darauf, denn zum Glück hatten die beiden vor 25 Jahren eben nicht „nein", sondern „ja" gesagt – und dieses „ja" durch alle Höhen und Tiefen einer Ehe auch gelebt. Aber ein „ja" zählt nur dann etwas, wenn man auch das „nein" kennt und es gegebenenfalls sagen kann – es muss ja nicht gerade am Tag der Hochzeit sein. Denn ein „ja" zu etwas oder zu jemandem ist immer zugleich ein „nein" zu etwas anderem. Und wer immer nur zu allem „ja" sagt, weil er sich alle Möglichkeiten offenhalten will oder niemanden vor den Kopf stoßen will, der entwertet es damit auch. Wer „ja" und „nein" sagen kann, der bekommt Profil, gewinnt Identität. Der trifft Entscheidungen und bezieht Position. Mit „vielleicht" und „eventuell" kommt man meistens nicht so richtig weiter.

Vielleicht hat Jesus das im Hinterkopf, wenn er sagt: *Eure Rede sei ja, ja, nein, nein, was darüber hinausgeht, stammt vom Bösen (Die Bibel, Matthäus-Evangelium, Kap. 5, Vers 37)*. Wichtig scheint zu sein: Entscheidungen treffen und sie leben.

Jesus wurde vom Geist in der Wüste umhergeführt, vierzig Tage lang, und er wurde vom Teufel versucht. Die Bibel, Lukas-Evangelium, Kap. 4, Verse 1–2

VERSUCHEN KANN MAN ES JA MAL …

… denkt sich der Tod. Und er hängt sich ein nettes Mäntelchen um, das glitzert und funkelt – und geht zu den Menschen. Und leise und eindringlich erzählt er von Macht und Klugheit und Geld und Reichtum – und verspricht das Blaue vom Himmel. Versuchen kann man es ja mal, denkt er, vielleicht find ich ja jemanden, der mit mir geht.

Und da ist ein Mensch. Der hört das Schmeicheln, das Werben, sieht den Glitzer, den Glanz und denkt: Versuchen kann ich es ja mal.

Und schon ist die Versuchung da.

Aber genau das ist die Chance!

Denn jetzt ist meine Entscheidung gefragt. Auf Versuchungen muss man irgendwie reagieren … ihnen erliegen oder sie abwehren. Sich für das Leben oder den Tod entscheiden. Sich für das entscheiden, was mich lebendiger macht – oder für das, was einfacher, bequemer, billiger ist, mich aber dem Leben nicht unbedingt näherbringt.

Es gibt noch einen dritten Weg – nämlich alle Versuchungen einfach zu ignorieren. Und damit allen Entscheidungen aus dem Weg zu gehen. Aber dann kann Leben ganz schön langweilig werden. Dann bleibt alles so, wie es schon immer war.

Versuchungen haben einen Sinn. Sie fordern zur Entscheidung heraus. Das ist das Gute an ihnen. Aber damit man sich für das Leben entscheiden kann, muss es natürlich auch den Tod als Alternative geben – wie sollte man sich sonst für das Leben entscheiden können?

VOR DER ENTSCHEIDUNG

Lebendigkeit wird einem nicht geschenkt – dafür muss und kann man etwas tun. Dafür kann und muss man sich entscheiden. Zugegeben, das ist nicht immer leicht. Wenn man sich für etwas entscheidet, entscheidet man sich immer zugleich gegen etwas. Manche Menschen haben so viel Angst davor, sich gegen etwas zu entscheiden, dass sie darüber vergessen, sich für etwas zu entscheiden. Aber wer sich nicht entscheidet, der wird auch nicht vorankommen. Der bleibt da hocken, wo er grad hockt. Und ob ihn das auf Dauer erfüllt, kann man durchaus bezweifeln. Obwohl – auch solche Menschen gibt es ... aber dann mögen sie sich bitte auch nicht über mangelndes Leben beklagen.

Wir sind eingeladen zum Leben und zur Lebendigkeit. Das heißt nicht, dass bei uns immer alles in Wohlgefallen und glücklich ablaufen wird. Auch unser Leben bricht immer wieder ein. Lebendigkeit – das heißt, sich dem Leben zu stellen, sich herausfordern zu lassen, Neues zu wagen, alle Höhen und Tiefen des Lebens zu erleben. Und eben genau daran zu wachsen ... Der biblische Gegenbegriff dazu ist der Tod – und es ist dabei eher ein sozialer als ein körperlicher Tod gemeint. Es ist ein Satt-Sein, eine Selbstzufriedenheit, die keine Sehnsucht mehr kennt. Das ist der Zustand, wenn man meint, auf alle Fragen des Lebens schon eine Antwort gefunden zu haben. Wenn man nicht mehr bereit ist zum Aufbruch ...

Eine alte Ordensfrau hat mir einmal gesagt: „Wenn du vor einer Entscheidung stehst und nicht weißt, wie du dich entscheiden sollst, dann entscheide dich für das, was dich lebendiger macht!“ Wir sind eingeladen zum Leben und zur Lebendigkeit – und, ehrlich gesagt, ich wüsste keinen Grund, diese Einladung abzulehnen.

Aufgrund des Glaubens wohnte er in Zelten, denn er erwartete die Stadt mit den festen Grundmauern, die Gott selbst geplant und gebaut hat. Die Bibel, Brief an die Hebräer, Kap. 11, Verse 9–10

In deinen Toren werd ich stehen

Nicht sesshaft werden
nicht in die Geborgenheit fliehen
keine Mauern um mich herum errichten

erwartend bleiben
fremd in der Fremde sein
leben in aller Vorläufigkeit

der Zusage vertrauen
die Heimat suchen
das himmlische Jerusalem

glauben

losgehen

unterwegs
bleiben

NAMENSWECHSEL …

Zugegeben, so recht kann sich die Bezeichnung „Österliche Bußzeit“ für die 40 Tage vor Ostern im Sprachgebrauch noch nicht durchsetzen. Das Beharrungsvermögen, bei dem Begriff „Fastenzeit“ zu bleiben, ist doch recht hoch – wie bei so manchen Dingen in unserem Leben.

Aber diese beiden Begriffe können zu sehr unterschiedlichen Ideen führen, wie man diese Tage gestalten will und kann. „Fastenzeit“ – da verzichtet man auf etwas. Manche auf Süßigkeiten, andere auf Alkohol, einige auf Plastikverpackungen, aufs Autofahren, aufs Handy … und je nachdem, wofür man sich heldenhaft entscheidet, quält man sich mehr oder weniger durch diese Tage bis Ostern durch.

Der Begriff „Österliche Bußzeit“ dagegen gibt ein „wozu“ an, auch für das, was man sich eventuell vornimmt. Damit wird klar: Es geht um Ostern. Und ganz knapp gesagt, da feiern wir den Sieg des Lebens über den Tod, wie Jesus Christus es uns vorgelebt hat. Damit wäre diese Zeit eigentlich so eine Art „Trainingslager“ für das Leben. Ich bin eingeladen, mich in Haltungen und Verhaltensweisen einzuüben, die dem Leben dienen. Und es geht nicht um ein Verzichten um des Verzichtens willen.

„Bußzeit“ – wo habe ich mich gegen das Leben versündigt? Was trennt mich vom Leben und Lebendig-Sein? Okay, wenn es wirklich das Stück Schokolade sein sollte, dann verzichten Sie darauf. Ich befürchte allerdings, dass es ganz andere Dinge sind …

TRAININGSLAGER FÜR DAS LEBEN

Die Frage ist spannend: Was macht mich lebendiger? Und dann könnte man das konsequent in den Tagen vor Ostern einüben. Das muss dann gar nicht quälend und schwer, sondern kann auch durchaus lustvoll sein. Und erzeugt außerdem ziemlich viel Kreativität, was man so alles machen könnte.

Eine Freundin hat sich in diesem Jahr zum Beispiel vorgenommen, täglich eine halbe Stunde spazieren zu gehen, egal bei welchem Wetter – um das Leben und den Frühling zu spüren. Ein Bekannter will sich an jedem Tag von etwas trennen, etwas hergeben – ein Buch, eine CD, eine Tasse, eine Keramikfigur, um neu „Raum" in seinem Leben zu schaffen. Und Christine hat sich vorgenommen, diesmal täglich einen Psalm zu beten, ja, immer denselben, nämlich Psalm 91, um zu erfahren, wie das ist, wenn man von einem so alten und bewährten Gebet durch die Höhen und Tiefen des Alltags begleitet wird.

Was würde Sie denn lebendiger machen? Also wirklich „lebendiger" – und nicht einfach nur „glücklicher" oder „zufriedener" ...!?

PS: Ach so ... dass die Sonntage nicht zur Fastenzeit gehören, spricht sich ja zum Glück allmählich auch herum. Und da nach jüdisch-christlichem Verständnis der Sonntag bereits am Abend vorher beginnt – bei uns hier in Steinbild wird zum Beispiel der Sonntag schon am Samstag um 16.00 Uhr eingeläutet – können Sie dann erst mal für einen Tag Ihre Vorsätze vergessen, egal, wie hehr oder quälend oder lustvoll sie sind.

FRÜHJAHRSPUTZ FÜR DIE SEELE

Vielleicht ist in diesen Tagen das angesagt, was in der Hausfrauensprache „Frühjahrsputz“ heißt. Also: den Dreck aus der Wohnung räumen, den Staub wegwischen, die Kleider, die seit zwei Jahren nicht getragen wurden, zur Altkleidersammlung geben, das, was ich nicht brauche, wegwerfen oder zum Flohmarkt bringen.

Die Österliche Bußzeit, das ist der Frühjahrsputz der Seele – da ist so viel, was wir besitzen und haben wollen, dass wir nicht mehr loslassen können. Damit aber besitzen wir nicht mehr die Sachen, sondern die Sachen besitzen uns. Und damit handeln wir nicht mehr, sondern werden gehandelt. Damit leben wir nicht mehr, sondern werden gelebt. Deshalb ist es an der Zeit, durchaus kritisch all das zu überprüfen, was ich nur deshalb so mache, weil es schon immer so war – und sich neu bewusst zu werden, was in meinem Leben wirklich wichtig ist. Das kann bedeuten, mich von den Dingen zu lösen, die mich binden – ohne dass ich an sie gebunden sein will. Es ist die Einladung, der Leere Raum zu geben, damit Neues in mir wachsen kann, damit ich neu anfangen, neu aufbrechen kann, hin zum Leben. Es gibt Dinge in mir, die ich nicht mehr brauchen kann, nicht mehr brauchen will, weil sie mich am Leben, am Aufbrechen und Neu-Anfangen hindern.

Natürlich kann ich so leben, wie ich immer gelebt habe. Keiner zwingt mich, über mein Leben nachzudenken. Keiner zwingt mich, irgendwas zu ändern. Aber – war da nicht doch irgendwie noch eine Sehnsucht in Ihnen?

Der Religionspädagoge *Dieter Emeis* sagt es so: „Sehnsucht ist das Werben Gottes um die Menschen, nicht unter dem Niveau zu leben, auf das hin sie entworfen sind.“

MEHR LEBEN

Pilgern und Wallfahren, das hat in den letzten Jahren einen deutlichen Aufschwung genommen. Die Zahl der Pilger, die sich auf den Weg nach Santiago de Compostela, zum Grab des Apostels Jakobus, machen, steigt kontinuierlich an. Aber auch regionale Wallfahrten, wie zum Beispiel nach Altötting oder die Fußwallfahrt von Osnabrück nach Telgte, ziehen Tausende von Teilnehmer*innen an. Pilgerwege werden neu angelegt, historische Routen wieder rekonstruiert.

Die Gründe dafür mögen sehr unterschiedlich sein. Da gibt es zum einen den „Hape-Kerkeling-Effekt“, dessen Buch über seinen Weg nach Santiago mit dem Titel „Ich bin dann mal weg“ wohl einen Wunsch vieler Menschen benennt – einfach mal raus aus all dem Trubel des Alltags. Andere mögen die Gemeinschaft Gleichgesinnter suchen, wieder andere gerade die Einsamkeit eines Weges. Manche tragen ein Anliegen, eine Bitte mit sich, die sie zu einem „heiligen Ort“ bringen möchten. Da mag manchmal was von „Event-Charakter“ mitspielen – oder auch eine ganz tiefe, religiöse Überzeugung. Und manche werden vielleicht gar nicht sagen können, was sie eigentlich aufbrechen lässt.

Aber mag sein, da ist eine Sehnsucht, dass es doch etwas geben möge, was über die Grenzen des Alltags hinausreicht. Es mag ein Hoffen auf die Hoffnung sein, ein Suchen, um zu finden. Da ist etwas, was sich nicht zufrieden gibt mit dem, was ist. Oder man könnte es auch ganz kurz sagen: Der Mensch sehnt sich nach mehr Leben. Man spürt, dass viele Antworten der Gesellschaft diese Sehnsucht nicht stillen – es ist nicht die Kreuzfahrt auf dem Traumschiff, nicht das neue Designerkleid, nicht der große Flachbildfernseher, der einen in andere, manchmal sehr imaginäre Welten entführt.

… ODER MEHR LEBEN?

Sehnt sich der Mensch nach mehr „Leben“ oder nach mehr „leben“? Geht es um Dinge, um zu erfüllende Wünsche – oder geht es um eine Art und Weise, wirklich lebendig zu sein, sich selbst zu spüren? Geht es darum, in irgendwelchen, mehr oder weniger virtuellen Traumwelten herumzuirren – oder geht es darum, selbst etwas live, sozusagen am eigenen Leib zu erfahren?

Wer sich auf den Weg macht, der mag vielleicht nicht so viel „Leben“ erfahren, aber umso mehr „leben“. Der macht Erfahrungen aus erster Hand. Der lässt sich den Wind um die Nase wehen, setzt sich der Sonne aus, und wird auch schon mal klitschnass, wenn ein Regenschauer fällt. Der schwitzt und freut sich an einer Rast, der weint und lacht, weil er berührbar geworden ist, der erlebt Weggefährten und Einsamkeit. Der hat Mut zum Aufbruch – und kennt doch den inneren Schweinehund. Der hat ein Ziel vor Augen – und richtet seine Schritte daraufhin aus. Das ist einer, der Schmerzen kennt – aber auch unsagbar tiefe Glücksgefühle. Der kämpft mit schweren Aufstiegen und freut sich an schönen Flusslandschaften.

Beim „Pilgern“ geht es darum, Haltungen einzuüben, die dabei helfen können, leben zu lernen. Deshalb ist es auch gar nicht so entscheidend, ob das Ziel Altötting, Vierzehnheiligen oder Santiago heißt. Aber man muss wenigstens zum Aufbruch bereit sein.

ZEIT ZUM AUFSTEHEN?

Eigentlich ist Bianca viel zu jung, um schon Probleme mit dem Herzen zu haben. Zum Glück wurden die Unregelmäßigkeiten bei einer Kontrolluntersuchung entdeckt und ein kleiner Eingriff sollte das schwache Herz stabilisieren. Alles verlief gut – aber ihr Arzt riet ihr dringend, regelmäßig an einer speziellen Sportgruppe für Herzkranke teilzunehmen.

Besonders angetan war Bianca von diesem Vorschlag nicht, aber ihr leuchtete die Notwendigkeit durchaus ein. So kaufte sie sich eine Gymnastikmatte und einen neuen Jogging-Anzug und erschien an einem Mittwochabend das erste Mal in der Turnhalle, wo sich die Gruppe traf. Sie stellte sich der Leiterin kurz vor, und die zeigte eher unbestimmt in eine Ecke des Raumes. Bianca rollte die Matte dort aus, setzte sich darauf und harrte der Dinge, die da kommen sollten.

Was kam, war eine ältere Dame, die ziemlich energisch auf sie zusteuerte, sich vor ihr aufbaute und mit deutlicher Empörung hervorstieß: „Ich lieg schon seit zwölf Jahren hier!“ Und da Bianca ahnte, dass diese Dame auch gerne die nächsten zwölf Jahre hier liegen wollte, nahm sie ihre Matte und zog einige Meter weiter.

„Ich lieg schon seit zwölf Jahren hier!“ – und da sagt uns einer: Komm! Probier mal was anderes! Bleib nicht da liegen, wo du immer lagst! Steh auf! Nimm deine Matte und geh los! Klar wird damit aber auch, dass es durchaus Menschen gibt, die gar nicht aufstehen wollen. Die wollen da liegenbleiben, wo sie immer schon gelegen haben. Die wollen, dass alles so bleibt, wie es ist, dann kennt man sich aus. Im übertragenen Sinn aber steht so eine Haltung für „Tod“. Sie sind „fertig“ mit sich und der Welt, haben es sich gemütlich eingerichtet und wollen gar nichts anderes.

Ein Mann hatte zwei Söhne ... Die Bibel, Lukas-Evangelium, Kap. 15, Verse 11–32

UMKEHR ZUM LEBEN

Zwei Söhne wie sie verschiedener nicht sein könnten ... Der eine bricht mit allen Konventionen, verlässt das Elternhaus, geht in die Fremde, bringt sein Geld durch – und scheitert. Er, der das Leben irgendwo außen gesucht hat, geht in sich – und kehrt um. Er erkennt, dass es der falsche Weg war – und kann sich selbst und den anderen gegenüber das auch eingestehen. Der andere hat seine Pflicht getan, ist zu Hause geblieben, hat sich an alle Gebote gehalten – und hat möglicherweise grad deshalb am Leben vorbeigelebt. Er hat sich nicht getraut, ein Fest zu feiern, hat sich und sein Leben nivelliert, Höhen und Tiefen kamen nicht vor. Er kann gar nicht umkehren, denn er ist noch nicht einmal losgegangen. Er ist „sitzen geblieben", im wahrsten Sinn des Wortes. Wie aber will einer heimkommen, wenn er nicht aufgebrochen ist?

Der ältere Sohn erinnert mich an einen Satz von *Rainer Maria Rilke* (1875–1926): „Wenn jemand stirbt, nicht das allein ist Tod. Tod ist, wenn einer lebt und es nicht weiß." Oder sich nicht zu leben traut ... wage ich mal hinzuzufügen. Möglicherweise träumen manche davon, aufzubrechen und das Leben zu probieren – und bleiben dann doch zu Hause und tun ihre Pflicht. Und es mag sein, dass sie ihre guten Gründe dafür haben. Schwierig wird es, wenn das Fest deshalb an ihnen vorbeigeht. In der Geschichte bleibt der Ausgang offen. Mehr als den älteren Sohn einladen und gut zureden, kann auch der Vater nicht. Ob es vielleicht seinem Bruder gelingen könnte? Oder wie wäre es denn, wenn ich zu ihm vor die Tür ginge und ihn zum Leben einladen würde?

ALS PILGER UNTERWEGS

„Alles beginnt mit der Sehnsucht", so sagt es die jüdische Dichterin *Nelly Sachs* (1891–1970). Nur wer sehnsüchtig ist, wird aufbrechen und losgehen. Wer sehnsüchtig ist, gibt sich nicht zufrieden mit dem, was ist, der streckt sich nach etwas anderem aus. Der glaubt daran, dass Leben mehr ist als die fröhliche Frühstücksmargarine, der Urlaub auf den Kanaren, die neue Wohnlandschaft, die sowieso in keine Drei-Zimmer-Wohnung passt. Wer sehnsüchtig ist, fängt an zu suchen.

Und um das zu finden, macht er sich auf – und macht sich auf den Weg. Der öffnet sich für andere Erfahrungen, verlässt seine vertraute Umgebung, die ihm Sicherheit und Schutz bot – und geht in die Fremde. Er weiß nicht, was auf ihn zukommt, aber er lässt sich darauf ein. Er geht los mit wenig Gepäck – und erfährt, was man wirklich zum Leben braucht. Bisher Bewährtes stellt sich plötzlich infrage – und man lernt neu das Loslassen. Wer loslässt, wird aber auch frei für neue Erfahrungen.

Wer sich wirklich aufmacht und sein Herz öffnet, der sei gewarnt: Es mag sein, dass man auf dem Weg etwas findet, was man nicht suchte, dass man etwas bekommt, worum man nicht gebeten hatte. Und mag sein, dass sich dann das eigene Leben vollkommen auf den Kopf stellt – so wie bei Maria.

Aber allein die Möglichkeit, dass es wahr sein könnte, was wir erahnen, dass unsere Träume doch Wirklichkeit werden könnten, lässt uns aufbrechen. Zugegeben, manchmal braucht es eine lange Anlaufzeit – aber irgendwann geht man dann doch los, voll Angst, voll Vertrauen, voll Hoffnung, voller Zweifel – aber man bricht auf. Man riskiert es – und man riskiert sich. Das ist Pilgern ...

PILGERWEGE IM HERZEN TRAGEN

Jeder, der sich voll Sehnsucht auf den Weg macht, wird zum Grenzgänger. Verhaftet mit der Erde, streckt er sich zum Himmel aus. Vom Himmel ahnend, bleibt er der Erde verbunden. Er wird auf Erden irgendwie heimatlos, weil er um seine wirkliche Heimat ahnt – und doch braucht er zugleich die Heimat hier auf der Erde, braucht er die Freundschaft von Menschen, um den Himmel ahnen zu können.

Pilgern und Wallfahren ist, so verstanden, eine Haltung, eine Einstellung dem Leben gegenüber. Offen sein, andere Erfahrungen machen, finden, was man nicht suchte – sein Leben Gott anvertrauen – loslassen – sich auf den Weg machen.

Das kann einen äußeren Ausdruck finden – indem man den Rucksack packt und losgeht. Da kann man leibhaftig all das erleben. Und das äußere Erleben kann durchaus dabei helfen, diesen Erfahrungen einen Ausdruck zu geben.

Aber – man muss nicht nach Santiago gehen, um solche Erfahrungen zu machen. Man kann durchaus in Osnabrück oder Klein-Winternheim bleiben – und doch unterwegs sein. Denn es geht gar nicht darum, dass alle losgehen und nach Santiago pilgern, sondern darum, die „Haltung" eines Pilgers zu haben, oder wie es in der neuen Einheitsübersetzung der Bibel jetzt heißt: *Selig die Menschen, die Kraft finden in dir, die Pilgerwege im Herzen haben (Die Bibel, Psalm 84, Vers 6).*

Das äußere Tun kann dabei helfen, eine solch innere Haltung einzuüben – aber es ist auch keine Garantie dafür. Man kann jedes Jahr nach Santiago laufen – und doch sitzenbleiben in der Schule des Lebens.

EINEN NEUEN AUFBRUCH WAGEN?

Vor einiger Zeit fragte mich ein junger Medizinstudent, ob es möglich wäre, ein Praktikum in einem Krankenhaus in Südafrika zu machen. Eine Physikstudentin wollte einen Ort wissen, wo sie ein Semester lang irgendwas mit den Händen machen und dabei geistlich-spirituell begleitet werden könnte. Ein junger Mann erkundigte sich, ob geistliche Begleitung möglich wäre ... Drei Anfragen in kürzester Zeit, wo ich Menschen zugehört habe, mir Gedanken gemacht habe – und wirklich Möglichkeiten gesehen habe. Ich habe alle drei gebeten, mir eine Mail zu schicken – keiner hat sich gemeldet. Es mag Zufall gewesen sein, vielleicht haben sie andere Möglichkeiten gefunden ... Aber kann auch sein, dass das mit dem neuen Aufbruch vielleicht doch gar nicht so einfach ist.

Ja, man kann viel rumträumen, rumspinnen, erste Erkundigungen einziehen. Und schafft es dann doch nicht, es konkret werden zu lassen. Einen neuen Aufbruch wagen? Könnte es sein, dass ich die Verantwortung für meinen Aufbruch gerne an andere delegieren würde? Mach du, regle du, ich geb es dir!

So aber geht es nicht. Niemand kann für mich aufbrechen. Ich muss sagen, was ich will. Und ich muss den nächsten Schritt tun. Ich muss aufbrechen – und mich dabei vielleicht auch aufbrechen lassen. Einen neuen Aufbruch wagen ... träumen allein reicht nicht. Mach wenigstens den nächsten Schritt ... schreib die Mail.

Und irgendwie hatte ich in diesen Tagen die Fantasie, dass es Gott mit mir vielleicht manchmal ähnlich geht. Ich spreche ihn an, taste mich mit meinen neuen Ideen vor – und er hört zu und sagt: „Schon denkbar! Schick mir eine Mail – und sag mir, was du willst!“

MÄRZ

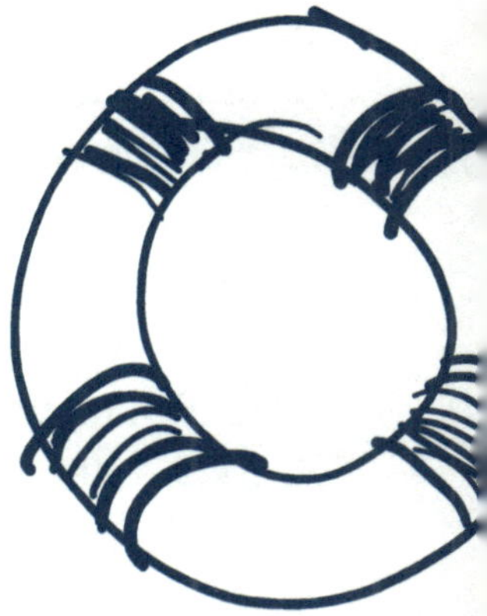

stolpern

FRÜHLINGSMAUS

Es war einer der ersten warmen Tage im März. Ich hatte gelbe, orange, blaue Stiefmütterchen gepflanzt, um etwas Farbe in den Garten zu bekommen, hatte Zweige und vom Sturm herabgewehte Blätter zusammengesammelt, erstes Unkraut herausgezogen – und saß dann mit einem Becher Kaffee auf unserer Bank und genoss die Sonnenstrahlen.

Plötzlich bewegte sich etwas neben mir.

Aus einem Loch in der Türschwelle zum Abstellraum lugte eine kleine braune Maus heraus – und genoss anscheinend genau wie ich diese ersten wärmenden Sonnenstrahlen. Sie saß da einfach vor sich hin, mit ihren schwarzen Knopfaugen – und sog die Sonne in sich auf. Dann drehte sie sich um 180 Grad und hielt ihr Hinterteil der Sonne entgegen.

Schließlich inspizierte sie den Futterplatz für die Vögel und ob da etwas für sie übriggeblieben war – und flitzte in den Lichtschacht der Kellerfenster. Und dann irgendwann wieder zurück in dieses kleine Loch in der Türschwelle.

Wir haben sie Jerry genannt – und hoffen inständig, dass es eine „Er-Maus" ist. Aber egal wie, sie darf hier mit wohnen.

Gottes Haus ist groß genug für alle Geschöpfe – und dann wird es dieser Pfarrgarten wohl auch sein.

PLANEN

Menschen neigen dazu, ihr Leben zu planen. Und das gilt nicht nur für die großen Lebensfragen, sondern auch für den ganz normalen Alltag – ich jedenfalls mache mir oft am Abend einen Plan für den kommenden Tag. Mir gibt das Sicherheit, und es hilft mir, wichtige Dinge nicht zu vergessen.

Manchmal aber werden alle Pläne durchkreuzt. Das kann einem mit den großen Lebensplänen geschehen – da wird jemand ernsthaft krank oder der Betrieb geht bankrott – aber auch mit den kleinen Plänen des Alltags. Der Zug fährt nicht, plötzlich steht unerwartet Besuch vor der Tür, die Erzieherinnen in der Kita streiken. Alle Pläne sind über den Haufen geworfen.

Deshalb mag ich folgende Geschichte: *Empört beschwerte sich ein Fahrgast der Bahn beim Zugbegleiter: „Wieso habt ihr eigentlich Fahrpläne, wenn sich doch kein Zug daran hält?“ Darauf erwiderte er: „Wenn wir keine Fahrpläne hätten, wüssten Sie gar nicht, dass der Zug zu spät ist!“*

Pläne sind nicht dazu da, um erfüllt zu werden. Sie wollen nur eine Orientierungshilfe sein.

Und wenn das Leben an die Tür klopft, muss man öffnen – und kann auch nicht sagen: Eigentlich wollte ich heute das Bad putzen.

Leben ist jetzt.

BOMBENFUND

Für ein paar Tage hatte ich mich in einem Bildungshaus, mitten in der Stadt, einquartiert. Etwas zur Ruhe kommen, abschalten. Am letzten Abend steht auf einmal ein Feuerwehrauto im Hof. Hm ... ob etwas passiert ist? Aber vielleicht hatte sich ja auch nur eine Katze im Baum verstiegen ... Ich will sowieso eine Zigarette rauchen und gehe, zugegeben, auch ein wenig neugierig in den Hof. „Irgendwas los?“, frage ich die Feuerwehrleute. „Ja, in der Nähe ist eine Bombe gefunden worden, die soll heute Abend noch entschärft werden.“

Natürlich bleibe ich dann erst mal im Hof. Auf der Straße stehen inzwischen fünf weitere Einsatzfahrzeuge – und eine seltsame Spannung liegt jetzt in der Luft.

Einige Ordensschwestern, die das Bildungshaus leiten, stehen vor der Tür, immer wieder geht jemand „Offizielles“ zu ihnen hin, dann verschwinden einige von ihnen im Haus.

Über Internet erfahre ich, dass in der Nähe eine 250-Kilogramm-Bombe gefunden worden ist – und da sie jetzt frei liegt, muss sie umgehend entschärft werden.

Und dann fährt die Feuerwehr durch die Straße und sagt über Lautsprecher: „Hier spricht die Feuerwehr. In der Tautzstraße ist eine Bombe gefunden worden, die ab 21.30 Uhr entschärft wird. Wir bitten Sie, sich luftschutzmäßig zu verhalten, Fenster und Türen zu schließen, Rollläden, sofern vorhanden, herunterzulassen und sich nach Möglichkeit in der Fundstelle abgewandte Räume zu begeben.“

Sich luftschutzmäßig zu verhalten? Das ist ein Wort, das es in meinem Wortschatz nicht gibt. Für Deutschland ist dieses Wort fünfundsiebzig Jahre alt. Und doch kriechen irgendwie Erinnerungen in mir hoch an etwas, das ich selbst nie erlebt habe.

Noch ist es nicht 21.30 Uhr – und so bleibe ich vorerst im Hof. Und dann kommen sie, die behinderten Kinder und Jugendlichen aus dem Internat gegenüber, das in der Evakuierungszone liegt. Rollstuhl um Rollstuhl, gefahren von Helfern der Feuerwehr und dem Roten Kreuz, andere laufen ungelenk am Arm von Betreuern ... die Schwestern haben für sie einen großen Raum frei geräumt und Matratzen ausgelegt, sie werden dort die Nacht verbringen.

Und dann kommen die Senioren aus dem Altersheim. Viele mit Rollator, eine alte Schwester mit ihren *walking sticks*, ein Mann, im Rollstuhl geschoben, auf dem Schoß eine Plastikschale mit seinen Medikamenten, und noch eine Frau mit Rollator und noch ein Rollstuhl ...

Menschen, die überraschend aus ihrem Umfeld, ihrer Routine herausgerissen werden ... und Ordensschwestern, die einfach ihre Türen öffnen, diese Menschen aufnehmen. Und wieder andere Menschen, die ehrenamtlich und freiwillig ihre Zeit und Kraft opfern, um Menschen zu helfen ...

Ich stehe da, schaue – und bin einfach nur berührt.

Und als mir eine Schwester dann noch erzählt, dass in diesem Altersheim zwei Menschen im Sterben liegen und deshalb nicht transportiert werden können, aber eine junge Ordensschwester sich bereiterklärt hat, bei ihnen zu bleiben, bin ich den Tränen nahe.

Ich werde auf einmal ganz persönlich mit etwas konfrontiert, das ich nur aus den Nachrichten oder aus den Erzählungen älterer Menschen kenne, aber mir bis dahin gar nicht vorstellen konnte.

Ich ahne etwas von dem, was manche Menschen erlebt haben – und auch heute noch immer wieder neu erleben.

Um 22.30 Uhr fängt die Entschärfung der Bombe an. Alle ziehen sich ins Haus zurück – im Hof stehen inzwischen etwa 15 Einsatzwagen von Feuerwehr, Rotem Kreuz, Polizei.

Und dann ist es nur still. Kein Auto fährt mehr, kein Zug. Kein Mensch ist zu sehen. Und dort drüben arbeiten Männer daran, eine Bombe zu entschärfen und riskieren dabei ihr Leben.

Im Kloster schlafen die behinderten Kinder und Jugendlichen. In einem anderen Saal schauen sich die Senioren irgendwelche Power-Point-Präsentationen an, die ihnen eine Schwester zeigt. Und jeden Moment kann eine Bombe explodieren, wenn die Männer da drüben ihren Job nicht gut machen. Irgendwie – man holt tief Luft und traut sich nicht auszuatmen. Und ich sitze in meinem Zimmer, die Luft staut sich, weil alle Fenster zu sind …

Endlich … um 23.40 Uhr – aus dem Kloster kommen die ersten Einsatzkräfte wieder heraus. Es muss also Entwarnung gegeben haben. Und so gehe auch ich wieder in den Hof.

Aus der gespenstischen Stille wird auf einmal wieder Lebendigkeit. Erste Fahrzeuge fahren weg, und die Armada der Senioren bewegt sich in Richtung Altersheim, per Rollator, Rollstuhl, mit *walking sticks*. Um 0.10 Uhr ist der Hof leer – fast so, als ob nichts gewesen wäre. Auch bei den Schwestern drüben verlöschen allmählich die letzten Lichter.

Aber für einen Abend ist man zusammengerückt. Man hat sich zu anderen geflüchtet – und die haben einen aufgenommen. Für einen Abend konnte ich erahnen, wie es Menschen geht, die ihren gewohnten Raum, den gewohnten Ablauf verlassen müssen.

Für mich waren es nur vier Stunden – für andere sind es Monate und manchmal Jahre. An diesem Abend bin ich sehr nachdenklich ins Bett gegangen.

Da stand Josef in der Nacht auf und floh mit dem Kind und dessen Mutter nach Ägypten. Die Bibel, Matthäus-Evangelium, Kap. 2, Vers 14

NIEMAND VERLÄSST LEICHTFERTIG SEINE HEIMAT

Ostpreußen, Januar 1945 – Die Ostfront rückt immer näher heran. Aus der scheinbaren Sicherheit wächst allmählich die Sorge, dann die Angst. Erste Gedanken an Flucht, viele Gespräche, abwägen – schließlich die Entscheidung – man versucht, nach Westen durchzukommen. Mein Vater hatte damals ein Ausweichlager in Groß-Peisten übernommen und war dort zuständig für die Organisation der Lebensmittel und des Futters für die Tiere. Dorthin ließ er meine Mutter mit den beiden kleinen Kindern nachkommen. Der Gutsbesitzer hatte sich zudem bereiterklärt, gegebenenfalls meine Mutter mit dem Treck des Gutes mitzunehmen. Was mag in einer jungen Frau vorgehen, die ihre kleine Wohnung verlassen muss, noch nicht einmal 24 Jahre alt ist, zwei Kinder hat? Wie groß muss die nackte Angst um ihr Leben und das ihrer Kinder gewesen sein, um alles zurückzulassen und sich auf einen ungewissen Weg zu machen? Klaus ist gerade mal 20 Monate alt, Christiane 7 Monate. Draußen liegt hoher Schnee, es sind minus 25 Grad.

Ohne Grund, ohne Anlass lässt sich niemand auf so etwas ein. Man geht nicht grad mal so aus Lust und Laune weg. Und das gilt für die Hunderttausende von Menschen, die damals aus Ostpreußen flüchteten – und das gilt heute genauso für die *boat people*, die sich in kleinen Booten oft sehr zweifelhaften Führern anvertrauen – und das gilt für all die anderen Flüchtlinge, die aus ihrer Heimat weggehen.

Aus unserer Distanz heraus, sei sie zeitlich oder räumlich, mögen wir manchmal nicht nachvollziehen können, was Menschen zu solch einer Entscheidung treibt. Aber Angst, Not und Verzweiflung sind keine rationalen und objektiven Größen – es sind subjektive Empfindungen. Das, was meine Mutter befürchtete, wenn sie bleiben würde, war größer als das, was mit der Flucht vor ihr lag.

Meine Mutter entscheidet sich für die Flucht.

Das hört sich jetzt so lapidar an. Aber stellen Sie sich vor: Sie stehen in Ihrer Wohnung und wissen, in drei Tagen muss ich aufbrechen und weggehen. Sie haben schon einen Kinderwagen zu schieben mit zwei kleinen Kindern darin. Was sonst nehmen Sie noch mit? Sie wissen nicht, wann Sie das nächste Mal etwas zu essen oder zu trinken bekommen. Warme Kleidung muss dabei sein. An die Papiere muss man denken. Und dann gehen Sie durch die Wohnung, die voll mit Erinnerungen ist: die kleine Figur, damals bei der Hochzeitsreise gekauft, das schöne Sommerkleid, das Ihr Mann so gerne an Ihnen sah, die Bücher, die Fotoalben, das neue Geschirr, auf das Sie so stolz waren ... alles bleibt zurück. Und Sie wissen nicht, ob Sie überhaupt noch einmal zurückkommen werden.

Und Sie brechen nicht mal eben zu einer netten Wanderung auf, bei der man weiß, dass in fünf Kilometer Entfernung ein Gasthaus sein wird, in das man einkehren kann – sondern Sie brechen auf in die Kälte, die Dunkelheit, ohne zu wissen, wo Sie heute Nacht schlafen werden. Sie brechen auf in das Chaos, denn Hunderttausende sind genauso wie Sie unterwegs, auf dem Weg nach Westen – auf der Flucht vor den feindlichen Soldaten.

Zurückgekommen in diese kleine Wohnung ist meine Mutter nie mehr.

Rahel weinte um ihre Kinder, denn sie waren nicht mehr.
Die Bibel, Buch Jeremia, Kap. 31, Vers 15

März 1945, Gotenhafen – Ostpreußen ist inzwischen eingekesselt worden. Es bleibt nur noch die Flucht über die Ostsee. Die Flüchtlinge drängen sich in den Häfen, um einen Platz auf einem der Schiffe zu bekommen. Eine unbeschreibliche Rettungsaktion setzt ein – alles, was an Schiffen verfügbar ist, vom kleinen Fischerboot bis zu großen Kreuzfahrtschiffen, bringt in einem Pendelverkehr Flüchtlinge von Ostpreußen nach Schleswig-Holstein oder nach Dänemark. Viele Flüchtlinge konnten gerettet werden – aber manches Schiff versank auch in der Ostsee, von feindlichen Kriegsschiffen torpediert, so wie zum Beispiel die „Wilhelm Gustloff“ mit 9000 Menschen an Bord. In der winterkalten Ostsee hatte niemand eine Chance. Meine Mutter hatte es geschafft, sich mit den beiden Kindern nach Gotenhafen durchzuschlagen. Von dem Treck aus Groß-Peisten, der sie eigentlich hatte mitnehmen sollen, war sie getrennt worden. Klaus aber war aufgrund der Strapazen krank geworden, eine eher harmlose Durchfallerkrankung, die man leicht mit Medikamenten und guter Ernährung hätte behandeln können – beides aber war nicht verfügbar. Klaus starb am 6.3.45 und ist noch in Gotenhafen bestattet worden – Grab Nr. 6954. Für die Beisetzung zahlte meine Mutter 21,– Reichsmark, der Sarg kostete 32,– Reichsmark.

Eine Mutter verliert ihr Kind. Das ist wohl das Schlimmste, was einer Frau geschehen kann. Und besonders schlimm ist es dann, wenn ein Kind eigentlich nicht hätte sterben müssen.

Seine Mutter bewahrte alles, was geschehen war, in ihrem Herzen. Die Bibel, Lukas-Evangelium, Kap. 2, Vers 51b

Auf Gotenhafen gibt es jeden Tag Fliegerangriffe. Und du bist grad mitten drin im absoluten Chaos – und hast keine Idee, wo dein Mann sein könnte. Oder deine anderen Verwandten. Du bist ganz allein. Und 24 Jahre alt. Die „Monte Rosa“ ist eines der letzten Schiffe, das Gotenhafen am 19.3.45 verlässt. Die Stadt ist eingekesselt. Noch bevor das Schiff den Hafen verlässt, gibt es einen Fliegerangriff. Es gibt sogar auf dem Schiff Tote und Schwerverletzte – aber wiederum keine Medikamente, kein Verbandsmaterial. Und auch das Schiff ist beschädigt.

Am 22.3. kommt es in Kopenhagen an, das zu dem Zeitpunkt noch von deutschen Truppen gehalten wird. Diese Informationen habe ich aus dem Internet. Am 20.3. stirbt Christiane auf See. Das weiß ich durch die Sterbeurkunde des Kapitäns des Schiffes, den entsprechenden Auszug aus dem Logbuch.

Meine Mutter hat das Wertvollste in ihrem Leben verloren, zwei Kinder innerhalb von vierzehn Tagen, und weiß nicht, wie es weitergeht.

Das ist keine Situation von damals und dort.

Es geschieht hier und heute.

Junge Frauen sehen ihre Kinder sterben – und es müsste nicht sein. Sauberes Wasser, Medikamente, Kindernahrung ...

Und wir können nicht sagen, wir hätten es nicht gewusst. Wir sind die erste Generation, für die diese Ausrede nicht mehr taugt.

Für jetzt bleiben Glaube, Hoffnung, Liebe, diese drei; Doch am größten unter ihnen ist die Liebe. Die Bibel, 1. Brief des Apostels Paulus an die Gemeinde in Korinth, Kap. 13, Vers 13

GLAUBE, HOFFNUNG, LIEBE?

Die Wirklichkeit scheint dagegen zu sprechen: Der Glaube verliert sich, die Hoffnung wird von Angst überdeckt, und oft genug scheitert das, was mal voll Liebe begonnen hat. Deshalb mag *Schalom Ben Chorin* (1913–1999) recht haben, wenn er sagt: „Aber muss man nicht ein bisschen verrückt sein, um die Hoffnung nicht aufzugeben in dieser Welt und den Glauben an Gott?" – und er sagt diesen Satz nicht so einfach vor sich hin. Er wurde 1913 in München als Fritz Rosenthal geboren. Als die Nationalsozialisten an der Macht waren, wurde er einige Male verhaftet und wanderte 1935 in das Land Israel, das damalige britische Mandatsgebiet Palästina, aus, wo er sich seinen neuen Namen gab. Und er glaubte und hoffte – trotzdem.

Vielleicht ist dieses „trotzdem" wichtig. Wenn alles glatt läuft, dann ist das nicht so schwer mit dem „glauben" und „hoffen". Bewähren müssen sie sich dann, wenn es schwierig wird, wenn Leben durchkreuzt wird. In solchen Zeiten zeigt es sich, ob Glaube und Hoffnung wirklich „in mir" sind oder nur „oben drauf". Und „in mir" können sie dann sein, wenn ich mich von Gott geliebt weiß – allen dunklen Zeiten zum Trotz. Deshalb kann Schalom Ben Chorin auch 1942, mitten in dem Chaos dieser Welt, ein Gedicht schreiben, in dem es heißt: *Freunde, dass der Mandelzweig wieder blüht und treibt, ist das nicht ein Fingerzeig, dass die Liebe bleibt?* Der Mandelzweig wird blühen. Ich glaube daran.

Blindes Vertrauen

Wenn
Hoffnung
wie Glas
zerbricht

Pläne
durchkreuzt
werden

Träume
die Kraft
verlieren

kommt es
auf die
Wurzeln an

Was aber Gott verbunden hat, das darf der Mensch nicht trennen. Die Bibel, Markus-Evangelium, Kap. 10, Vers 9

IDEAL UND WIRKLICHKEIT

Ja, so war es damals im Paradies: Gott schuf den Menschen als Mann und Frau – und sie wurden ein Fleisch. Und wahrscheinlich schauten sich die beiden damals etwas überrascht, aber ganz liebevoll an. – In dieser Stimmung treten wohl auch heute noch viele Paare vor den Traualtar: voll der Liebe für den anderen und vielleicht ein wenig überrascht, dass man selbst so geliebt wird. Da vertraut sich ein Mensch dem anderen an und verbindet sich mit ihm. Und aus einer solchen Haltung heraus schaut man liebend hin – und sieht auch nur Liebenswertes. So hatte Gott es sich wohl mal gedacht.

Aber dann bricht der Alltag ein – Ärger im Büro, Stress, Missverständnisse. Und um nicht noch mehr verletzt zu werden, verschließt man das Herz, macht es hart. Wer aber mit einem solchen Herzen auf etwas schaut, findet nichts Liebenswertes mehr, sondern nur Hässliches, Störendes, Nervendes. Wer hartherzig ist, der stellt die eigenen Bedürfnisse und Interessen über die Liebe. Der sieht nur noch sich und nicht mehr den anderen. So kann es gehen.

Jesus aber erinnert an die Idee, daran, wie es einmal gedacht war. In der Realität kann man an solchen Idealen scheitern, auch in einer Ehe. Die Erde ist nicht das Paradies. Und das kann sehr weh tun. Das aber nimmt der Idee nichts von ihrer Kraft. Was mich in allem Scheitern tröstet? Die uralte Zusage aus dem Psalm 147: *Der HERR heilt, die gebrochenen Herzens sind* – ER schaut liebend auf mich hin.

SCHERBENHAUFEN

Manchmal zerbricht im Leben etwas. Das kann eine Tasse, ein Glas sein, das einem aus der Hand rutscht. Und so wie Butterbrote immer mit der Butterseite nach unten fallen, zerbricht in der Regel nie das, was eigentlich zerbrechen könnte. So wird das alte Wasserglas wohl noch mal zwanzig Jahre überdauern – und es ist grad das wertvolle Weinglas, das einem beim Spülen unter der Hand zerbricht.

Ja, es ist ärgerlich – aber da gibt es schon noch entscheidendere Dinge, die zerbrechen können: Eine Beziehung kann zerbrechen, eine Ehe. Eine Krankheit, ein Unfall kann mich körperlich zerbrechen lassen. Und etwas in mir kann zerbrechen: Träume werden durchkreuzt, Hoffnungen sterben, ich sehe keinen Ausweg mehr. Zerschlagen, zerbrochen ...

Und manchmal bin ich selbst diejenige, die etwas zerschlägt, etwas zerbricht. Ich enttäusche das Vertrauen, das ein Mensch in mich gesetzt hat, ich ignoriere die leisen Zwischentöne, ich verlasse den Weg, den ich eigentlich gehen soll. Und dann stehe ich wirklich vor dem Scherbenhaufen eines Lebens – manchmal auch meines Lebens.

Aber: Was zerbrochen zu sein scheint, muss nicht für immer zerbrochen sein.

Wir kennen es vom Meer, besonders bei stürmischem Wetter: Eine Welle bricht sich an einem Stein – und doch gibt es immer noch das Meer. Auch Leben kann zerbrechen – und doch gibt es immer noch das Leben. Zerbrochenheit muss nicht zwangsläufig „Ende“ bedeuten, sondern kann auch neuer Anfang sein. Unsere Zerbrochenheit kann zu einem neuen Ganzen werden.

EINFALLSTORE FÜR DIE LIEBE GOTTES

Möglicherweise bergen unsere Verwundungen und Gebrochenheiten auch eine Chance in sich. Wer gebrochen ist, sich als hilfsbedürftig erfährt, den Mangel erlebt, der wird empfänglich für Zeichen der Nähe, dankbar für Zuwendung, offen für die Liebe. Leid und Schmerz können Einfallstore für die Liebe Gottes sein, der Riss, durch den uns Gottes Liebe erreicht. Wenn einer ganz und gar heil wäre, der bräuchte nichts mehr. Wer sich seine Verletzungen, seine Verwundungen nicht eingestehen will oder kann, wer keine Hilfe braucht, dem kann auch nicht geholfen werden.

Deshalb mag dieses etwas provozierende Gebet durchaus Sinn machen: „Gott bewahre uns vor der Hornhaut der unheilbar Gesunden, vor jenem Menschentyp, vor dem selbst der Geist Gottes ratlos steht und keinen Eingang findet, weil alles mit bürgerlichen Sicherheiten und Versicherungen verstellt ist“, *Alfred Delp* zugeschrieben (Jesuit und aktiv im Widerstand gegen den Nationalsozialismus, 1907–1945). Es geht nicht um eine Verherrlichung des Leidens oder gar darum, das Leiden künstlich zu vergrößern oder herbeizuführen. In unserem Leben gibt es von ganz alleine so viel Unheiles und so viel Leid. Und gerade darin brauchen wir die Nähe eines Gottes, der uns durch all unsere Verletzungen hindurch erreicht.

In Japan gibt es eine besondere Kunst, zerbrochene Keramik zu flicken. Die Bruchstelle wird geklebt, aber nicht spurenlos, sondern mit Silber- oder Goldstaub besonders sichtbar gemacht. Die Keramik mit den sichtbaren Spuren ihrer Risse ist dann ein Vielfaches wertvoller, als wenn sie nie zerbrochen wäre …

Der HERR heilt, die gebrochenen Herzens sind. Die Bibel, Psalm 147, Vers 3

WUNDEN ZU NARBEN WERDEN LASSEN

Gottes Liebe ist keine Liebe, die sich gnädig aus seiner Vollkommenheit auf uns herab ergießt, die uns klein machen oder erniedrigen würde neben seiner Vollkommenheit. Nein, es ist die Liebe des Gekreuzigten, die Liebe von einem, der Schmerz, Leid, Verlassenheit und Tod am eigenen Leib erfahren hat. Es ist eine solidarische Liebe, die uns unser Leiden nicht wegnehmen kann, aber die sich unter mein Kreuz stellt – und bei mir ausharrt.

Und er kann unsere Zerbrochenheiten heilen. Magischer Wunderglaube ist dabei allerdings nicht gefragt. Gott wird nicht das zerbrochene Weinglas wieder zu einem neuen und unversehrten Weinglas machen. Er wird aus dem Scherbenhaufen meines Lebens nicht das machen, was es vorher vielleicht einmal war. Und das von ihm zu erwarten, wäre unfair.

Heilen – das geht nicht, ohne dass Narben zurückbleiben. Sogar der auferstandene Jesus trägt die Wundmale als Erkennungszeichen an seinem Körper. Aber Narben sind nicht das Problem – die sind verheilt und erzählen nur von dem, was war. Offene Wunden sind schwierig – denn da können sich Infektionen festsetzen und alles vergiften.

Die Zusage Gottes steht. Er wird all das heilen, was zerbrochen ist. Er ist in all den Zerbrochenheiten meines Lebens bei mir und mit mir. Ihm kann ich all das geben, was ich zerbrochen habe und was in mir zerbrochen ist – und er wird all dem einen neuen Anfang geben. Und ich kann darum bitten, dass er diesen Neuanfang segnen möge.

Seine Zusage steht. Jetzt bin ich gefragt.

Leichtigkeit

spielerisch
kreisen

anmutig
fliegen

kraftvoll
wirbeln

bestaunt
fasziniert

beneidet
beklatscht

bewundert
einsam

weiß nur
der Tänzer

um Tränen
und Schmerz

abgeschminkt

die Maske
abgenommen
das Kostüm
aufgehängt
die Schminke
abgewischt

der Clown
hat seine
Schuldigkeit getan
er kann gehn

und in der Garderobe
eine rote Rose
selbst gekauft
und zwei Briefe
die man nicht
beantworten mag

und draußen
tosender Applaus
und drinnen
die bange Frage

wie lange
halt ich

das
noch aus?

Jesus fragte sie: Worüber habt ihr unterwegs gesprochen? Sie schwiegen, denn sie hatten unterwegs miteinander darüber gesprochen, wer von ihnen der Größte sei. Die Bibel, Markus-Evangelium, Kap. 9, Verse 33–34

ZURÜCK ZUR TAGESORDNUNG?

Wie mag es Jesus in diesem Moment zumute gewesen sein ... er sagt seinen Freunden, dass er getötet werden wird – und sie verstehen ihn nicht. Er spricht vom Tod – und sie unterhalten sich darüber, wer von ihnen der Größte ist. Er gibt sich hin – und sie schielen nach Macht und Ansehen.

Ich kenne das, irgendwie. Ich nehme all meinen Mut zusammen und spreche etwas aus, was tief in mir ist, was mich berührt. Und die anderen hören und hören doch nicht. Stattdessen gehen sie zur Tagesordnung über ... Und dann kriecht die Einsamkeit in mir hoch. Wo sind sie denn, die Freunde? Spüren sie nicht, was in mir ist? Und ich verkriech mich in mich hinein – verletzt, wütend, traurig.

Auch wenn Jesus das möglicherweise ähnlich empfunden haben mag – er verkriecht sich nicht. Er schreibt seine Freunde nicht ab. Vielleicht können sie ihn ja wirklich nicht verstehen? Möglicherweise ist das, was er ahnt, spürt, weiß, wirklich so unendlich groß, dass es gar nicht in sie „hineinpasst". Ja, mag sein, dass Gottes Größe manchmal zu groß für uns ist – und wir deshalb zur Tagesordnung übergehen. Da kennen wir uns aus.

Vielleicht macht Gott sich deshalb klein. Ein Kind, ein Stück Brot, ein Schluck Wein. Davon kann man sich berühren lassen. Und da muss man nicht viel sagen. Und wenn manches doch zu groß für mich ist – vielleicht trotzdem nicht gleich zur Tagesordnung übergehen.

Vielleicht war es ein Engel

Gelegentlich
so ab und an
werden meine Pläne
durchkreuzt
wird meine Welt
auf den Kopf gestellt
ist nichts mehr so
wie es einmal war

dann möchte ich
ja sagen können
voller Angst
voller Ungewissheit
ohne zu wissen
was auf mich zukommt

aber doch
ja
sagen

gewisse Hoffnung

einmal
wird all das
von mir abfallen
was mich bindet
fesselt
was mir
die wahrheit
verhüllt

einmal
werde ich
verstanden werden

und
verstehen

DAS LEBEN IST NICHT FAIR

In dem Lied „Der Weg", das Herbert Grönemeyer anlässlich des Todes seiner Frau geschrieben hat, bringt er es auf den Punkt: Das Leben ist nicht fair.

Ja, es ist nicht fair, wenn ein Kind ermordet wird, eine Frau zu früh an Krebs stirbt, ein junger Mann keinen anderen Weg als den Selbstmord sieht. Das Leben ist nicht fair, wenn Zehntausende bei Naturkatastrophen sterben. Und dann ist die Frage verständlich: Warum lässt Gott das Leid zu?

Auf diese Frage gibt es aber leider keine Antwort. Denn ich glaube, dass sie falsch gestellt ist. Und dann kann es darauf auch keine richtigen Antworten geben.

Eine solche Frage geht von einem Gottesbild aus, das Gott seine Größe nimmt. Warum lässt Gott das Leid zu – das unterstellt Gott, dass er darüber entscheidet, ob, wann und in welchem Maß er „Leid zulässt" und wann nicht. Das aber wäre das Bild von einem Gott, der da oben im Himmel an seinem Schreibtisch sitzt – oder inzwischen vielleicht auch an einem Computerbildschirm – und je nach Situation aufs Knöpfchen drückt – oder eben nicht. Der war böse und schlimm, der hat das Leid verdient und kriegt es dann auch – und die waren gut, die bleiben deshalb verschont. Damit gehen wir von menschlichen Maßstäben, menschlichem Denken aus und übertragen es auf Gott. Das aber war noch nie so besonders hilfreich. Wir Menschen denken so – und deshalb ist die Frage auch durchaus verständlich. Aber Gott passt in dieses Bild nicht hinein.

WIE ABER IST GOTT DANN?

Gott ist unbegreiflich. Das ist und bleibt eine Wesenseigenschaft Gottes. Wenn Gott für uns Menschen begreiflich wäre, dann würde er in unser Denken hineinpassen. Damit aber wäre er kleiner als unser Denken. Was aber wäre das für ein Gott, der kleiner als unser Denken ist? An so einen Gott möchte ich nicht glauben. Ich möchte an einen Gott glauben, der größer ist als ich – und der genau deshalb mein Denken und Begreifen übersteigt. Es ist eine Anmaßung von uns Menschen, Gott verstehen und begreifen zu wollen. Der Kirchenlehrer *Augustinus* (354–430) sagt es so: „Wenn du denkst, du hättest Gott begriffen, dann war es nicht Gott."

Dazu kommt: Gott will die Freiheit des Menschen. Er will uns nicht als billige Marionetten, als Schauspieler. Zugegeben – der Preis ist hoch. Menschen können ihre Freiheit missbrauchen – Hitler hat sie missbraucht, jeder Staatsmann, der ungerechtfertigt einen Krieg anzettelt, missbraucht sie, jeder Mörder missbraucht sie. Die Freiheit des Menschen schließt den Missbrauch ein. Aber wenn wir von Gott wollen, dass er das verhindert, dann würden wir zugleich von ihm erwarten, dass er die Freiheit des Menschen einschränkt. Ob wir damit viel glücklicher würden?

Und nicht zuletzt: Es gibt Naturgesetze. Die Erde ist kein fester Tennisball, sondern ein höchst instabiles System, wo eine ganz, ganz dünne Erdschicht auf Millionen von Kubikmetern feuriger Masse ruht. Es gibt Vulkane, die ausbrechen, es gibt Erdbeben, es gibt Tsunamis. Erwarten wir wirklich, dass Gott Naturgesetze außer Kraft setzt? Grad nur für uns?

GOTT GEHT MIT

Warum lässt Gott all das Leid zu? Ja, es ist eine verständliche Frage. Aber er hat uns nie versprochen, das Leid aus dem Leben von uns Menschen wegzunehmen. Es gibt den Tod, es gibt Krankheit, Angst und Einsamkeit, Katastrophen und Unfälle. All das ist Mensch-Sein ... und gehört zum Leben dazu – eben weil wir Menschen sind. Tod und Tränen, Angst und Einsamkeit, all das kann uns niemand wegnehmen – auch Gott nicht. Und jeder, der so etwas verspricht, lügt.

Die unsagbar große Liebestat Gottes ist eine andere. Wenn er Leiden und Tod, Krankheit und Angst schon nicht wegnehmen kann, dann zeigt er seine Liebe darin, dass er selbst mit hineingeht. Er erspart seinem eigenen Sohn das Leiden und den Tod nicht, um uns zu zeigen und zu sagen: Gerade dann, wenn es euch dreckig geht, seid ihr nicht allein. Das ist die abgrundtiefe – im wahrsten Sinn des Wortes! – Solidaritätserklärung Gottes an uns.

Und die Zusage steht: *Er wird alle Tränen von ihren Augen abwischen* (*Die Bibel, Buch der Offenbarung, Kap. 21, Vers 4*). Er wird unsere Tränen in seinem Krug sammeln, er wird sie trocknen – auch wenn er nicht verhindern kann, dass wir sie weinen.

Nein, viel mehr habe ich auch nicht, was ich sagen kann. Aber ich habe einen Gott, der mit in dieses Dunkel hineingeht. Und – ganz ehrlich gesagt: Diese realistische Solidaritätserklärung finde ich sehr viel interessanter als eine Utopie, die sowieso keiner einlöst.

Niemand wird das Leid aus unserem Leben wegnehmen. Und es hat uns auch keiner versprochen. Aber mitgehen – das könnte schon ganz schön viel sein ...

… UND WIEDER HINFALLEN

Losgegangen. Überzeugt, gewiss, sicher, in einem guten Sinne stolz.

Und hingefallen …

Wieder gescheitert. Wieder nicht geschafft. Und alles holt mich grad wieder ein.

Ich kann nichts. Ich bin nichts wert. Ich bin nicht wichtig. Ich verkriech mich. Ich versteck mich. Ich mach mich klein, kauere mich zusammen.

Und ich fühl mich abgrundtief verlassen, allein. Und mein Schreien verstummt, meine Seele weint. Ich habe keine Kraft mehr. Ich will nicht mehr. Ich kann nicht mehr.

Mein Blick sucht.

Und findet den am Kreuz.

Und der ist abgrundtief verlassen, allein. Und sein Schreien ist gebrochen, seine Seele weint.

Der ist da. Bei mir, mit mir.

Der kennt das. Der erfährt es am eigenen Leib. Der stiehlt sich nicht davon. Der bleibt. Bei mir, mit mir.

Der liebt mich so sehr, dass er auch diese Wege mit mir geht, indem er sie selbst geht. Der scheinbar scheitert, damit er mich in meinem Scheitern finden kann. Der in den Tod hineingeht, damit er mir in meinem Tod nahe ist.

Er nimmt den Tod nicht weg – aber er zeigt den Weg durch den Tod hin zum Leben.

Und wenn ich falle, fangen seine Arme mich liebevoll auf.

Da setzte sich der Tote auf und begann zu sprechen, und Jesus gab ihn seiner Mutter zurück. Die Bibel, Lukas-Evangelium, Kap. 7, Vers 15

EINFACH GRÖßER

Immer, wenn ich dieses Evangelium höre, steht mir eine Szene aus Südafrika vor Augen. Dort leitete ich einen Ausbildungskurs in Bibliolog, einer neuen Form der Bibelarbeit in Gruppen. Dabei werden die Teilnehmer gebeten, sich mit bestimmten Personen, die im Text vorkommen, zu identifizieren und eine Frage zu beantworten, die an sie gestellt wird.

Eine Frau hatte einen Bibliolog zu dieser Schriftstelle erarbeitet und stellte ihn uns vor. Und dabei fragte sie uns auch in der Rolle der Mutter, wie es uns denn jetzt ginge, wenn unser Sohn wieder lebt. Die ersten Antworten, die kamen, waren alle positiv: „Wunderbar!" – „Ich freu mich!" – „Ich muss nicht allein bleiben!"

Aber dann sagte eine Frau, etwas nachdenklich: „Ich weiß nicht. Wir haben Rituale, unsere Toten zu verabschieden – aber ich kenne kein Ritual, das Tote wieder ins Leben aufnimmt ..." – und plötzlich wurde uns klar, dass es ja auch nicht so einfach ist, jemanden, der tot war, wieder unter den Lebenden aufzunehmen.

„Alle wurden von Furcht ergriffen" – diesen Satz kann ich jetzt etwas besser verstehen. Das Handeln Gottes kann durchaus verunsichern, wenn er Herkömmliches und Vertrautes außer Kraft setzt. Das sind Momente, in denen Gott all mein Begreifen und Verstehen übersteigt. Aber genauso groß, ja übergroß sind seine Liebe, seine Barmherzigkeit, sein Mitleid. Und das ist der Grund, warum ich mich nicht fürchten muss – auch wenn ich ihn manchmal nicht verstehe.

Sie fragten einander, was das sei: von den Toten auferstehen.
Die Bibel, Markus-Evangelium, Kap. 9, Vers 10

GRENZEN ÜBERSCHREITEN

Was ist das, von den Toten auferstehen? Das bewegte die drei Jünger, als sie den Berg wieder hinabstiegen. Verwirrt mögen sie gewesen sein, ratlos, durcheinander. Sie haben etwas erlebt, was sie nicht fassen können, was ihr Begreifen übersteigt. Sie haben Mose und Elija, die schon lange tot sind, lebendig erlebt. Da hat etwas, da hat jemand, Grenzen überschritten, die eine Welt mit der anderen Welt in Verbindung gebracht. Da hat Jesus die Grenze „Tod" außer Kraft gesetzt – und hat das „diesseits" mit dem „jenseits" verbunden. Und dann noch diese seltsame Aussage Jesu, nichts von all dem zu erzählen, bis der Menschensohn auferstanden ist.

Was ist das, von den Toten auferstehen? Vielleicht: Daran glauben, dass das Leben die angebliche Grenze Tod überwindet. Dass es Momente und Augenblicke gibt, in denen im Hier und Jetzt etwas von dem Dort und Dann aufleuchtet.

Eine Bekannte erzählte mir vom Sterben ihrer Tante. In den letzten Stunden vor ihrem Tod sagte diese, etwas traurig: „Ich habe in diesem Winter gar keine Wildgänse gesehen ..." – als sie im Januar beerdigt wurde, flogen bei der Beisetzung Dutzende von Wildgänsen über den Friedhof.

Das sind keine einfachen Momente. Die können berühren, uns fassungslos machen, sprachlos, verwirrt. Mitten im Tod taucht das Leben auf. Aber es gilt auch andersherum. Mitten im Leben kann man schon tot sein, fertig mit sich und der Welt. Deshalb heißt die Einladung auf dem Weg zu Ostern hin: sich für das Leben zu entscheiden – allen Toden zum Trotz.

ÜBERGÄNGE

Wohl an kaum einem Ort liegen Anfang und Ende, Geburt und Tod so nah beieinander wie im Krankenhaus. Da stirbt einer dem Tod entgegen, verlässt das Leben und nimmt seine Geschichte, seine Erinnerungen, seine Träume und Hoffnungen mit – und da trauern Menschen. Und nur wenige Meter davon entfernt kommt ein Kind zur Welt, schreit seinen ersten Schrei, beginnt sein Leben auf dieser Welt – voller Hoffnungen und Träume. Und eine Mutter hält glücklich ihr Kind im Arm ...

Aber auch: der Tod als Freund, als Erlöser von Schmerz und Qual und Leiden. Und neues Leben: nicht immer willkommen geheißen, lastende Verantwortung, Verzweiflung, Not.

Tod und Leben liegen nahe beieinander – und im einen findet sich auch das andere: Im Leben ist der Tod und im Tod das Leben.

Aber das Geschenk derer, die gehen, und derer, die kommen, ist jeweils das Gleiche: Sie wollen uns erinnern an die Kostbarkeit des Lebens.

Deshalb sind Übergänge hilfreich. Sie machen mir bewusst, wo ich herkomme und wo ich hingehe. Und wer Grenzen überschreitet, muss sich ausweisen. Spätestens an dieser Grenze muss ich Farbe bekennen, wer ich bin und wer ich sein will.

Und genau das ist die Chance dieser Grenze.

Ich muss Farbe bekennen – wie halt ich es mit dem Leben?

EIN ANDERER KÖNIG

Ich wohne an der Straße nach Jerusalem, in einem kleinen Dorf. Normalerweise passiert bei uns nicht viel, es ist eher ruhig. Aber als ich heute vor der Tür stand, kamen zwei Männer und wollten das Eselfohlen, das meinem Nachbarn Jussuf gehört, einfach losbinden und mitnehmen. Natürlich hab ich sie zur Rede gestellt – aber da sagten sie nur: Der Herr braucht es ... und sie sagten es so, dass ich sie gewähren ließ. Seltsamerweise ging der Esel tatsächlich mit ihnen. Sonst sträubt er sich immer, wenn er irgendwohin soll.

Etwas später kam eine Gruppe von Menschen vorbei – und mitten drin der Esel. Ein Mantel war über ihn gedeckt, und auf ihm saß ein Mann. Und die Menschen legten ihre Kleider auf den Weg und winkten mit Zweigen, die sie einfach von den Büschen abgerissen hatten. Und sie riefen „Hosanna!“ und „Gesegnet sei er!“.

Der Mann schaute ernst, aber eine Hand lag sacht auf dem Hals des Esels und streichelte ihn. Und das Tier ging ganz vorsichtig, um auf den Kleidern nicht zu stolpern ... Sie zogen durch unser Dorf, weiter nach Jerusalem.

Am Abend brachte jemand den Esel zurück. Der Mann ist anscheinend in Jerusalem geblieben. Ob das der ist, von dem man so viel erzählt? Der Kranke heilt, Tote zum Leben ruft? Irgendwie, als ich das heute so sah, hab ich gedacht: Da zieht ein König der Armen ein. Mit Bauern, Fischern, Handwerkern statt Soldaten. Männer, Frauen, Kinder. Auf einem jungen Esel. Mäntel und Jacken statt kostbare Teppiche. Zweige und Grasbüschel statt Fahnen und Baldachin.

Der ist irgendwie anders.

Und ich bin ein wenig neugierig geworden.

Wenn sie schweigen, werden die Steine schreien. Die Bibel, Lukas-Evangelium, Kap. 19, Vers 40

WENN STEINE REDEN ...

Es gibt Situationen, da verschlägt es einem die Sprache. Man findet einfach keine Worte mehr für das, was man gerade erlebt – zu furchtbar und entsetzlich ist es, was sich da auftut. Menschen werden ermordet, Kinder werden missbraucht, der Tod durchkreuzt das Leben, es gibt Leid, Schmerz, Tod und Angst. Dann wieder möchte und könnte man was sagen – und da wird einem der Mund verboten. Man darf nichts sagen – weil man damit irgendetwas verraten, irgendetwas aufdecken, irgendetwas an die Öffentlichkeit bringen würde.

Auch den Jüngern Jesu, die seinen Einzug in Jerusalem bejubeln, wird von offizieller Seite Schweigen geboten. Und wenige Stunden später wird es ihnen die Sprache verschlagen – zu groß ist ihr Entsetzen, als Jesus ans Kreuz geschlagen wird. Schweigen breitet sich aus.

Wenn wir schweigen, werden die Steine reden.

Der Stein, der reden wird, ist der Stein, der vor das Grab Jesu gewälzt wurde. Er, der etwas verschließen sollte, öffnet sich. Er, der versperren sollte, gibt den Weg frei – aus dem Tod zum Leben!

Manche Steine in meinem Leben werden weggerollt, ohne dass ich erklären könnte, wie es geschieht. Manche Türen öffnen sich, und ich weiß nicht, wodurch. Mitten in meine Sprachlosigkeit, in mein Schweigen hinein, ereignet sich etwas. Steine fangen an zu reden. Vielleicht braucht es meine Sprachlosigkeit, mein Schweigen, damit die Steine reden können? Damit Auferstehung werden kann?

Und Jesus zog nach Jerusalem hinein, in den Tempel; nachdem er sich alles angesehen hatte, ging er spät am Abend mit den Zwölf nach Betanien hinaus. Die Bibel, Markus-Evangelium, Kap. 11, Vers 11

EIN WENIG UMSEHEN!

Auf einem Fest drückte der Gastgeber mir ein Glas Sekt in die Hand und sagte: „Setzen Sie sich doch!" – aber ich antwortete nur: „Lassen Sie mich noch ein wenig stehen, ich hab den ganzen Tag gesessen!" Das stimmte zwar auch – aber ich wollte mich einfach noch ein wenig umsehen. Was ist das für ein Raum, was erzählt er über die Gastgeber? Welche Bilder hängen an der Wand, welche Bücher stehen im Regal? Ich brauche ein wenig Zeit, um mich in die Atmosphäre eines Raumes hineinzufinden, um dort auch ankommen zu können. Und das geht, zugegeben, im Stehen und ein bisschen Umhergehen leichter, als wenn ich irgendwo in einem Sessel versinke.

Der grandiose Einzug Jesu in Jerusalem, das Hosianna, das ihm viele Menschen entgegenrufen, ist das eine. Jesus aber geht in den Tempel und schaut sich alles an. Das ist das andere. Und ich habe ein Bild vor Augen, wie er durch den Tempel geht, seine Blicke streifen lässt, vielleicht einen Stein berührt, in einer ruhigen Ecke im Gebet Gott sucht. Und er mag um das ahnen, was in den kommenden Tagen auf ihn zukommen wird. Er nimmt es in den Blick. Und er nimmt sich Zeit dafür. Erst spät am Abend kehrt er mit den Zwölf nach Betanien zurück.

Sie kennen diesen Satz aus der Bibel nicht? Kein Wunder – in der offiziellen Bibellesung im Gottesdienst ist er nicht vorgesehen.

Aber ich glaube, er ist wichtig.

Und Jesus begann, die Händler und Käufer aus dem Tempel hinauszutreiben. Die Bibel, Markus-Evangelium, Kap. 11, Vers 15

UND DER SEID IHR!

Jesus geht in den Tempel und treibt die Händler hinaus, die Taubenverkäufer und Geldwechsler, diejenigen, die dort Geschäfte machen. Irgendwie eindrucksvoll – aber halt eben doch nur eine nette Geschichte, 2000 Jahre alt, etliche tausend Kilometer entfernt von uns passiert ... Wirklich nur eine nette Geschichte? Der Apostel Paulus legt eine andere Spur: *Wisst ihr nicht, dass ihr Gottes Tempel seid und der Geist Gottes in euch wohnt? Wer den Tempel Gottes verdirbt, den wird Gott verderben. Denn Gottes Tempel ist heilig, und der seid ihr. (Die Bibel, 1. Brief des Apostels Paulus an die Gemeinde in Korinth, Kap. 3, Verse 16–17).*

Welch eine Zusage! Wir sind der Tempel Gottes, Sie, du, ich, wir – jeder Einzelne von uns ist gemeint. Gott selbst wohnt in uns, wir sind sein Tempel. Und was haben wir aus diesem Tempel gemacht? Sind wir vielleicht auch zur Markthalle geworden – Geld regiert die Welt – gibst du mir, dann geb ich dir – und umsonst ist sowieso nur der Tod – und auch der kostet noch Geld. Oder sind wir vielleicht gar zur Räuberhöhle geworden, sitzen die Räuber und Diebe in uns, die den anderen das Leben und die Lebendigkeit, ihren Reichtum und ihren Besitz wegnehmen wollen, um selbst besser dazustehen? Stattdessen: Ja, wir sind heilig, weil wir Wohnstatt Gottes sind. So hat Gott sich das gedacht.

Deshalb wird es höchste Zeit, die Händler und Taubenverkäufer in uns endlich vor die Tür zu setzen ...

aufstehen

APRIL

WO SIND DIE JÜNGER?

Gründonnerstag in einer kleinen geistlichen Gemeinschaft ... im Gottesdienst waren die Schwestern, einige Gäste, alles durchaus überschaubar. Und natürlich gehörte die Fußwaschung zur Liturgie dazu – drei Schwestern würden sich stellvertretend für die „Zwölf" die Füße waschen lassen. In seiner Predigt ging der Priester darauf ein, warum die Kirche das Evangelium von der Fußwaschung für diesen Tag gewählt hat – und wie Eucharistie und Dienst am anderen zusammenhängen.

Dann machte er eine einladende Geste, um die Schwestern nach vorne zu bitten ... aber niemand kam. Vielleicht war seine Geste nicht eindeutig genug oder die Schwestern etwas unsicher ... er wartete einen Moment, aber es kam immer noch keiner. Und dann fragte er: „Wo sind die Jünger?"

Und diese Frage traf mich plötzlich ganz tief. Könnte es sein, dass genau das Gründonnerstag heute ist? Jesus ist bereit, sich zu bücken, um den Jüngern die Füße zu waschen – aber es ist keiner da. Er will einen Dienst tun – aber da ist niemand, der diesen Dienst an sich getan haben will? Könnte es sein, dass wir die Dinge umgedreht haben? Wir machen und tun und rackern uns ab, um anderen „zu Diensten" zu sein. Und dann vergessen wir, dass Jesus zuerst uns meint. Bevor er uns in die Welt und zu den Menschen schickt, bevor er uns „zum Arbeiten" hinausschickt, versammelt er uns bei sich, wäscht unsere Füße, gibt sich uns in Brot und Wein.

Aber er hat keine Chance – weil wir gar nicht da sind. Weil wir ganz woanders sind – eventuell sogar, wie wir meinen, in seinem Auftrag und in seinem Namen ...

Jesus will mir einen Dienst tun – aber wo bin ich eigentlich?

Die Sonne verdunkelte sich. Der Vorhang im Tempel riss mitten entzwei. Und Jesus rief mit lauter Stimme: Vater, in deine Hände lege ich meinen Geist. Mit diesen Worten hauchte er den Geist aus. Die Bibel, Lukas-Evangelium, Kap. 23, Verse 45–46

ES IST VOLLBRACHT ...

Die Fesseln von Raum und Zeit werden durchbrochen.
Gott holt heim.
Alles, was schwer und mühsam war, bleibt zurück.
Die Grenze ist überschritten. Ein neues Land – und doch irgendwie altbekannt und vertraut.
Heimkommen.
Zurücklassen – all das, was bindet, fesselt.
Aufbrechen in die Freiheit. Aufbruch in das Land der Liebe. Heimkehren zu dem, aus dem ich bin.

Übergang. Niemandsland.
Ihre Papiere, bitte.
Von Beruf: Grenzgänger.
Wohnort: Ausgespannt zwischen Himmel und Erde.
Festgenagelt auf die Liebe.
Frei für das Leben.

dazwischen

ein vogel ruft
ein zarter klang
ein leises wort

träumen

das dunkel weicht
noch ist nicht tag
zwischenland zwischenzeit

fragen

den tod schon gestorben
auferstehung steht noch
aus
dazwischen

warten

die melodie hören
dem ruf vertrauen
sich locken lassen

ahnen

kraft aus den wurzeln
mutig wachsen
und sich doch noch bergen

hoffen

sich strecken nach dem
licht
das dunkel durchbrechen
sich aufrichten

vertrauen

die farben in mir spüren
dem wort glauben
vorwärts gehen

blühen

Leben
will
leben

Leben
schafft
den Tod
nicht ab

Leben
geht
durch den Tod
hindurch

Leben
ist bunt
schöpferisch
vielfältig

Leben
erfindet sich
gibt sich
schenkt sich

Leben
tanzt
traut
trägt

Leben
liebt
lacht
lebt

allen Toden
zum Trotz
und jetzt
erst recht

und Leben
zeugt Leben
und hofft
und glaubt

und vertraut
und steckt an
und macht Lust
und ist Zukunft

das Leben
lebt
und das ist

Auferstehung

ER IST NICHT MEHR HIER

Marcus war mit 22 Jahren unter tragischen Umständen ums Leben gekommen. Meiner Freundin ist das Grab des Jugendfreundes wichtig, als Ort der Erinnerung, des Gebets, der Verbindung miteinander über den Tod hinaus. Sogar in den knapp bemessenen Zeiten ihres Heimaturlaubs, als sie über zwei Jahrzehnte im Ausland war – ein kurzer Besuch dort musste drin sein und das Anzünden einer Kerze.

Seitdem sie wieder in Deutschland ist, fahren wir zusammen dorthin, wenigstens zu Ostern und vor Allerheiligen, nehmen eine Kerze mit, pflanzen ein paar Blümchen, ziehen das Unkraut heraus. Denn das Grab sieht nicht danach aus, als ob sich regelmäßig jemand darum kümmern würde, aus welchen Gründen auch immer.

So auch jetzt am Karsamstag. Ich hatte Schaufel, Gartenschere, einen kleinen Rechen mitgebracht, sie hatte Blumen gekauft und eine Kerze. Sie ging schon voraus, ich wollte auf dem Parkplatz noch eine Zigarette rauchen – aber als ich dann zu ihr schaute, wirkte sie seltsam erstarrt und verwirrt. Ich ging rasch zu ihr und sah, was los war: Der Grabstein und alle Pflanzen waren weg – nur ein paar fast schon verblühte Krokusse waren noch zu sehen.

Und plötzlich waren wir mittendrin in der uralten Geschichte: *Maria von Magdala kam zum Grab und sah, dass der Stein vom Grab weggenommen war* (*Die Bibel, Johannes-Evangelium, Kap. 20, Vers 1*). Was ist geschehen? Wir waren verwirrt, durcheinander, standen da mit unserer Schaufel und den Blumen. Wo war Marcus? *Man hat ihn weggenommen und ich weiß nicht, wohin sie ihn gelegt haben* (*Vers 13*). Plötzlich ahnten wir, wie es Maria von Magdala an diesem Morgen gegangen sein mag – man fällt ins Leere, noch einmal wird einem der Mensch genommen, der einem wichtig ist, an dem Ort, wo man an ihn denken konnte, ist er nicht mehr.

Nur zögernd konnten wir uns eingestehen, dass seine Angehörigen das Grab wohl aufgehoben hatten, rechneten kurz nach – Marcus ist vor 35 Jahren gestorben, kann gut sein, dass jetzt die Ruhezeit für das Grab abgelaufen war. Meine Freundin war im Herbst noch einmal da gewesen und hatte die Krokuszwiebeln in den Boden gesteckt. Irgendwann danach war wohl das Grab geräumt worden – nur die Blumenzwiebeln hatten es überlebt und blühten jetzt auf dem leeren Grab. *Er aber ist nicht hier.* Plötzlich hatten Karsamstag und der Ostermorgen für uns einen Namen, ein Gesicht bekommen. Ein leeres Grab, der Stein ist weggenommen, und gelbe Krokusse erzählen vom Leben. Meine Freundin klaubte noch einige Steine auf, die sie mitnahm. Nachdenklich und berührt fuhren wir nach Hause, die Blumen und die Kerze wieder im Auto. Zu diesem Friedhof würden wir nicht mehr fahren müssen – *er ist nicht mehr hier.*

Am Ostermontag bin ich auf der Heimfahrt doch noch einmal dort gewesen. Irgendwie hatten wir das Gefühl, dass die Kerze, die wir für Marcus gekauft hatten, dort brennen muss und nicht irgendwo anders. Und ich habe einige der Krokusse ausgegraben und mit ein paar Handvoll Erde mitgenommen. Die werden zusammen mit den Blumen für das Grab jetzt ihren Ort im Pfarrhausgarten finden ... direkt neben der Rose, die wir dort schon für Marcus gepflanzt haben.

Denn Erinnerungen brauchen nicht nur Zeiten, sondern auch Orte – auch die Erinnerung an die Auferstehung.

... doch sie hielten das alles für Geschwätz und glaubten ihnen nicht. Die Bibel, Lukas-Evangelium, Kap. 24, Vers 11

AUF DAS LEBEN SCHAUEN

Wenn wir vom Leben erzählen, von Hoffnung, Liebe, Glaube, dann halten das viele für Geschwätz – so wie damals schon die Jünger. Wie soll man auch an das Leben glauben, wenn scheinbar überall der Tod regiert? Wie kann man heute noch Nachrichten hören und dennoch vertrauen?

Mag sein, dass es darauf ankommt, wo man hinschaut.

Auch Ostern schafft den Tod nicht ab. Das hat uns übrigens auch niemand versprochen. Und wenn wir auf den Tod schauen, werden wir Tod sehen.

Aber man kann auch nach Spuren des Lebens Ausschau halten – und wenn man das Leben sucht, wird man auch das finden: das kleine Fohlen bei den Wildpferden, der Regenbogen über dem Emsland, die prallen Knospen an den Sträuchern, das Blühen der Osterglocken, die Umarmung eines Freundes, das Lächeln eines Menschen.

Das nimmt den Tod nicht weg – aber es setzt etwas dagegen.

Die Osterbotschaft geht sogar noch einen Schritt weiter: Dort, wo wir den Toten suchen, finden wir den Lebendigen. Der Tod mag stark sein – aber das Leben ist stärker. *Pablo Neruda*, chilenischer Schriftsteller (1904–1973), sagt es so: „Sie können alle Blumen abschneiden – aber sie werden den Frühling nicht verhindern!"

Das Leben geht durch den Tod hindurch – und lebt!

So erreichten sie das Dorf, zu dem sie unterwegs waren.
Die Bibel, Lukas-Evangelium, Kap. 24, Vers 28

Gastfreundschaft

wenn du das Unbekannte
mit dir gehen lässt
dich ihm öffnest
ihm zuhörst

und wenn du
den Fremden
zu dir nach Hause einlädst
ihn bei dir sein lässt

dann
könnte es sein
dass dir
die Augen aufgehen

Emmaus
ist nicht
sechzig Stadien
entfernt

Emmaus
(rückwärts gelesen)

wenn mir
das Herz brennt
wenn das Leben
plötzlich ernst macht
wenn ich ahne
es geht um was
wenn ich an Kreuzungen stehe
nicht mehr weiter weiß
wenn das Glück
aus mir herausquillt
deine Nähe
mich verstummen lässt

immer
wenn mir
das Herz brennt

dann geht
Gott
mit

Mitten unter euch steht der, den ihr nicht kennt! Die Bibel, Johannes-Evangelium, Kap. 1, Vers 26

MITTEN UNTER UNS

Eigentlich ist es ja schon verblüffend: Viele Ostergeschichten erzählen davon, dass Jesus, der auferstandene Christus, von seinen Freunden erst mal gar nicht erkannt wird. Maria von Magdala hält ihn für den Gärtner, für die Emmaus-Jünger ist er ein Fremder, für die Jünger, die mit Petrus am See Tiberias fischen, ein Unbekannter. Auferstehung scheint nicht nach Auferstehung auszusehen.

Jesus muss sich zu erkennen geben, durch das Wort, das er spricht, das Brot, das er teilt, die Wunden, die ihn ausweisen. Dann erst gehen den anderen Augen und Ohren und Herz auf – und sie können erkennen, was ihnen vorher verborgen war.

Die Tatsache, dass wir Gott manchmal nicht erkennen, sagt nichts über seine Anwesenheit in unserem Leben aus, sondern eher etwas darüber, dass wir ihn uns anders vorstellen. Das muss doch was ganz Gewaltiges, was Strahlendes, was Großartiges sein – so denken wir. Aber vielleicht ist Auferstehung gar nicht so spektakulär? Vielleicht sind es die kleinen Momente im Leben, die eigentlich groß sind? Die Stille der Nacht, das Lächeln im Gesicht der Geliebten, die heimlich weggewischte Träne, das ermutigende Wort, Brot und Wein, mit den Freunden geteilt ...

Der auferstandene Jesus ist mitten unter uns ... und er ist der Freund, der Geliebte, das Kind, der Fremde – und gelegentlich auch der Gärtner oder der Klempner ...

Am Abend dieses ersten Tages der Woche, als die Jünger aus Furcht bei verschlossenen Türen beisammen waren, kam Jesus, trat in ihre Mitte und sagte: Friede sei mit euch! Wie mich der Vater gesandt hat, so sende ich euch. Die Bibel, Johannes-Evangelium, Kap. 20, Verse 19 und 21

NACH-OSTERN

Die Jünger haben Angst. Es könnte ihnen ja ebenso an den Kragen gehen wie Jesus. Deshalb verkriechen sie sich, schließen sich ein.

Aber verschlossene Türen waren und sind für Gott noch nie ein Hindernis gewesen. Der Auferstandene tritt in ihre Mitte, schenkt ihnen seinen Frieden – und er sendet sie.

Jetzt könnte es doch eigentlich losgehen!

Aber es passiert – nichts.

Acht Tage später sitzen sie immer noch bei verschlossenen Türen herum. Die Erscheinung des Auferstandenen hat nichts verändert, berührt, bewegt.

Der erste Sendungsauftrag scheint verpufft zu sein. Ostern hat für sie nicht stattgefunden. Der Stein ist nicht weggerollt, die Tür nicht geöffnet.

Jesus ist auferstanden – aber sie sind noch im Tod, irgendwie erstarrt.

Kirche heute? Jesus ist auferstanden – und wir hocken hinter verschlossenen Türen. Er sendet uns – und wir haben Angst, nach draußen zu gehen. Er zeigt sich uns – und wir glauben nicht. Die Aufforderung Jesu aber ist eindeutig und gilt eben nicht nur Thomas: *Sei nicht ungläubig, sondern gläubig!*

Sonst kann und wird Ostern nicht geschehen ...

GOTT LIEBT SICH DURCH

Am „Weißen Sonntag“ gehen in vielen Gemeinden die Kinder zur „Ersten Heiligen Kommunion“. Und wer in die Gesichter der Kinder schaut, wenn sie feierlich in ihren Gewändern und mit den brennenden Kerzen in der Hand in die Kirche einziehen, der ahnt und spürt, dass es auch für sie etwas ganz Besonderes ist. Da fällt sogar Jens keine dumme Bemerkung mehr ein – und die Augen der kleinen Sandra leuchten auf eine ganz eigene Art. – Realität ist aber auch, dass sich manche Eltern nur drei Stunden später verzweifelt fragen, ob sie diesen Ausdruck auf dem Gesicht ihres Kindes nur geträumt haben mögen. Und sie bewegt an diesem Tag doch auch die bange Frage: Wird diesen Kindern auch in einigen Jahren ihr Glaube noch etwas bedeuten?

Der Bibeltext aus dem Johannes-Evangelium, der an diesem Sonntag im Gottesdienst gelesen wird, erwähnt gleich zweimal, dass der auferstandene Christus durch verschlossene Türen zu den Jüngern kommt. Ob das rein faktisch so passiert ist, darüber lohnt es sich nicht zu streiten – es spiegelt in einer Bildersprache die Erfahrung der Jünger wider, dass Gott in der Lage ist, sich zum Menschen durch alle verschlossenen Türen, durch alle Mauern hindurchzulieben. All das ist kein Hindernis für Gott. Er liebt sich durch.

Und ich glaube, aus dieser Gewissheit heraus können wir dieses Fest wirklich ganz unbesorgt feiern, ohne uns Gedanken darüber machen zu müssen, wie es denn in einigen Jahren mit diesen Kindern und ihrem Glauben aussehen mag. Die Berührung Gottes hinterlässt Spuren – und wenn er will, liebt er sich durch alles zu mir hindurch.

AUFERSTEHUNG LEBEN – WIE?

Möglicherweise lohnt sich ein Blick in die Bibel, wie ein Mensch, eine Frau, die Auferstehung Jesu und dabei auch ganz persönlich ihr „Fest der Auferstehung“ erlebt. Die Frau ist Maria von Magdala – und die Geschichte steht im 20. Kapitel des Johannes-Evangeliums.

Die Vorgeschichte ist bekannt, die Kreuzigung Jesu und sein Tod. Maria von Magdala, wahrscheinlich eine enge Gefährtin Jesu, hatte das alles miterlebt. Jesus selbst wird in einem Grab in einem nahen Garten beigesetzt. Und am Sabbat passiert dann erst einmal nichts, wovon der Evangelist Johannes berichten könnte. Seine Erzählung setzt am ersten Tag der Woche wieder ein, als Maria von Magdala früh am Morgen zum Grab kommt und sieht, dass der Stein vor dem Grab weggewälzt ist. Sie ahnt, dass etwas passiert sein muss und rennt zurück, um Petrus und den Jünger, den Jesus liebte, zu informieren. Und dann kommt die Episode, wie die beiden zum Grab rennen, der eine schneller ist als der andere, dann aber doch wartet und dem anderen, Petrus, den Vortritt lässt. Sie gehen in das Grab hinein, sehen die Leinenbinden und das Schweißtuch – und kehren nach Hause zurück, wahrscheinlich ein wenig ratlos und verunsichert.

Maria aber bleibt. Sie steht draußen vor dem Grab und weint. Und das ist *der erste Hinweis:* Auch wenn ich mir manches nicht erklären kann, wenn ich manches nicht verstehe – aushalten, bleiben, nicht flüchten. Manche verdrängen den Tod, wollen ihn nicht wahrhaben. Manchmal steht man ratlos und kopfschüttelnd vor Dingen, die man nicht versteht. Maria geht zum Grab hin – und selbst, als etwas für sie Unverständliches geschehen ist, bleibt sie da, mit all ihrer Trauer, mit all ihren Tränen.

Und dann beugt sich Maria von Magdala unter Tränen in die Grabkammer hinein. Sie macht nicht die Augen zu, sondern schaut hin – so gut es eben mit tränenverschleierten Augen geht. *Der zweite Hinweis:* Genau hinschauen! Zu erkennen versuchen, was geschehen ist.

Und der dritte Hinweis: Weinen über das, was man verloren hat! Die Tränen dürfen ihre Zeit haben. Manchmal frage ich mich schon, ob wir in unserer Kirche auch um das trauern dürfen, wovon wir uns verabschieden müssen – oder ob wir gleich schon wieder alles Mögliche planen müssen.

Und plötzlich sieht sie zwei Engel dort sitzen! Spannend – die beiden Jünger haben keine Engel gesehen. Liegt es daran, dass sie versucht haben, mit dem Kopf zu verstehen, was passiert ist, Maria aber mit dem Herzen, mit den Augen der Liebe schaut? Dass nur der- oder diejenige, die auch weinen kann, in der Lage ist, Engel zu sehen?

Und dann fragen die Engel: *Frau, warum weinst du?* – sie sagen nicht, dass sie eigentlich gar nicht zu weinen braucht. Und Maria lässt sich ansprechen, lässt sich berühren von der Frage, kommt in Kontakt mit diesen seltsamen Wesen – und antwortet! Und durch dieses „sich-berühren-lassen" kann Maria in Worte fassen, was sie bewegt – kann einen „Ein-druck" zum „Aus-druck" bringen. Etwas zum „Aus-druck" bringen, was sich in mich „ein-gedrückt" hat, kann heilende Funktion haben. Wenn ich Dinge beim Namen nennen kann, werde ich neu handlungsfähig, ich kann wieder etwas „machen", bekomme „Macht". Das ist schon beim Märchen vom Rumpelstilzchen so, als die Königin den kleinen Zwerg bei seinem Namen nennt – und was der Prophet Jesaja meint, wenn er sagt: *Ich habe dich bei deinem Namen gerufen – du bist mein!* (*Die Bibel, Buch Jesaja, Kap. 43, Vers 1*).

Und Maria spricht es aus: *Man hat meinen Herrn weggenommen, und ich weiß nicht, wohin man ihn gelegt hat.* In der Trauer ist es wichtig, dass man sagen kann, was einen bewegt – manchmal immer und immer wieder. Es gehört zum Heilungsprozess dazu. Indem ich es ausspreche, lerne ich, es zu akzeptieren. Das, was innen ist, kann nach außen kommen – und wird damit auch leichter bearbeitbar. Wenn ich mir eingestehen und es sogar aussprechen kann, dass ich beispielsweise Angst habe, dann werde ich eher in der Lage sein, damit umzugehen und nächste Schritte zu gehen. *Das ist der vierte Hinweis:* zur Sprache bringen, was mich bewegt und beschäftigt, mich ansprechen lassen, mich nicht in mich verkriechen – dann kann ich mich dem Leben wieder zuwenden.

Und genau das tut Maria jetzt: Sie wendet sich um. Sie dreht sich vom Grab weg in Richtung Garten, in Richtung Leben. Sie verharrt nicht im Tod, nistet sich nicht im Grab ein. Das Leben und der Garten waren längst da, aber weil sie auf das Grab und den Tod geschaut hat, konnte sie das Leben nicht mehr sehen ... *Fünfter Hinweis:* die Perspektive wechseln. Oder wie es jemand mal gesagt hat: „Wer den Tod hinter sich hat, hat das Leben vor sich."

Und in dem Moment, in dem sie sich umwendet, geschieht es: Sie sieht Jesus dastehen, erkennt ihn aber nicht, weil er wie ein Gärtner aussieht. Welch ein wunderschönes Bild für den Auferstandenen! Ein Gärtner, einer, der es mit dem Leben und Wachsen und Grünen und Blühen zu tun hat! Einer, der wahrscheinlich Erde an den Händen kleben hat und Arbeitsklamotten trägt. *Sechster Hinweis:* Wenn man sich dem Leben zuwendet, ist der Auferstandene schon da.

Allein dadurch, dass sie sich umwendet, verändert sich allerdings für Maria aus Magdala grad noch gar nichts, sie weint noch immer. Und so muss der „heilende Schritt“ eben noch einmal wiederholt werden. Jetzt fragt Jesus sie: *Frau, warum weinst du? Wen suchst du?* – noch einmal die Chance, etwas zum Ausdruck zu bringen. Jesus braucht die beiden Fragen nicht, er kennt die Antworten. Maria braucht sie, um noch einmal das sagen zu können, was sie bewegt. Wieder lässt Maria die Berührung, das Angesprochen-Sein zu – und ihre Antwort zeigt, dass sich vielleicht doch schon etwas in ihr getan hat: *Herr, wenn du ihn weggebracht hast, sag mir, wohin du ihn gelegt hast. Dann will ich ihn holen.* Ihre erste Antwort auf die Frage der Engel war ich-bezogen: *Man hat ... und ich weiß nicht ...* Diesen Gärtner spricht sie direkt an – und da ist plötzlich eine handelnde Dimension in ihrer Antwort: *Dann will ich ihn holen.* Die Wendung hin zum Leben kann dazu führen, dass ich Menschen wieder wahrnehme und sie als „du“ ansprechen kann. *Siebter Hinweis:* sich noch mal berühren und ansprechen lassen, antworten, überlegen, was man eventuell tun könnte ...

Und da nennt Jesus sie bei ihrem Namen: *Maria!* Sie wird angesprochen als Mensch, als einzigartige Person, nicht mehr nur einfach als „Frau“. Dadurch, dass sie „ich“ und „du“ sagen kann, dass sie in Beziehung treten kann mit diesem vermeintlichen „Gärtner“, wird der nächste Schritt möglich. Schließlich hätte Jesus auch gleich zu ihr sagen können: „Maria!“ – aber dann hätte er ihr etwas weggenommen, was sie zu ihrem Wachsen, für ihre Entwicklung gebraucht hat. Manchmal muss man in ein „du“ erst hineinwachsen, indem man „ich“ wird.

Martin Buber (jüdischer Philosoph, 1878–1965) sagt es so: „Der Mensch wird am Du zum Ich." Deshalb *achter Hinweis:* in Beziehung zu den anderen treten – am „du" des anderen „ich" werden. Und: Das „du" des vermeintlichen Gärtners dabei nicht geringschätzen. Manche warten so sehr auf die herausragende österliche Erscheinung, dass sie alle Menschen des Alltags links liegen lassen – sie scheinen ihnen ein „du" nicht wert zu sein.

Aber Gott zeigt sich manchmal im Gärtner oder der netten Frau an der Theke in der Bäckerei. Und ich glaube, erst wenn ein „du" zu konkreten Menschen möglich ist, kann es auch ein „du" zu Gott geben. Wie will ich zu Gott „du" sagen, wenn ich es bei den Menschen nicht kann? Und manchmal mag es auch umgekehrt sein. Dann brauche ich das „du" von Gott, damit ich „ich" sagen und wieder auf die Menschen zugehen kann. Mit der Zusage, dass Gott bei mir und mit mir ist, kann ich mich wieder annehmen.

In dem Moment, als Maria erkannt wird und sich erkennen lässt, wendet sie sich Jesus zu. Aus der allgemeinen „Wendung" in Richtung Leben, weg vom Tod, wird die Wendung zu Jesus – denn er ist das wahre Leben. *Neunter Hinweis:* sich von Gott erkennen lassen – damit ich mich Gott zuwenden kann. Und das könnte für uns wichtig sein: Wir machen so viel und sind so aktiv ... aber vielleicht geht es einfach darum, sich „finden zu lassen"? Sich von Gott beim Namen nennen zu lassen?

Und als Maria sich ihm zuwendet, sagt sie nur ein Wort: *Rabbuni!* (das heißt: Meister) – sie hat sich erkennen lassen und erkennt ihn, und das braucht nicht viele Worte. Und dann die nächsten Worte Jesu: *Halt mich nicht fest!* – ich darf das „Unbegreifliche“ nicht zu begreifen versuchen. Aber auch: Ich kann solche Momente des Lebens nicht festhalten. Ich kann und darf sie genießen, aber ich kann sie nicht konservieren. Das ist *der zehnte Hinweis.* Denn Auferstehung heißt nicht, verzückt vor dem Herrn zu sitzen und ihn anzuhimmeln und auf der Insel der Seligen zu bleiben. Stattdessen gibt es neue Aufträge: *Geh zu meinen Brüdern und sag ihnen* ... Auferstehung leben heißt: ins Handeln kommen. Das ist *der elfte Hinweis.*

Maria geht – und das ist *der zwölfte Hinweis.* Sie löst sich von dem Moment der Verzauberung, der Begegnung, der Berührung – und führt das aus, was Jesus ihr aufgetragen hat. Sie verlässt Jesus und geht zu den Jüngern. Und das mag unsagbar schwer gewesen sein ... da steht Jesus noch, und er lebt! Und er schickt sie weg – mit einem Auftrag ... und sie geht ...

Ja, mag sein, dass man so Auferstehung lebt ...

Ich persönlich glaube, das ist keine schlechte Regieanweisung auch für unsere Kirche derzeit – und für das eigene Leben sowieso.

REGIEANWEISUNG FÜR AUFERSTEHUNG

1. Bleiben – auch wenn ich manches nicht verstehe
2. Hinschauen! Wahrnehmen!
3. Trauern dürfen!
4. Mich ansprechen lassen – und Eindrücke zum Ausdruck bringen
5. Die Perspektive wechseln – auf das Leben schauen
6. Darauf vertrauen, dass der Auferstandene schon da ist, wenn ich mich dem Leben zuwende
7. Mich vom Leben berühren lassen – und überlegen, was ich tun kann
8. In Beziehung kommen – am „du" zum „ich" werden
9. Mich erkennen lassen
10. Nicht festhalten
11. Den Auftrag entgegennehmen ...
12. ... und ihn ausführen

aus dem tagebuch
der maria von magdala

Jerusalem, am morgen des dritten tages

geh und sag meinen brüdern

und ich ging und ich sagte

er lebt
er ist nicht tot
ich habe ihn gesehen
und habe seine stimme gehört
er hat mich angeschaut
und mich bei meinem namen gerufen
gelächelt hat er
und er wirkte so froh
und
frei
er war da
für mich

mit mir
bei mir
und sein blick
war zärtlich
und er wusste
um meine furcht
und mein erschrecken
und sprach ganz ruhig
wie von weit weg
und war doch ganz nah
und er hat gesagt
ihr sollt

… doch sie hielten das alles für Geschwätz
nur Petrus wunderte sich ein wenig.

Simon Petrus sagte zu den anderen: Ich gehe fischen. Aber in dieser Nacht fingen sie nichts. Die Bibel, Johannes-Evangelium, Kap. 21, Vers 3

HABT IHR ETWAS ZU ESSEN?

Wieso fragt uns dieser Fremde eigentlich, ob wir etwas zu essen haben? Er sieht doch, dass unsere Netze leer sind! Wo sollen wir denn da etwas zu essen hernehmen? Will er sich über uns lustig machen?

Und dann hab ich überhaupt nichts mehr verstanden. Wieso folgt Petrus der Aufforderung dieses Fremden und fährt noch einmal mit uns hinaus? Es ist doch gar nicht die Zeit zum Fischen! Aber das Netz ist voll ... unbegreiflich. Und dann sagt Johannes plötzlich: *Es ist der Herr!* – ob es wirklich Jesus ist? Kann es sein?

Wenn mich jemand etwas fragt, obwohl er schon die Antwort weiß, dann will er etwas für mich. Dann soll ich möglicherweise selbst die Antwort finden.

Nein, ich habe nichts zu essen. Ich habe nichts, was mich satt macht, was meine Sehnsucht stillt. Und dann kann ich auch anderen nichts zu essen geben.

Wenn ich mir das eingestehe, auf sein Wort hin noch einmal hinausfahre, das Netz auf der anderen Seite auswerfe, allen Zweifeln zum Trotz – dann wird er dabei sein.

Als wir ans Ufer zurückkommen, brennt da ein Feuer – und Fisch und Brot liegen darauf. Er, der uns fragt, ob wir etwas zu essen haben, lädt uns ein.

Es ist der Herr.

Alle sollen eins sein: Wie du, Vater, in mir bist und ich in dir bin, sollen sie auch in uns sein. Die Bibel, Johannes-Evangelium, Kap. 17, Vers 21

„DA BIN ICH MIT DIR!"

Als ich den Satz vor einiger Zeit das erste Mal hörte, stutzte ich etwas. Die Redewendung kannte ich so nicht – ahnte aber, dass die Kollegin damit ihre Zustimmung zu dem Vorschlag ausdrücken wollte, den ich gerade gemacht hatte.

„Da bin ich mit dir!" – ein wunderschöner Satz – wenn er so gemeint ist, wie er gesagt wird. Da ist einer „mit mir", unterstützt mich, bestärkt mich, ist an meiner Seite. Ich steh nicht alleine da. Und das kann manchmal ganz schön gut tun! Denn wenn einer mit mir ist, dann sind wir „eins" – und wenn der andere nicht mit mir ist, sind wir „uneins". Und dann kann es schwierig werden.

Wenn Jesus die Jünger dazu auffordert, untereinander „eins" zu sein, ist das die Einladung, mit den anderen zu sein, sich gegenseitig zu unterstützen, zu bestärken, zu ermutigen. Das bedeutet nicht „Friede, Freude, Eierkuchen" – und will nicht dazu verführen, Konflikte unter den Tisch zu kehren. Das heißt nicht, Unterschiede zu verleugnen oder auf „wir sind ja alle so glücklich!" zu machen – ganz im Gegenteil. Entscheidend ist: miteinander unterwegs sein – hin zu der Herrlichkeit, die uns versprochen ist. Über die Wege kann man ja gegebenenfalls noch mal nachdenken – aber das Ziel ist klar.

Und wir können uns getrost auf den Weg machen, denn: „Ich bin mit dir!" – und wenn Jesus das sagt, ist es garantiert keine Floskel.

Da brachten sie zu Jesus einen, der taub war und stammelte. Er nahm ihn beiseite, legte ihm die Finger in die Ohren und berührte dann die Zunge des Mannes mit Speichel. Die Bibel, Markus-Evangelium, Kap. 7, Verse 32–33

MENSCH, JESUS!

Das, was göttlich ist, ordnen wir „einer anderen Welt" zu, dem stehen wir voll Ehrfurcht gegenüber. Damit aber halten wir es uns möglicherweise auch „vom Leib", lassen es nicht in unseren Alltag hereinkommen, geben ihm nur in unseren Kirchen und Gottesdiensten einen Platz.

Wir Christen glauben, dass Jesus „Sohn Gottes" ist, aber er war auch ein ganz konkreter Mensch und mitten im Leben der Menschen dabei. Er lässt sich berühren – und berührt. Er nimmt die Not der Menschen wahr und heilt sie. Und er tut dies um der Menschen willen – und nicht, um selbst besser dazustehen. Er weint um seinen Freund Lazarus – und jagt voller Zorn die Händler aus dem Tempel. Er ist voll Liebe und Zärtlichkeit, kann aber auch falsche Erwartungen an ihn enttäuschen. Und wenn es sein muss, packt er zu, wird handgreiflich. Und er ist so sehr Mensch, dass er seufzt ... über das Leid der Menschen, über die Not der Welt.

Ja, er ist der Sohn Gottes, gehört der göttlichen Welt an. Aber er ist auch Mensch, so sehr Mensch, dass er all unsere Menschenwege mitgeht. Jesus, der Mensch, der Bruder, meint mich, ist bei mir am Schreibtisch und in der Küche, in den dunklen Stunden der Nacht und beim Fest mit den Freunden.

Und gelegentlich mag er dabei wohl ein wenig seufzen ... auch über mich. Aber das haben Brüder eben manchmal so an sich.

Jesus sagte zu ihnen: Geht hinaus in die ganze Welt und verkündet das Evangelium der ganzen Schöpfung! Die Bibel, Markus-Evangelium, Kap. 16, Vers 15

UNTERWEGS SEIN …

Das Programm, das Jesus vorgibt, ist ziemlich eindeutig: Gesendet sein, sich auf den Weg machen, zu den Menschen gehen, ihnen etwas bringen, etwas verkünden. – Die Fragen, die wir uns manchmal in den Gemeinden stellen, hören sich anders an: Wie finden wir mehr Mitarbeiter? Wie binden wir die Jugendlichen ein? Wie können wir Gottesdienste attraktiver machen – und denken insgeheim: „damit mehr Leute kommen"?

Die „Bewegungsrichtung" ist unterschiedlich – Jesus geht hinaus und bringt und verkündet. Wir sitzen da und denken nach und hoffen, dass uns jemand so attraktiv findet, dass er oder sie vorbeikommt. Und dann passiert es manchmal, dass wir die befreien wollen, die eigentlich schon befreit sind – und die verarzten wollen, die schon verbunden sind.

Jesus geht von innen nach außen und macht sich auf den Weg – wir wollen die, die außen sind, zu uns hereinholen. Und manchmal scheint es mir fast so, als ob wir nicht genug eigene Kraft haben, um uns auf den Weg zu machen, sondern stattdessen lieber danach schauen, wie wir Verstärkung „ins Boot kriegen". Klar – dann muss und wird uns „Priestermangel" und „Gläubigenschwund" in die absolute Panik versetzen.

Jesus hat keine flächendeckende Pastoral verkündet. Er ist einfach zu den Menschen gegangen. Und er hatte nur ein paar Mitarbeiter, die alle nicht Theologie studiert hatten. Wenn es weitergehen soll, bräuchten wir ihm eigentlich nur zu folgen. Sich auf den Weg machen, bringen, befreien, verkünden.

Einen Tempel sah ich nicht in der Stadt. Denn der Herr, ihr Gott, ist ihr Tempel. Die Bibel, Buch der Offenbarung, Kap. 21, Vers 22

DER WEG IST NICHT DAS ZIEL

Ein Mitarbeiter der Diözese, so erzählt es eine Geschichte von den Philippinen, hatte einen Termin in einer Pfarrei, etwas weiter entfernt, in einer ihm unbekannten Stadt. Bis er dort ankam, war es dunkel geworden – und sosehr er sich auch umschaute, er konnte weder eine Kirche noch einen Kirchturm entdecken. So fragte er schließlich an einer Tankstelle nach dem Weg. Der Mann an der Kasse dachte einen Moment lang nach und sagte dann: „Die Kirche? Die ist heute Abend bei Jose ..."

Könnte es sein, dass dies Kirche der Zukunft ist, die in manchen Gegenden der Welt schon Gegenwart ist? Kirche der Zukunft – das sind keine Kathedralen und Ordinariate – das sind Menschen, die von der Botschaft Jesu erfüllt sind – und ihren Glauben zu leben versuchen. Und Kirche ist immer da und dort, wo diese Menschen im Namen Gottes zusammenkommen.

So wird es sein im himmlischen Jerusalem. Da braucht es keinen Tempel mehr – denn Gott selbst wird der Tempel sein. Irgendwie finde ich das einen ermutigenden Gedanken. Keine Gebäude, um deren Instandhaltung man sich sorgen müsste, keine Ämter, weder Kirchgeld noch Kirchensteuer. Denn: Gott selbst wird unter den Menschen sein.

Kirche ist nur Mittel zum Zweck, ist der Weg. Das Ziel aber ist das Reich Gottes. Und Weg und Ziel sollte man nicht miteinander verwechseln. Sie brauchen einander – und sind doch verschieden. Man könnte es auch noch einmal anders sagen: Wenn Gott in uns wohnt, dann ist das Reich Gottes da.

Ich bin der gute Hirt, der sein Leben für die Schafe hingibt.
Die Bibel, Johannes-Evangelium, Kap. 10, Vers 11

SCHAFE SEHEN DAS ANDERS

Zugegeben, mit dem Bild vom „Guten Hirten" konnte ich lange Zeit nichts anfangen. Viele Darstellungen fand ich zu kitschig – und außerdem hatte ich auch keine große Lust, mich als Schaf zu verstehen.

Vor gut zwanzig Jahren war ich auf dem alten Pilgerweg nach Santiago de Compostela unterwegs, 560 Kilometer zu Fuß, quer durch Nordspanien. An einem Abend in El Burgo Ranero, einem kleinen Ort in der Weite der Meseta, zog eine Schafherde zurück ins Dorf, zusammen mit ihrem Schäfer. Der sah nun allerdings so aus, dass ich ihm ungern nachts allein im Dunkeln begegnet wäre – und seine Zähne hätten einem Zahnarzt wohl eine Woche Vollbeschäftigung beschert. Aber die Schafe folgten ihm und schienen ihm zu vertrauen. Plötzlich hörte ich ein ganz leises, zaghaftes Blöken ... da musste irgendwo ein kleines Lamm sein ... nur, ich konnte es nirgendwo entdecken. Ich schaute noch einmal genauer hin ... und sah dann, dass der Hirt einen Beutel über der Schulter trug – und darin war das kleine Lamm. Er hatte es auf die Schulter genommen, weil es mit der Herde noch nicht Schritt halten konnte und trug es in den heimatlichen Stall.

An dem Abend ahnte ich, was Jesus mit dem Bild vom „Guten Hirten" sagen will. Er sorgt sich um uns, er trägt uns da, wo wir nicht mehr mitkommen, er schützt das, was sich grade nicht selbst schützen kann. Könnte es sein, dass die Schafe spüren, wem sie vertrauen können? Die schauen nämlich nicht auf das Äußere, sondern darauf, ob ihnen einer gut will.

OSTERTANZ

Etwas verschlafen kam ich zum Frühstück in den Speisesaal des Tagungshauses, nach meinem Vortrag war es spät geworden. Am Nachbartisch brachen die Teilnehmer, Leiter*innen von Seniorentanzgruppen, schon auf. Nur zwei Frauen standen noch da – und ich hörte eine ganz stolz sagen: „In meiner Gruppe habe ich jetzt den Ostertanz einstudiert!“ – „Ach, das ist ja interessant!“, erwiderte die andere Frau. Und auch ich hörte etwas aufmerksamer zu. Ostertanz? Klar, warum eigentlich nicht tanzen – wann, wenn nicht an Ostern? Auferstehung tanzen ... die Liebe, das Leben, das den Tod durchbricht. „Ja“, sagte die ältere Dame, vollkommen begeistert, „ich habe eine Choreographie zu dem Lied gemacht: Klingelingeling, hier kommt der Eiermann! Das ist zwar ein eigentlich ein Fastnachtslied – aber das passt wunderbar!“ Und dann nahm sie kurzerhand die andere Frau an die Hand, tanzte mit ihr ein paar Schritte, warf mit Fachausdrücken um sich wie Promenade, Wechselschritt, links- und rechtshändig und ...

Wir tanzen jetzt den Ostertanz – zu dem Lied: „Klingelingeling, hier kommt der Eiermann ...“ – ja, ich war sprachlos.

Das höchste Fest für uns Christen wird reduziert auf Ostereier – und dann hat natürlich der Mann, der die Eier bringt, auch was mit Ostern zu tun ... und dann wird Klingelingeling zum Osterlied. Ehrlich gesagt, ich brauchte ein paar Stunden, um dieses Erlebnis zu verarbeiten – und ich war froh über die 300 Kilometer, die ich zu fahren hatte.

Aber über eins bin ich mir im Moment sehr sicher: Arbeitslos werden wir als pastorale Mitarbeiter in den nächsten Jahrzehnten mit Sicherheit nicht. Es gibt schon noch einiges zu tun ... und zu erklären ...

MISSIONAR*IN GESUCHT!

Manche haben als Kind davon geträumt – Missionar*in werden! Irgendwo in Afrika, Gutes tun, für andere da sein, von Gott erzählen ... Zugegeben, manche Träume wurden sicherlich mit beeinflusst von den entsprechenden Missionszeitschriften, die oft ein sehr malerisches Bild von der Aufgabe zeichneten, oder vielleicht von dem kleinen „Nick-Neger“, der vor etlichen Jahrzehnten noch in allen Kirchen stand.

Heute muss man nicht mehr nach Afrika reisen, um den Glauben dorthin zu bringen, wo Menschen noch nie etwas von Gott gehört haben, da reichen schon die paar Meter in die Nachbarschaft. Und im eigentlichen Sinn „lebensgefährlich“ ist es auch nicht mehr, man wird höchstens ein wenig mild nachsichtig belächelt.

Was gleichgeblieben ist, ist der Hunger der Menschen, der spirituelle Hunger, ob in Bremen oder in Burkina Faso. Die Menschen suchen nach Zeugen, die authentisch und ehrlich von ihren Erfahrungen mit Gott und dem Glauben erzählen können und wollen – Funktionäre sind nicht gefragt. Und um Zeugnis ablegen zu können, braucht es nicht viele Worte, und man muss auch nicht Theologie studiert haben, da reicht das „Zeugnis des gelebten Lebens“ – jemandem zuhören, einen Topf Suppe vorbeibringen, sich für einen anderen einsetzen.

Und wenn man sich in einem solchen Sinn als „Missionar in der Nachbarschaft“ verstehen würde, dann würde aus dem Filmtitel „Mission Impossible“, also „Mission nicht möglich“, durchaus ein „Mission Possible“.

Missionare sind gesucht!

Wie wäre es denn mit Ihnen?

Jakobus und Johannes, die Söhne des Zebedäus, traten zu Jesus und sagten: Lass in deiner Herrlichkeit einen von uns rechts und den anderen links neben dir sitzen. Die Bibel, Markus-Evangelium, Kap. 10, Verse 35 und 37

DO IT YOURSELF!

Zugegeben, dieser Begriff für „selber machen" hat auch schon bessere Zeiten gesehen, aber immerhin liest man es gelegentlich noch: *Do it yourself!* – „Mach's doch selbst!" Vielleicht eine gute Überschrift für das Christ-Sein. Und möglicherweise eine noch bessere Botschaft für uns als Kirche.

Wer im Reich Gottes links und rechts neben Jesus sitzen will, der möchte nichts mehr machen, sondern der lässt machen. Der sonnt sich in seiner Macht, in seiner Größe, in seinem Wichtig-Sein. Der macht sich nicht mehr die Hände dreckig und bückt sich nicht mehr, um etwas aufzuheben. Dafür gibt es ja andere. Das ist deren Job. Ich lasse machen.

Wenn Mitarbeiter Chef werden wollen, weil sie denken, sie haben dann nichts mehr zu tun, dann liegen sie falsch. Natürlich träumen manche davon – das war vor zweitausend Jahren nicht anders als heute. Aber das ist nicht der Weg Jesu. Wer bei ihm „Macht" haben will, muss selbst ran, muss selbst was tun. Der delegiert die Lösung von Problemen nicht an andere, sondern der denkt mit. Der packt selbst mit an, wenn angepackt werden muss. Der ordnet nicht einfach nur an, sondern arbeitet mit anderen zusammen. Der schiebt die Verantwortung nicht auf andere ab, sondern übernimmt sie selbst. Der lässt nicht machen ... sondern der macht. Das ist der Weg Jesu ... und das sollte auch der Weg in unseren Gemeinden und in unserer Kirche sein. *Do it yourself!*

Da fragte Jesus die Zwölf: Wollt auch ihr weggehen?
Die Bibel, Johannes-Evangelium, Kap. 6, Vers 67

LUST ZU BLEIBEN

Natürlich bleibe ich. Jetzt wird es doch grad spannend. Kirche ist auf dem Weg, bricht auf, sucht. Manches Alte passt und stimmt nicht mehr – und wie das Neue aussehen wird, das weiß keiner so ganz genau. Aber das, was da auf dem Weg geschieht, macht Lust, mir jedenfalls.

Aus „Kirchenbesuchern" werden Gottesdienstteilnehmer und -leiterinnen. Laien übernehmen Verantwortung für ihre Gemeinden. Pastorale Mitarbeiter und Mitarbeiterinnen beerdigen. Eine Frau im liturgischen Gewand am Altar – vor dreißig Jahren noch undenkbar. Kirchengebäude werden mit viel Kreativität um- und neu gestaltet. Ehrenamtliche engagieren sich in der Hospizarbeit oder bei der Tafel. Wir sind nicht mehr so viele – aber mit denen, die da sind, kann man was machen. Wir sind auf dem besten Weg, vom „Suppentopf" zum „Salz in der Suppe" zu werden. Einige mögen das nicht – „murren" ist auch heute angesagt. Anderen bedeutet es nichts mehr. Und wieder andere finden manches unerträglich. Auch das ist nicht neu.

Diejenigen, die bleiben, haben das gefunden, was sie gesucht haben. Oder zumindest haben sie nichts Vergleichbares oder Besseres gefunden. Sie spüren, was Glaube sein kann, wie er beim Leben helfen kann. Mag sein, es ist nur eine Hoffnung, eine Sehnsucht. Petrus bringt es mit seiner Antwort wohl auf den Punkt: *Herr, zu wem sollen wir gehen? Du hast Worte des ewigen Lebens.* Und ohne groß was zu sagen, sind die anderen elf ja auch geblieben. Und es ist durchaus was daraus geworden.

DAS LETZTE WORT

Ein Abend bei Freunden ... und Mutter und Tochter der Familie geraten in eine hitzige Diskussion. Ein Wort gibt das andere. Ich habe nur am Rande mitbekommen, worum es eigentlich geht – hüte mich aber vor irgendwelcher Einmischung. Aus Erfahrung weiß ich, dass dann beide gemeinsam auf mich „losgehen" würden. Nach langem und lautem Hin und Her sagt die Mutter schließlich etwas resigniert: „Dass du aber auch immer das letzte Wort haben musst!" Darauf die Tochter etwas schnippisch: „Konnte ich ahnen, dass du nichts mehr sagen willst?"

Szenenwechsel, einige Tage später: Bei einer Trauerfeier stehe ich neben dem Sarg und lese die Stelle aus dem Brief an die Gemeinde in Korinth: *Tod, wo ist dein Sieg? Tod, wo ist dein Stachel?* – eine der möglichen Schriftlesungen für Bestattungen. Und denke: Irgendwie ist das doch paradox – da ist doch der Sarg! Da ist ein Mensch gestorben! Der Tod hat gewonnen, hat seinen Stachel gezeigt!

Aber plötzlich habe ich ein Bild vor Augen: Da lugt das Leben um die Ecke, stellt sich vor den Sarg und ruft herausfordernd: *Tod, wo ist dein Sieg? Tod, wo ist dein Stachel?* – und der Tod sagt etwas pikiert und verärgert zum Leben: „Dass du aber auch immer das letzte Wort haben musst!" Darauf das Leben leicht schnippisch: „Konnte ich ahnen, dass du nichts mehr sagen willst!?"

Das letzte Wort hat immer das Leben – und eben nicht der Tod. Und in die Auseinandersetzung zwischen Tod und Leben dürfen wir uns getrost einmischen: Wir sind für das Leben.

wachsen

MAI

LEBENDIG VOM LEBEN ERZÄHLEN

„Das war gut, was Sie heute Morgen gesagt haben, das war nicht so pastoral!“, sagte ein Teilnehmer zu mir und meinte damit den Impuls, den ich gegeben hatte. Ich muss wohl etwas verblüfft dreingeschaut haben, und so beeilte er sich, seine Aussage zu erklären: „Na ja, ich mein, das war eben nicht ... na ja, wie soll ich es sagen, so betulich ...“

Er suchte nach Worten – aber dummerweise wusste ich ziemlich genau, was er meinte. Es gibt eine Art von christlichen Radioansprachen oder eben auch Impulsen, bei denen der Sprecher oder die Leiterin sich in eine gleichmäßige Sprachmelodie einschwingen, die wahrscheinlich eine meditative Stimmung erzeugen soll. Schon daran, wie die allerersten Worte gesprochen werden, merkt man, jetzt wird es „fromm“. Jetzt scheint es irgendwie um Gott zu gehen, das hört man ja schon an der Betonung. Im Radio finde ich das inzwischen nur noch spannend. Da wird einer der neueren Hits gespielt und direkt anschließend kommt ein Wortbeitrag – und allein daran, wie der Sprecher „Neulich im Parkhaus ...“ sagt, weiß man schon, das ist jetzt der christliche Beitrag. Das Interessante ist: Wenn man sich mit diesen Menschen ganz normal unterhält, reden sie auch ganz normal. In dem Moment aber, wo sie offiziell „verkündigen“, sprechen sie anders – irgendwie salbungsvoll, dunkler, langsamer, ohne Höhen und Tiefen in der Sprachmelodie. Fast kommt es mir wie eine „Kunstsprache“ für besondere Anlässe vor.

Lebendig vom Leben und von Gott erzählen ... fröhlich, wenn wir uns freuen, erstaunt, wenn wir überrascht sind, stammelnd, wenn wir keine Worte haben, verärgert, wenn wir wütend sind. Lebendig, aber bitte nicht „betulich“ ...

... DIE ANDERN ÜBEN NUR!

Es war spät geworden nach dem Abendtermin. Endlich zu Hause, hole ich mir noch ein Bier, mache es mir auf der Couch bequem und schalte lustlos den Fernseher ein. Vielleicht gibt es ja irgendwo noch was Gescheites – obwohl, viel Hoffnung habe ich nicht. So zappe ich ein wenig durch die Programme – und bleibe dann bei einem Film mit *Inge Meysel* (1910–2004) hängen, die darin eine alte, demente Frau spielt, dem Film „Das vergessene Leben“. Sie hält es bei ihren Kindern nicht mehr aus – und rückt mit dem jungen Zivildienstleistenden, der sie betreut, aus. Und mittendrin sagt sie auf einmal den Satz: „Die einen leben, die andern üben nur!“

Ich weiß nicht mehr viel von diesem Film, aber dieser Satz einer alten, dementen Frau, die allen Behinderungen zum Trotz ihr Leben lebt, ist mir geblieben! *Die einen leben, die andern üben nur* – halbwegs gut leben kann jeder, wenn er gesund, jung und attraktiv ist. Aber alt, gebrechlich und unattraktiv? Ja, jetzt kommt es darauf an. Leben wir – oder haben wir nur geübt? Leben wir auch das Leiden, die Tränen, die Krankheit, den Tod? Auch das gehört zum Leben. Lassen wir all das zu – und durchleben wir es – oder schieben wir es weg und verdrängen es? Wissen wir um das, was wirklich wichtig ist im Leben – oder setzen wir auf das, was vergeht? Leben: hier und jetzt! Nicht irgendwann einmal, wenn ... oder damals und dort, als noch ...

Für mich ist diese Frage aus dem Film zu einer Gewissensfrage geworden, die ich mir manchmal am Abend stelle: Habe ich heute gelebt – oder nur geübt?

und in den Wanten
pfeift der Wind

aufgebrochen
auf einen Traum
eine Sehnsucht
ein Wort hin

Segel gesetzt
den sicheren Hafen verlassen
mich auf das Abenteuer
eingelassen

mich ausgesetzt
der Einsamkeit der Weite
der Enge der Begrenzung
der Gewalt der Natur

das Leben probiert
Grenzen erfahren
und manchmal überschritten
und doch

gelebt
und nicht zu wenig

LIEBER LEBENDIG ...

Ich musste lachen – auf dem Parkplatz vor dem Tagungshaus stand ein Auto mit dem Aufkleber „Lieber lebendig als normal“. Doch, den Aufkleber würde ich mir auch aufs Auto kleben ...

Der Satz verfolgte mich noch während des Seminars, das unter dem Thema stand: „Aufbruch zu einem neuen Miteinander“. Vieles in unserer Kirche war ins Wanken geraten, es ging darum, neue Wege zu suchen und zu finden. Die Teilnehmer konnten zulassen, dass das alte Bild nicht mehr trägt, dass die Zeit für etwas Neues, Anderes angebrochen war – wenn man auch noch nicht so genau wusste, wie dieses Neue aussehen könnte. Und manchen tat dieser Abschied weh.

Aber zugleich ist da auf einmal unsagbar viel Leben und Lebendigkeit. Mich erinnerte es an die Stimmung, wenn am Morgen Rucksäcke gepackt und Zelte zusammengerollt werden, wenn man ein bisschen traurig um das erloschene Lagerfeuer herumsteht – und ahnt, dass die vergangene Zeit nicht mehr wiederkommen wird. Und doch, bei allem Abschied: Es lockt der Weg. Ein Aufbruch ist kein Umzug. Bei einem Umzug ziehe ich von einem Haus in ein anderes. Bei einem Aufbruch dagegen verlasse ich die Sicherheit, um sie gegen eine vorläufige Unsicherheit einzutauschen. Keiner kann sagen, wohin der Weg führt.

Leben ist Aufbruch – ist der Weg ins Ungewisse. Manchmal scheitern Aufbrüche daran, dass man im Vorfeld so gerne das Ergebnis wüsste – aber dann ist ein Aufbruch kein Aufbruch mehr. Neues aber kann erst werden, wenn ich aufgebrochen bin – so wie der Bauer das Feld umpflügt, den Boden aufbricht, um Neues wachsen zu lassen.

Normal
ist das nicht

ich fühl mich
im Unterwegs-Sein zu Hause
und bin doch gern daheim

ich mag Menschen
kann stundenlang mit Freunden telefonieren
und bin doch gern allein

ich brauche die Herausforderung
lass mich über meine Grenzen hinweg locken
und bin doch gern gesichert

ich liebe die Abwechslung
mich reizt das Abenteuer
und bin doch gerne vertraut

ich liebe die Nähe
freue mich am Angenommen-Sein
und bin doch gerne für mich

ich liebe das Leben
weil es so unerträglich schön ist
und bin doch manchmal ein bisschen heimatlos

ich liebe das Durcheinander
weil es so lebendig ist
und bin gelegentlich doch etwas verwirrt

normal ist das
sicher nicht

aber ein bisschen verrückt
find ich auch ganz schön

Manchmal

Manchmal
wenn ich
so ganz verrückte Sachen
denke und dann auch noch tue

ahne ich
dass Jung-Sein
keine Frage
des Alters ist

und das beruhigt
mich irgendwie

Sein Vater und seine Mutter staunten über die Worte, die über Jesus gesagt wurden. Die Bibel, Lukas-Evangelium, Kap. 2, Vers 33

Der Alltag bestimmt mein Leben

ich tue
was man tut
was das Gesetz vorschreibt
was an der Reihe ist

doch gelegentlich
ab und an
wird der Alltag durchkreuzt
stehe ich fassungslos vor dem
was das Gewöhnliche durchbricht
den Aufbruch wagt
Neues verkündet

es liegt an mir
mit offenen Augen und Ohren
wahrzunehmen
zu hören und zu sehen
mit offenen Händen
zuzupacken
und zu handeln

vielleicht aber auch
zu staunen
und heranwachsen zu lassen
bis die Zeit zum Handeln da ist

Mit dem Reich Gottes ist es so, wie wenn ein Mann Samen auf seinen Acker sät; dann schläft er und steht wieder auf, es wird Nacht und wird Tag, der Samen keimt und wächst, und der Mann weiß nicht, wie. Die Bibel, Markus-Evangelium, Kap. 4, Verse 26–27

WACHSEN LASSEN

In diesem Jahr hab ich es mal wieder probiert – mit Lupinen und Löwenmäulchen: Ich lege behutsam winzig kleine Samenkörner in Töpfchen mit ein bisschen Erde, gieße vorsichtig – und dann warte ich. Ab und an nachschauen, gelegentlich etwas Wasser, nicht zu viel, aber auch nicht zu wenig ...

Nach ein paar Tagen dann das Wunder des Lebens: Zwei kleine Blättchen an einem Stiel schieben sich durch die Erdkrume durch. Und ich schaue gebannt zu – und viel mehr kann ich auch nicht tun. Ich muss wachsen lassen. Wenn ich allzu viel an den jungen Pflanzen „rumzoppel", ziehe ich die kleinen Wurzeln heraus, die sich gerade in die Erde hineinfühlen. Vielleicht ist der Ratschlag gar nicht so schlecht, schlafen zu gehen, nachdem man etwas gesät hat.

Jesus will uns keine Lehrstunde über Gartenbau erteilen. Er greift die Erfahrungen der Menschen von damals auf – und die wussten, wie „wachsen" geht. Und so ist das auch mit dem Glauben. Ich kann ihn nicht machen, sondern nur Bedingungen und Erfahrungsräume dafür schaffen. Das „Wachsen" aber kann ich keinem abnehmen. Das muss schon jeder selbst tun. Da ist einfach Geduld und warten können angesagt. Und Gottvertrauen. Und das braucht nur 0,5 Millimeter groß zu sein – so wie ein Senfkorn. Übrigens: Die kleinen Lupinen sind schon zehn Zentimeter groß – die Löwenmäulchen brauchen noch ein wenig.

Was recht ist, gibt der HERR denen, die er liebt, im Schlaf.
Die Bibel, Psalm 127, Vers 2

Manchmal hilft es schlafen zu gehen

Nicht leisten müssen
und nicht perfekt sein

nicht wissen müssen
und nicht alles unter Kontrolle haben

nicht machen müssen
sondern zulassen

nicht wollen
sondern erwarten

nicht Mühe
sondern Geschenk

überraschend
unerwartet
ungewohnt

das Seine tun
aber sich dann auch in aller Ruhe
schlafen legen

und darauf vertrauen
dass du
das Notwendige schenkst

Ich habe gepflanzt, Apollos hat begossen, Gott aber ließ wachsen. Die Bibel, 1. Brief des Apostels Paulus an die Gemeinde in Korinth, Kap. 3, Vers 6

let it go

wenn man daran glaubt
dass Gott wirkt

dann gibt es den Punkt
an dem man loslassen muss

dann gibt es die Zeit
in der man gehen lässt

dann gilt es zu erkennen

wann meine Pläne
nicht seine Pläne sind

wann ich Meines getan habe
und ihm Seines nicht abnehmen darf

dann gilt es wachsen zu lassen

und Gott nicht
im Weg zu stehen

meinen
linken
Ellbogen!

Lasst beides wachsen bis zur Ernte! Die Bibel, Matthäus-Evangelium, Kap. 13, Vers 30

LEKTION IM GARTEN

Von den bunten Tütchen im Pflanzencenter hatte ich mich verführen lassen – ja, warum eigentlich nicht Ringel- und Sonnenblumen einfach aussäen statt teure Topfblumen zu kaufen und zu pflanzen? Und warum nicht selbst Petersilie ziehen? Das müsste doch sogar ich als absoluter Garten-Anfänger hinkriegen.

Gesagt – getan. Aber dann wurde es schwierig. Da wuchs zwar was – aber das meiste sah irgendwie gleich aus. Und das wuchs sogar da, wo ich gar nichts gesät hatte. War das jetzt eine junge Sonnenblume – oder etwas, was ich gar nicht in meinem Garten haben wollte? Mir blieb gar nichts anderes übrig als zu warten, nicht vorschnell Ordnung zu schaffen, wachsen zu lassen. Und nach einigen Tagen sah die Petersilie auf einmal „petersilrig" aus, dort konnte man die Blattform einer Sonnenblume erkennen – und eine andere Pflanze erwies sich plötzlich als Ahorn, der an der Stelle eigentlich gar nicht vorgesehen war.

Manchmal ist das auch so in meinem Leben ... da weht der Wind oder bringen Vögel Samen herbei, einen Traum, eine Idee, einen Plan – und ich kann noch gar nicht genau sagen, ob ich das will und brauchen kann. Dann kann es gut tun, einfach erst mal wachsen zu lassen – und eben nicht vorschnell zu sortieren und „auszureißen".

In der Geistlichen Begleitung sagt man es so: Für eine „Sache im Sinne Gottes" spricht, wenn sie durch einen Aufschub an Stärke zunimmt. Vielleicht auch, weil ich sie manchmal erst im Wachsen besser erkennen kann.

entgegen wachsen

noch
zaudere
zögere
ich

soll ich
oder soll ich nicht
will ich überhaupt
und was wenn

ich wäge ab
rechne hin und her
berate mich mit Freunden
spreche mit Gott

und doch
wird nichts klarer
zeichnet sich keine
Entscheidung ab
Fragen bekommen keine
Antwort

und
dann
werde ich
gefunden

von einem Spruch auf dem
Kalenderblatt
einem Buch einem Lied
dem Satz eines Freundes
einem Vers aus der Bibel

und weiß plötzlich:

jetzt!

und

so!

Das Leben
kommt von vorn

nachts
um halb drei

weiß ich plötzlich
das ist der Weg
so stimmt es
das geht

das ist der Schlag
der alle Knoten auflöst

das ist die Harmonie
die alle Dissonanzen verstummen lässt

das ist der Traum
der es wert ist
Wirklichkeit zu werden

jetzt
muss ich
zupacken

freunde

im gleichen boden
verwurzelt sein
dem gleichen himmel
entgegenwachsen

dazwischen
ein stück leben
zusammen miteinander
und doch für sich

sich im freund erkennen
umarmung nähe
grenze und distanz
und den stürmen wehren

in aller freiheit
verbindlich werden
und frei sein
in verbundenheit

mich
geben

ganz leise
ganz sanft
ganz zart

berühr
ich
dich

und lass mich
von dir
berühren

und
ich
spür mich

durch dich
in dir
mit dir

hellwach
herausgerufen
lebendig

liebend
geliebt
werdend

und
ich
geb mich

und
ich
bin

Eine Zeit zu lieben

Liebe fragt nicht
ob gelegen
oder ungelegen
es ist Zeit

sie fragt nicht
nach Hoffnung
und Zukunft
es ist Zeit

sie fragt nicht
nach der Meinung
der anderen
es ist Zeit

irgendwie
ist sie
auf einmal da
es ist Zeit

sie kommt
mit Rosen
und Tränen
es ist Zeit

sie kommt
und du kannst dich
nicht wehren
es ist Zeit

es ist Zeit
dich der Liebe zu geben
Leben zu spüren
Liebe zu leben

ABER LIEBEN IST ANDERS …

Kinderwortgottesdienst in der Osterzeit … und an diesem Sonntag dachte die Gemeindereferentin mit den Kindern zusammen über „lieben“ nach – und über die Liebe Gottes. So lud sie die Kinder ein, mit Holzperlen in verschiedenen Rottönen ein Armband zu basteln. Jede Perle sollte für einen Menschen stehen, den die Kinder ganz konkret lieben. Und eine goldene Perle stand für die Liebe Gottes.

Klar, keine ganz einfache Aufgabe für die Kinder. Und so fragte dann auch eine der Mütter, die zur Unterstützung dabei waren: „Deine Lehrerin – wie wäre es denn damit? Die liebst du doch bestimmt!?“ Das Kind, das sie gefragt hatte, dachte einen Moment nach und sagte dann ziemlich entschieden: „Die mag ich sehr – aber lieben ist anders!“

Aber lieben ist anders …

Ist das nicht Wahnsinn? Da spürt ein zehnjähriges Kind den Unterschied zwischen „mögen“ und „lieben“. Mögen kann man viele Sachen: Schokoladenpudding, Schulferien, die Lehrerin – aber „lieben“, das ist anders. Das geht tiefer, das ist existenzieller, das ist umfassender … Ja, sogar mir fehlen die Worte, wenn ich das beschreiben soll … aber es stimmt: Liebe ist anders. Liebe – das sind die wirklich wichtigen Sachen, das sind die wirklich wichtigen Menschen. Das ist all das, was eben nicht nur grad nett ist, was man gerne entgegennimmt, sondern das ist das, was in die Tiefe geht, was berührt. Liebe ist anders.

Ich glaube, erklären kann man das nicht – man kann es vielleicht nur spüren.

Und dann bleibt nur die Frage zu stellen: Lieben wir uns schon oder mögen wir uns nur? Obwohl – manchmal wäre das ja auch schon eine ganze Menge …

Wer den Willen Gottes erfüllt, der ist für mich Bruder und Schwester und Mutter. Die Bibel, Markus-Evangelium, Kap. 3, Vers 35

LIEBE BRÜDER UND SCHWESTERN!

Zugegeben: Ich tue mich nicht immer leicht, wenn ich bei einem Gottesdienst die anwesenden Mitfeiernden so begrüßen soll. Und dann flüchte ich mich manchmal in das etwas unverbindlichere „Liebe Mitchristen!"

Wahrscheinlich hängt das mit meinen persönlichen Familienerfahrungen zusammen. Ein Bruder und eine Schwester sind noch auf der Flucht während des Zweiten Weltkriegs gestorben. Ein anderer Bruder war über fünf Jahre älter als ich – uns verband nicht allzu viel an gemeinsamen Interessen. Darf ja auch sein ... Aber wenn ich dem grad so nachspüre ... es wäre eigentlich schön, so eine richtige Schwester, einen Bruder zu haben! Miteinander zusammenhocken, Pläne schmieden, manchmal eine Koalition gegen die Eltern eingehen, durch dick und dünn, das Leben feiern und sich in dunklen Zeiten halten.

Warum eigentlich nicht? „Liebe Brüder und Schwestern" muss ja nicht heißen, dass es so ist, aber dass ich mir wünsche, dass es so wäre. Wenn aus den „Mitchristen" „Brüder und Schwestern" würden, mit denen man zusammenhocken, das Leben feiern und sich in dunklen Zeiten gegenseitig stützen kann. Also gut ... bei nächster Gelegenheit werde ich „Liebe Brüder und Schwestern" sagen – und damit meinem Wunsch Ausdruck geben, dass es so werden möge. Und wenn es dann eben nicht so ist, dann ist das auch in Ordnung. Familie sucht man sich ja nicht immer aus. Aber als Sehnsucht, als Wunsch? Warum eigentlich nicht?

SPRACHVERWIRRUNG

Eine Schwester aus Südafrika war von ihrer Gemeinschaft nach Deutschland versetzt worden. Natürlich ist das immer eine spannende Angelegenheit, eine andere Kultur, eine fremde Umgebung – und eine Sprache, die man erst lernen muss.

So setzte man sie erst einmal in der Küche ein – Gemüse putzen und Kartoffeln schälen und kochen und spülen, das kann man schließlich überall auf der Welt.

An einem Vormittag, mitten im größten „Kochbetrieb“ für das Mittagessen, bat die zuständige Küchenschwester die neue Mitschwester: „Gib mir doch bitte mal den Schneebesen!“ – und die Mitschwester verschwand – und kam erst mal nicht wieder. Die Küchenschwester wunderte sich, holte sich schließlich den Schneebesen selbst aus einer Schublade und kochte weiter. Nach zwanzig Minuten stand aber die andere Schwester vor ihr und präsentierte stolz und glücklich den großen Straßenbesen, mit dem man im Winter den Schnee weggefegt hatte.

Okay – woher soll man auch wissen, dass ein „Schneebesen“ weder etwas mit „Schnee“ noch mit „Besen“ zu tun hat? So einfach ist die deutsche Sprache nicht.

HÖCHSTE ZEIT FÜR PFINGSTEN

Eigentlich muten wir unseren ausländischen Mitbrüdern und Mitschwestern einiges zu, wenn wir sie bitten, hier in Deutschland zu arbeiten. Und das fängt bei der Sprache schon an. Vieles, das wir sozusagen mit der Muttermilch eingesogen haben, ist ihnen vollkommen unbekannt. Da ist die manchmal ganz verschiedene Bedeutung von Wörtern wie zum Beispiel „Schimmel“, es macht eben einen Unterschied, ob ich von einem weißen Pferd spreche oder von dem, was dazu führt, dass ich das Glas Marmelade doch eher wegwerfen sollte.

Da gibt es Märchen, die sozusagen (fast) alle kennen, die hier aufgewachsen sind – aber was macht jemand aus Indien mit dem Stichwort „Rumpelstilzchen“? Und es ist schwer, wenn allein schon eine Vorsilbe ein Wort komplett verdreht – die Speisung der Fünftausend ist eben grad keine „Verspeisung der Fünftausend“, wie ich es in einer Predigt einmal hören durfte.

Sich einer anderen Kultur anzunähern, sich in ihr einzuwurzeln, das ist leichter gesagt als getan. Und mir ist sehr präsent, was mir eine Schwester erzählt hat, die in Südafrika eingesetzt werden sollte. In ihrem Einführungskurs für diesen Einsatz sagte der Leiter: „Wenn du drei Wochen in Afrika bist, denkst du, du hättest alles verstanden. Wenn du ein halbes Jahr da bist, merkst du, dass du eigentlich manches nicht verstehst – und wenn du sieben Jahre da bist, weißt du, dass du gar nichts verstanden hast.“

Höchste Zeit für Pfingsten – nur der Geist Gottes wird das wirklich lösen können.

Und die Liebe.

Andere aber spotteten: Sie sind vom süßen Wein betrunken.
Die Bibel, Apostelgeschichte, Kap. 2, Vers 13

DIE VERRÜCKTEN KOMMEN WIEDER

Es war viel los gewesen im Frühjahr – und so nutzte ich kurz vor Pfingsten zwei Tage ohne Termine zu einer Mini-Auszeit auf der Insel. Am Abend ging ich essen, am Nachbartisch saßen vier junge Männer, schon sichtlich angeheitert. Lautstark bestritten sie ihre Unterhaltung, warfen mit Pommes um sich, beschwerten sich über die Rechnung. Und irgendwann musste wohl auch ein Glas umgefallen sein, denn unter ihrem Tisch war alles nass. Nachdem sie endlich gegangen waren, atmeten alle im Lokal hörbar auf – und eine wunderbare Ruhe kehrte ein. Als der Kellner bei mir kassierte, machte ich ihn auf das Chaos unter dem Tisch aufmerksam. Er sagte nur ganz trocken: „Pfingsten – die Verrückten kommen wieder!"

Pfingsten, die Verrückten kommen wieder. Irgendwie kam mir das doch bekannt vor. Das könnte ein Einwohner von Jerusalem gesagt haben, als er das Auftreten der Jünger damals erlebte. Die Vermutung, dass sie betrunken sein könnten, kam wohl nicht von ungefähr. Befremdlich und anders genug dürfte es schon gewesen sein. Fremde Sprachen, begeistert, erfüllt vom Heiligen Geist ...

Pfingsten – die Verrückten kommen wieder. Nein, ich glaube, es besteht keine Gefahr, dass irgendjemand das über uns Christen sagt. Aber wenn wir den Heiligen Geist wirklich bei uns ankommen lassen, dann müssten wir eigentlich auch ein klein bisschen ver-rückt werden. Dann müsste es uns durcheinanderwirbeln, müsste ein bisschen Chaos entstehen. Weil wir uns haben ver-rücken lassen, einen anderen Blickwinkel einnehmen, weil der Geist in uns wirkt.

Komm
Heiliger Geist

Quelle
in meiner Wüste
Wurzel
in meiner Heimatlosigkeit
Unruhe
in meiner Zufriedenheit
Licht
im Dunkel
Rastplatz
im Unterwegs-Sein
Antwort
auf meine Frage
Tröster
in meiner Trauer
Beweger
in meiner Sesshaftigkeit

komm
und erfüll mich
komm
und mach mich bereit
komm
in mich

EINFLUGVERBOT

Zwei aufeinanderfolgende Tagungen im Süden Deutschlands – und zwischendrin ein halber freier Tag. Und so bummelten wir ein wenig in dem kleinen Städtchen umher und steuerten natürlich auch die Kirche an, die wunderschön inmitten eines alten Friedhofs lag.

An der Tür hing ein weißer Zettel – und neugierig-staunend las ich: „Wegen Vogeleinflug bitte Kirchentüren immer geschlossen halten! Danke!"

Okay, so ein Schild hatte ich bisher auch noch nirgendwo gesehen ...

Die Kirche selbst war übervoll barock ausgestattet. Wahrscheinlich künstlerisch sehr wertvoll, aber nicht so mein Geschmack. Jedenfalls erklärte sich damit auch das Schild ... es sollten wohl weniger die Vögel als vielmehr die Kunstwerke geschützt werden. Na ja, kann man ja auch verstehen ...

Trotzdem kam ich ins Nachdenken.

Ob so ein imaginäres Schild möglicherweise an manchen Kirchentüren hängt? Oder an dem einen oder anderen Gemeindehaus? Und was macht dann der Heilige Geist, der ja häufig in Form einer Taube dargestellt wird, wenn er gerne rein möchte?

Einflugverbot für den Heiligen Geist? Geschlossene Türen? Damit die alten Schätze und barocken Kunstwerke (welchen Namen sie auch immer tragen mögen) nicht beschmutzt oder gar beschädigt werden?

Und irgendwie kam mir Psalm 84 in den Sinn: *Wie liebenswert ist deine Wohnung, du HERR der Heerscharen! – Auch der Sperling fand ein Haus und die Schwalbe ein Nest, wohin sie ihre Jungen gelegt hat ...*

WENN DIE TAUBE EINE WILDGANS WÄRE?

Ehrlich gesagt – mit dem Symbol der Taube für den Heiligen Geist tue ich mich manchmal ein wenig schwer. Das hat etwas damit zu tun, welche Tauben ich gerade im Blick habe. Da sind die Tauben in den Städten, die manchmal schon eher zur Plage geworden sind – aber es gibt auch die kleinen zierlichen Türkentauben, fast schon ein wenig zahm und an den Menschen gewöhnt. Irgendwie – den Heiligen Geist stelle ich mir anders vor, nicht als Plage und lästig, aber eben auch nicht zierlich und hübsch anzusehen.

Es gibt noch ein anderes Bild für den Heiligen Geist. Als das Christentum im 5. Jahrhundert nach Irland kam, gab es auf der Insel keine Tauben. Deshalb musste man sich einen anderen Vogel als Symbol wählen – und kam auf die Wildgans.

Und damit kann ich was anfangen. Wildgänse sind frei. Sie lassen sich nicht zähmen und ordnen sich nicht den Bedürfnissen der Menschen unter. Dann, wenn es sinnvoll ist, schließen sie sich in Gruppen zusammen – ohne sich selbst dabei aufzugeben. Sie ziehen dorthin, wo Leben möglich ist, getrieben von einem geheimnisvollen Ruf. Und wenn sie im Frühjahr und im Herbst über Norddeutschland fliegen, dann horche ich auf, sehe ihnen nach, möchte mit ihnen ziehen.

So kann ich mir den Geist Gottes vorstellen ... er drängt sich nicht auf, aber er ruft in mir eine Sehnsucht hervor, eine Sehnsucht nach mehr Leben. Mitten in meinem Alltag ist er plötzlich da, bricht ein, bricht mich auf. Er ruft mich – und nimmt mir doch das Handeln nicht ab. Er ist Bewegung und will mich in Bewegung bringen.

Und kommt dann, wenn man nicht damit rechnet.

„MENSCHGEWORDENES PFINGSTEN"

Ökumenischer Gottesdienst an Pfingsten – etwa 400 Teilnehmer, Blaskapelle, Chor, draußen auf einem Schützenplatz. Ich hatte die Ansprache übernommen – und das ist im Freien immer etwas anstrengender als in einer Kirche: Der Wind weht ein Liedblatt weg, man schaut zum Himmel, ob das Wetter hält, auf dem benachbarten Feld wird Heu eingefahren.

Aus den Augenwinkeln bemerkte ich, dass ein kleines Mädchen, vielleicht zwei Jahre alt, Richtung Bühne krabbelte. Irgendetwas hatte wohl ihre Neugier geweckt – und das, obwohl sie keinen von uns kannte, wir alle „komische Gewänder" trugen, sie an einem ihr unbekannten Ort war. Sie erreichte die erste Stufe, die zum Altar hochführte und richtete sich auf. Ich merkte, wie sich die Aufmerksamkeit aller dem Mädchen zuwandte – und auch ich war neugierig, ob sie wohl mutig genug wäre, bis zu uns auf die Altarbühne zu klettern – oder ob ein besorgter Vater sie vorher noch einfangen würde.

In diesem Moment ging es mir blitzlichtartig durch den Kopf: Genau das ist Pfingsten! Sich lösen aus den Räumen, die man kennt und die einem Sicherheit versprechen – die einen aber auch festhalten und manchmal sogar fesseln. Pfingsten heißt, voll Vertrauen mutig die neue und andere Welt zu erkunden, eigene Erfahrungen zu machen. Eigentlich war dieses kleine Mädchen auf ihrer Entdeckungstour das „menschgewordene Pfingsten".

Und so was in der Art sagte ich dann auch – denn die Aufmerksamkeit der meisten war in diesem Moment sowieso mehr bei dem kleinen Mädchen als bei meinen Worten.

Eigentlich gab es zwei Predigten in diesem Gottesdienst, meine und die des kleinen Mädchens. Und ich bin mir noch sehr unsicher, welche die wichtigere war.

HEILIGER GEIST ZU VERSCHENKEN

In meinem Arbeitszimmer gibt es einen Stapel mit „gelegentlich mal zu lesen“. Da landen alle Zeitschriften und Zeitungen, für die mir manchmal im „laufenden Betrieb“ die Zeit zum Lesen fehlt.

Da es heute Morgen regnete und grad nichts Dringendes zu tun war, griff ich nach einer Kirchenzeitung einer anderen Diözese, die schon ein bisschen länger dalag. Und an solchen, eher ruhigen Tagen, werfe ich durchaus auch einmal einen Blick in die Kleinanzeigen ...

„Zu verschenken“ stand da, „an Kirchengemeinde o. ä.“ – und dann kam ich schon ins Nachdenken. Was wäre denn in dem Fall „o. ä.“, also etwas „Ähnliches“? Na gut ... aber was hatten sie denn zu verschenken?

„1 Madonna mit Kind, bunt“ und „1 Madonna mit Kind, braun“ – und: „1 Heiliger Geist“ ...

Heiliger Geist zu verschenken – und plötzlich wurde mir ganz pfingstlich zumute. Der Heilige Geist wird verschenkt! Ja, das ist Pfingsten! Den Heiligen Geist kann man nicht kaufen, und er wird nicht meistbietend versteigert – der wird verschenkt! Neugierig wäre ich jetzt, was der Inserent unter „1 Heiliger Geist“ versteht und in welcher Form er ihn wohl verschenken würde ... aber ich fürchte mal, dass ich bei einer entsprechenden Anfrage unter der Chiffre-Nummer wohl keine Antwort mehr bekommen würde.

Und etwas schmunzeln musste ich dann doch, als ich in der Anzeige weiterlas: „Abholung“. Okay, der Heilige Geist wird zwar verschenkt – aber abholen muss man ihn sich schon.

Das ist Pfingsten.

TEELICHT-CHRISTEN?

Menschen und Feuer – das hat eine lange Geschichte. Ein alter griechischer Mythos erzählt, wie Prometheus den Göttern das Feuer stahl, um es zu den Menschen zu bringen. Feuer kann Schutz und Wärme schenken und spielte eine wichtige Rolle bei der Entwicklung der Zivilisation. Aber wenn es außer Kontrolle gerät, dann hat Feuer eine vernichtende und zerstörende Kraft, das haben wir beim Moorbrand im Emsland erlebt und auch beim Brand in der Kathedrale von Notre-Dame in Paris.

Deshalb versucht der Mensch, das Feuer zu beherrschen, damit es keinen Schaden anrichten, aber man es doch nutzen kann. Zum Beispiel indem man ein kleines Teelicht anzündet und in ein Glas stellt – dann ist man auf der sicheren Seite. Und für alle Fälle hängt in erreichbarer Nähe auch gleich noch ein Feuerlöscher. Ob uns das möglicherweise mit der Botschaft Jesu auch passiert ist? Ein nettes kleines Teelicht in einem schönen Glasbehälter, das da ist, wenn man es braucht – das aber auch nichts anbrennen lässt?

Ich bin gekommen, um Feuer auf die Erde zu werfen ... wie froh wäre ich, es würde schon brennen! (*Die Bibel, Lukas-Evangelium, Kap. 12, Vers 49*). Sind wir „Feuer-Christen" oder möglicherweise doch eher „Teelicht-Christen"? Sind wir noch entflammt von dem, was wir glauben – und geben diese Begeisterung auch weiter? Oder brennt unsere Flamme eventuell gezähmt als Teelicht, 50 Stück für € 1,99? Vielleicht ist das Feuer schon längst erloschen und glimmt höchstens noch als Glutrest vor sich hin?

Kardinal John Henry Newman (1801–1890) soll einmal gebetet haben: „Lass mich Feuer sein. Lass mich Liebe künden." Und dazu fällt mir nur ein Wort ein: Amen.

atem
gottes
komm

gott
atmet
aus

gibt sich
in die welt
hinein

und
atmet
ein

nimmt
die welt
in sich auf

er ist
und wir
werden

in ihm
und mit ihm
und durch ihn

und
sein
geist

verbindet
ihn
und uns

FREUND DER MENSCHEN

Der Heilige Geist kommt nicht nach Fahrplan, wahrscheinlich kommt er sogar dann am ehesten, wenn man gar nicht mit ihm rechnet. Überall dort, wo auf einmal Lebendigkeit auftaucht, Spritzigkeit, eine überraschende Lösung – da könnte es gut sein, dass der Heilige Geist landen konnte. Er lässt sich nicht zähmen, sondern entzieht sich meinen Erwartungen und Berechnungen. Der Heilige Geist ist immer Geschenk, Geschenk Gottes! Und wir können um sein Kommen immer nur bitten. Aber seien Sie gewarnt – es könnte sein, dass er dann tatsächlich kommt und Ihr Leben ein wenig auf den Kopf stellt. Wenn Sie das nicht mögen, dann wäre ich da sehr vorsichtig!

So passierte es einer jungen Kollegin, die einen Gottesdienst zum Kommen des Heiligen Geistes vorbereitete. Sie gab sich sehr viel Mühe, hatte auch ein Gebet abgetippt und fotokopiert, so dass es alle mitbeten konnten. Nur hatte sich beim Abschreiben ein Tippfehler eingeschlichen – und so beteten alle ganz treu und brav: Komm, Heiliger Geist, haue uns an! Aus einem netten Hauchen wurde ein kräftiges Anhauen – und ich denke, genau in diesem Moment war der Heilige Geist mit der jungen Kollegin!

Übrigens – damals bei Maria ... auch da war der Heilige Geist involviert! Ahnen Sie so allmählich, was er/sie/es so alles anrichten kann?

Der Heilige Geist, die Kraft und die Weisheit Gottes, der Freund der Menschen, der uns im Alltag begleiten will, der die Sehnsucht in uns wachhält, der pfiffig-kreativ immer mal wieder alles auf den Kopf stellt ... Gott stellt ihn uns zur Seite – wenn wir es denn möchten.

BITTE NICHT ZUFALTEN!

Gott ist dreifaltig einer ... heißt es in einem Kirchenlied zum christlichen Glaubensbekenntnis. Aber – wie kann denn einer gleichzeitig drei sein?

Vielleicht hilft es uns weiter, wenn wir einmal den Worten nachspüren: „-faltig“ oder „-fältig“ bedeutet ein „Vielfaches“, oft in Verbindung mit einem Zahlwort. Die Zahl „drei“ ist eine heilige Zahl von alters her. Und wenn Gott dreifaltig ist, dann lässt er sich in seiner Fülle erfahren – und ist eben alles andere als „einfältig“.

Gott faltet sich aus, er entfaltet sich. Er lässt sich nicht nur auf eine Eigenschaft oder eine Wesensart begrenzen, ist nicht nur so und so, sondern zugleich auch immer ganz anders. Er zeigt sich als Schöpfer, als Kraft und Geist, wird Mensch in Jesus Christus.

Und genau jetzt wird es schwierig für uns. Gott faltet sich aus – und wir würden ihn manchmal lieber wieder zufalten, einpacken, mit Etiketten versehen, in eine Schublade stecken. Wir hätten es gerne klar, einfach, überschaubar – und eben nicht bunt und schillernd, komplex und kompliziert. Aber er entzieht sich allen Bildern, Namen, Vorstellungen. Und das ist gut so.

Wenn wir so genau sagen könnten, wer oder was Gott ist, dann würden wir ihn klein machen, berechenbar, handhabbar. Gott aber ist immer für eine Überraschung gut. So verstanden ist das Geheimnis der Dreifaltigkeit Gottes kein Rätsel, das wir mit unserem Verstand lösen sollen, sondern die Einladung, sich von Gott immer wieder überraschen zu lassen.

Und Nachfolge könnte dann auch heißen: sich zu entfalten. Also: Bitte nicht zufalten! Weder Gott noch die Menschen ...

MIT MARIA UNTERWEGS

In Steinbild, wo ich seit einigen Jahren wohne, gibt es eine Mariendarstellung in der Pfarrkirche, die „Madonna der Fahrensleute". Die Kirche steht direkt an der Ems, dem fünftgrößten Fluss Deutschlands. Früher hatte diese Madonna ihren Platz in einer Nische an der Außenmauer der Kirche in Richtung Ems. Sie wurde zur Schutzherrin der Schiffer auf dem Fluss, der „Fahrensleute". Es war ein fester Brauch bei den Schiffern, wenn sie an der Kirche vorbeifuhren, ein „Gegrüßet seist du, Maria" zu beten und sie um eine glückliche Heimkehr zu bitten oder ihr dafür zu danken. Und dabei haben sie auch kurz das Nebelhorn ihres Schiffes zur Begrüßung ertönen lassen. Heute führt der Emsradweg, ein 375 Kilometer langer Radfernweg, von den Emsquellen bei Paderborn bis nach Emden, direkt an der Kirche vorbei. Und viele Radfahrer unterbrechen hier ihre Tour, statten der Kirche einen Besuch ab und werden wohl auf ihre Weise die Madonna um ihren Beistand bitten. Mit Maria unterwegs sein – vielleicht kein schlechter Gedanke …

Madonna der Fahrensleute

Wir bitten dich für alle,
die unterwegs sind:
Schenke ihnen und uns
allzeit gute Fahrt
und eine gesunde
Heimkehr.
Beschütze uns
und halte Sturm und
Unwetter von uns fern.
Lass uns immer den
rechten Weg finden
und unser Ziel erreichen.
Hilf uns,
wenn wir alleine nicht
mehr weiterkommen.
Und führe uns immer
wieder
zu Christus, deinem Sohn.
Amen.

JUNI

staunen

Abgrenzung

Erde
unter den Pflug
genommen
aufgebrochen

gesät
und Same
gewesen

zartes Grün
wagt
das Leben

jetzt
wird es Zeit
den Zaun
zu ziehen

GRENZEN SETZEN

Es war eine kleine Beerdigung. Ein paar Verwandte waren da, Nachbarn. Aber kein Grund, dem Verstorbenen nicht trotzdem die letzte Ehre zu erweisen. Und das taten auch alle Anwesenden – bis auf einen Mann und eine Frau, die auf einer Bank hinten in der Trauerhalle saßen und sich intensiv unterhielten. Wenn die Trauerhalle voll ist, fällt das ja nicht so auf – aber bei dreißig Anwesenden stört es schon.

Als ich zum Gebet überleitete, unterhielten sie sich immer noch. Ich sah die beiden scharf an, für einen Moment verstummte das Gespräch – nur um dann bei der Lesung wieder einzusetzen. Als sie sich danach immer noch lautstark unterhielten, handelte ich spontan. Ich verließ kurzerhand das Pult, sagte zu den Angehörigen: „Einen Moment, bitte!", und ging quer durch die Trauerhalle zu den beiden. „Ich möchte Sie freundlich bitten, wenn Sie sich unterhalten wollen, dies draußen zu tun!" – ich sagte es leise, aber sehr eindeutig. In diesem Moment war im wahrsten Sinne des Wortes Totenstille.

Ja, ich gebe gerne zu – ich zitterte auch etwas, als ich zum Ambo zurückging. Ich hatte keine Ahnung, ob meine spontane Reaktion richtig gewesen war. Aber ich hatte das Gefühl, jetzt und hier Grenzen setzen zu müssen, um einfach diese kostbare Stunde zu schützen. Eine Beerdigung ist kein nettes Event – sondern da geht es um Würde, Abschied und „letzte Ehre". Und wir als pastorale Mitarbeiter, als Seelsorger, sind Anwalt genau dieses Anliegens.

Leicht gefallen ist es mir in dem Fall nicht. Ich war unsicher. Es hat Kraft gekostet.

Aber manchmal muss ich mich riskieren, weil die Idee es erfordert.

ZÄUNE KÖNNEN SCHÜTZEN

Manchmal muss man etwas schützen. Das kann ein kleines neugeborenes Kind sein, das darauf angewiesen ist, dass ihm keiner etwas Böses tut. Manchmal ist es eine ganz junge und frische Liebe, die noch zu zart ist für manche Realitäten der Wirklichkeit. Als mein Vater hilflos im Krankenhaus lag, habe ich für seine Würde gekämpft und dafür, dass er nicht mehr leiden musste als notwendig. Und in manchen Trauergesprächen vor einer Beerdigung möchte ich den Angehörigen am liebsten einen Mantel der Fürsorge umlegen.

Besonders schlimm finde ich Situationen, wenn einem Menschen, den ich sehr liebe, etwas Schlimmes geschieht – und ich bin ohnmächtig und machtlos und kann nichts tun. Muss hilflos zusehen, wie jemand leidet ... und kann nur dabeibleiben.

Gelegentlich muss ich mich auch selbst schützen. Mich abgrenzen gegen überzogene Erwartungen, wenn jemand über mich bestimmen will, mir meine Würde nehmen will. Eine zarte, junge Idee braucht manchmal Zeit zum Heranwachsen – und es gibt immer mal wieder Zeiten, wo ich mich müde und schwach fühle – und deshalb meinen Zaun ziehe.

Und immer wieder braucht auch ein Geheimnis oder ein Zauber einen Schutz, damit nicht jemand gedankenlos darauf rumtrampelt.

Es muss ja nicht gleich eine Betonmauer sein ...

Solche „Zäune" stimmen aber immer nur für eine bestimmte Lebenssituation – wenn sie sich verändert, werde ich auch andere, neue Grenzen ziehen müssen. Aus zu beschützenden kleinen Kindern werden junge Erwachsene, die für sich selbst eintreten können. Aus der vagen Idee wird eine kraftvolle Überzeugung, die Anfragen gut standhält. Und nach Zeiten der Schwäche komme ich wieder zu Kräften, so dass mich nicht mehr jeder Windhauch gleich umbläst.

Halte ich dann an den bisherigen Zäunen und Grenzen fest, können sie schnell zu „Gefängnissen" werden. Um Entwicklung und Wachstum möglich zu machen, muss ich deshalb immer wieder einmal meine Grenzen auch aufheben, überqueren, vielleicht sogar überschreiten: etwas ausprobieren, was ich noch nie getan habe; mich auf einen Menschen einlassen, der mir fremd ist; die verrückten Ideen endlich einmal umsetzen. Und das, was dann neu wächst, muss wiederum stabilisiert und durch Grenzen geschützt werden.

Es sind die Grenzen, die mir ein Profil und eine Identität geben. Ohne Grenzen und Begrenzung würde ich mich im Unendlichen verlieren. Grenzen erzeugen ein „innen" und ein „außen" und geben mir dadurch eine „Form". Nur dadurch werde ich auch klarer, fassbarer, begreifbarer.

Wenn Identität Grenzziehung und „sein" bedeutet, so heißt Wachstum „Grenzen überqueren" und „werden". Es braucht beides in meinem Leben: das Ziehen von Grenzen und das Überschreiten dieser Grenzen. Und damit werde ich zu einem Grenzgänger zwischen Hier und Dort, Gestern und Morgen, Sein und Werden.

Grenzgänger

zwischen
hier und dort
da und dann

zerrissen
vom sein und werden
vom gestern und morgen

den Frieden gefunden
um ihn nur wieder
zu verlieren

mich verlieren
um wieder
im Frieden zu sein

den Boden verloren
und Grund gefunden
und Halt und Loslassen

hoch und tief
abgrundtief einsam
und gestillt geborgen

tief und hoch
den Gipfel erleben
um wieder abzusteigen

aufgehoben
herausgefordert werden
lebendig bleiben

Ich werde für Israel da sein wie der Tau, damit es sprosst wie die Lotosblüte und seine Wurzeln schlägt wie der Libanon.
Die Bibel, Buch Hosea, Kap. 14, Vers 6

und befeuchte
was verdorrt

in den dunklen Stunden
der Nacht
wenn man nicht mehr weiter weiß
wenn man nicht mehr weiter will

wenn man sich ängstigt
vor der Hitze des Tages
dem gleißenden Licht
der unbarmherzigen Sonne

dem neuen Tag

in den dunklen Stunden
der Nacht
schenkt sich mir
das Leben

benetzt mich und
nährt mich
umkost mich und
liebt mich

dem neuen Tag entgegen

damit ich
dem Himmel entgegen blühe
wenn ich
in der Erde wurzle

SCHAUEN

Heute Morgen waren wir im Merfelder Bruch im Münsterland. Dort leben etwa 350 Wildpferde, derzeit mit vielen, ein paar Wochen alten Fohlen. Das Wetter war regnerisch und kalt – und so waren wir ganz allein mit den Pferden. Wir konnten einfach schauen und beobachten, wie die Fohlen miteinander spielten und rangelten. Die Pferde grasten friedlich, nur manchmal stritten sich einige Stuten und keilten aus. Einzelne Gruppen von Pferden zogen zu dem kleinen Teich, um zu trinken, machten dann einer nächsten Gruppe Platz und begannen wieder zu grasen.

Wir standen nur da und sagten nicht viel. Für mich war es eine heilige halbe Stunde, von den Pferden und der Landschaft geht etwas aus, das mich verzaubert, in Bann zieht. Mein Herz wurde weit, Frieden zog ein.

Dann kamen die ersten, anderen Besucher. Und manche von ihnen wollten etwas sehen, etwas geboten bekommen. Und der Zauber zog sich ganz leise zurück.

Da sind wir gegangen.

Wer etwas sehen will, wird manches nicht entdecken. Wenn ich wirklich schauen will, muss ich mich auch verzaubern lassen können – nur dann kann ich beschenkt werden.

Und es könnte sein, dass dies manchmal auch für den Glauben gilt.

STAUNEN

Von Kindern könnten wir das wieder lernen ... staunen können! Fasziniert sich von etwas in Bann ziehen lassen, schauen, hören, tasten ... etwas entdecken. Das kann der Regenwurm sein, der sich aus dem Boden hervorkringelt, der Schaum auf dem Wasser in der Badewanne, der weite, endlose Strand oder das kunstvolle Netz der Spinne. Kinder können einfach sprachlos davorstehen und spüren, dass es da etwas gibt, das schön, groß, unbegreiflich ist.

Ich glaube, das ist „staunen".

Wir „Großen" haben das manchmal verlernt. Wir staunen und fragen nicht mehr, sondern sind stolz auf unser rationales Denken und wollen alle Geheimnisse lösen. Was wir erklären können, darüber wundern wir uns oft nicht mehr. Was wir verstehen, verliert manchmal seinen Zauber. Aber damit machen wir uns selbst arm.

Vielleicht sollte man manchen Dingen ihr Geheimnis lassen. Vielleicht sollte man sich ein wenig Staunen mitten im Alltag bewahren – Dinge eben nicht für selbstverständlich halten und sie einfach schön, groß und unbegreiflich sein lassen. Und nicht alles erklären müssen ...

Denn nicht zuletzt gilt: Wer sich nicht mehr wundern kann, für den werden auch keine Wunder geschehen.

WUNDER

Wann war Deutschland das erste Mal unter den ersten drei des Eurovision Song Contest? Richtig: 1970, im fünfzehnten Jahr des Wettbewerbs. Das Lied kennen auch heute noch viele: „Wunder gibt es immer wieder" – damit erreichte *Katja Ebstein* den dritten Platz. Und mancher, der dringend ein Wunder braucht, klammert sich an diesen Satz wie an einen Strohhalm: Vielleicht besteht man ja doch die wichtige Prüfung, obwohl man nicht genug gelernt hat. Möge der Krebs im Körper einfach über Nacht verschwinden, sich in Nichts auflösen. Und es könnte ja sein, dass es sich der Freund anders überlegt und wieder zu mir zurückkommt.

Ja, ich glaube schon, dass immer wieder einmal etwas Wundersames geschieht, etwas, das man nicht erklären kann, das einem unverhofft geschenkt wird. Aber genau das könnte der Punkt sein – Wunder werden geschenkt. Sie entziehen sich aller Berechnung und widersetzen sich den Erwartungen. Und wer mit Wundern rechnet, könnte sich schnell verkalkulieren. Hoffen darf man auf ein Wunder – aber es lässt sich nicht einfordern. Und: Wer ein Wunder erleben will, muss noch staunen können. Der lässt sich überraschen und ist offen dafür, dass das Wunder eventuell ganz anders sein kann. Deshalb heißt es in dem Lied von *Katja Ebstein* auch: „... wenn sie dir begegnen, musst du sie auch sehen!"

Sommertage sind ein gutes Trainingslager für Wunder – wieso weiß die Kornblume, dass sie blau blüht? Und wie um alles in der Welt kommt das Stiefmütterchen dahin, wo man nie eins gepflanzt hat? Wann und wo hat die junge Meise fliegen gelernt? Wunder lassen sich nicht machen. Und manchmal zum Glück auch nicht erklären. Aber es gibt sie – immer wieder.

NUR EIN TRAUM?

„Zwanzig Prozent aller Gottesdienstteilnehmerinnen sind Männer" – den Satz hörte ich kürzlich bei einer Diskussion. Ich stutzte einen Moment, dann machte es „klick"– und ich musste über den ungewöhnlichen Perspektivwechsel schmunzeln.

Stimmt. Es sind mehrheitlich Frauen, die am Sonntag den Gottesdienst mitfeiern, die Erstkommunionkatechese machen, den Küsterdienst übernehmen und den Besuchsdienst. Es sind die Großmütter, die ihren Enkeln Geschichten aus der Bibel erzählen und mit ihnen in der Kirche eine Kerze anzünden. Was wäre die Kirche ohne die Frauen?

In der Gemeinde Männer zu finden, die bereit sind, über ihren Glauben zu sprechen, das ist schon erheblich schwieriger – wenn man mal von den „Profis" absieht. Und so könnte man fast neidisch werden, wenn man in der Bibel liest: *In jener Zeit rief Jesus die Zwölf zu sich und sandte sie aus, jeweils zwei zusammen (Markus-Evangelium, Kap. 6, Vers 7)*. Da ist nicht nur ein Mann, sondern da sind gleich zwölf, die von Jesus ausgesandt werden, um anderen vom Glauben zu erzählen. Professor *Thomas Söding*, katholischer Theologe und Bibelwissenschaftler, sagt es so: „... dass Jesus überhaupt zwölf Männer zusammenbekommen hat, grenzt an ein Wunder." Und dass die wiederum bereit sind, zu zweit loszugehen und eben nicht als Einzelkämpfer, ist wahrscheinlich schon das nächste Wunder. Ich glaube an Wunder.

Und ich als Frau würde mich gerne zusammen mit Männern auf den Weg machen. Denn wir brauchen Frauen und Männer, die Zeugnis ihres Glaubens geben ... auf die eine und die andere Art. Wie wäre es denn mit „gemischten Teams"? Ich hätte Lust dazu ...

Hier ist ein kleiner Junge, der hat fünf Gerstenbrote und zwei Fische; doch was ist das für so viele? Die Bibel, Johannes-Evangelium, Kap. 6, Vers 9

DER ENTSCHEIDENDE TROPFEN

Der Tag ist lang gewesen, viele Menschen haben sich um Jesus geschart. Jetzt bricht die Nacht herein, die Menschen sind hungrig und müde – so wie die Jünger wahrscheinlich auch. Was nun? Und dann fragt Jesus auch noch: „Wo sollen wir Brot für die Menschen kaufen?" – und Philippus kann nur mit den Achseln zucken: Da können wir nichts tun, das überfordert uns. Das ist zu viel. Aber die Jünger haben nicht mit Jesus gerechnet – und einem kleinen Jungen. Der hat fünf Brote und zwei Fische – doch was ist das schon für so viele? Das ist doch nur ein Tropfen auf den heißen Stein ...

Irgendwie kommt mir das bekannt vor ... Die Menschen sind hungrig und müde. Sie sind voller Sehnsucht, warten auf ein gutes Wort, hoffen auf eine Antwort, wollen geheilt werden.

Das überfordert mich. Das ist zu viel. Ich bin selbst müde und hungrig. Sollen sie doch gehen – in die Supermärkte unserer Zeit, in die Reisebüros, in die Traumwelt der Fernsehserien, in die virtuellen Welten, in denen man per Mausklick zum „Freund" wird. Aber ich habe nicht mit Jesus gerechnet.

Fünf Brote, zwei Fische. Vielleicht ein paar Euros, ein paar Minuten Zeit, ein aufmunterndes Lächeln, ein stiller Händedruck ... ich kann eine Kerze anzünden, an jemanden denken – aber was ist das schon für so viele? Nur ein Tropfen auf den heißen Stein ... nur ein Tropfen ... aber das kann auch der Tropfen sein, der ein Fass zum Überlaufen und damit etwas neu ins Fließen bringt. Wenn ich es Jesus gebe ...

Und alle aßen und wurden satt. Die Bibel, Matthäus-Evangelium, Kap. 14, Vers 20

DAS ANDERE WUNDER

Natürlich sorge ich vor. Nicht, dass man plötzlich dasteht und hat nichts. Ich möchte nicht andere um etwas bitten oder fragen. Und als es heute Morgen hieß, dass Jesus da ist, und alle einfach losrannten, hab ich zuerst noch das Brot eingepackt und den Fisch von gestern. Weiß man denn, was passiert? Ich jedenfalls bin für alle Fälle gerüstet. Irgendwie, mich beruhigt das, ich bin gern auf der sicheren Seite.

Es hat mich gar nicht gewundert, dass außer mir niemand etwas zum Essen dabeihatte. So sind die Menschen eben. Sie begeistern sich für etwas – und vergessen darüber, sich um das zu sorgen, was wirklich wichtig ist. Und dann kommen sie wieder zu mir und wollen, dass ich ihnen helfe. Aber diesmal nicht! Sie hätten sich ja auch was zum Essen mitnehmen können! Sollen sie doch sehen, wo sie was herkriegen! Ich hab meinen Beutel schon unter dem Gewand versteckt, damit nur ja keiner sieht, dass ich etwas dabeihabe.

Und dann ist etwas passiert, womit ich nicht gerechnet habe. Jesus kam auf mich zu und streckte bittend seine Hand aus. Er sagte kein Wort, er sah mich einfach nur an – und da war seine Hand. Und ich griff unter mein Gewand und gab ihm den Beutel mit den Broten und den Fischen ... ich konnte gar nicht anders.

Das werde ich nie vergessen: seinen Blick und diese Hand.

Die anderen erzählten später davon, dass von diesen Broten und Fischen alle satt geworden wären.

Ich hab mich nur über mich selbst gewundert ...

MEHR ALS GENUG

Gelegentlich genieße ich es, für Freunde zu kochen. Und je nachdem, wie viel Gäste da sind, muss man Rezepte für vier Personen eben „hoch-“ oder „runterrechnen“, wenn man nicht will, dass es zu wenig ist oder dass zu viel übrigbleibt. Bei Nudeln nehme ich zum Beispiel 125 Gramm pro Person – und das kommt in aller Regel ganz gut hin.

Als Jesus die Menschen zum Essen einlädt, sind alle gut satt geworden. Und es bleibt sogar einiges übrig. Jetzt müssen die Jünger erst mal auf die Suche nach Körben gehen und dann das übrige Brot wieder einsammeln. Konnte Jesus nicht rechnen – oder wollte er nicht rechnen?

Ich persönlich tendiere zur zweiten Vermutung – wenn Gott schenkt, dann rechnet er eben nicht, sondern gibt im Überfluss. Es geht nicht nur darum, dass ich satt werde. Ich bekomme sogar mehr, als ich brauche. „Leben in Fülle“ sozusagen ... Gott gibt mehr als genug.

Mehr geben, als der andere braucht? Hm, manchmal wäre ich ja schon froh, wenn ich andere satt machen könnte. Aber auch das gelingt mir nicht immer. Und dann darüber hinaus noch mehr geben, als gefragt ist? Wie soll das gehen?

Das kann nur dann gehen, wenn ich darauf vertraue, dass ich selbst mehr bekomme, als ich brauche.

Und wenn ich das Brot, das übrigbleibt, einsammle.

P. S. Fällt mir auch grad erst auf – vom Fisch blieb nichts übrig. Der musste nicht eingesammelt werden. Jesus konnte wohl doch rechnen – und hat wahrscheinlich von Maria gelernt, dass man Fisch nicht so gut aufheben kann.

SELIG DIE HUNGERNDEN

In der sogenannten Feldrede sagt Jesus sehr provozierend unter anderem: *Selig, die ihr jetzt hungert, denn ihr werdet satt werden* (*Die Bibel, Lukas-Evangelium, Kapitel 6, Vers 21*). Diese Aussage Jesu darf natürlich nicht dazu benutzt werden, um die skandalösen Zustände in vielen Ländern Afrikas und Asien schönzureden, wo Menschen deshalb sterben, weil sie nichts zu essen haben – und es soll auch keine billige Vertröstung sein. Der „Hunger", den er meint, ist eine Art „spiritueller Hunger", ein Fragen, eine Sehnsucht, dass es doch mehr geben muss, als uns manchmal versprochen wird.

Wer sich mit dem Vordergründigen zufriedengibt, wem der gemütliche Fernsehabend mit Chips und Bier reicht, um halbwegs zufrieden und glücklich zu sein, der ist nicht mehr hungrig. Der richtet sich auf seiner Couch ein – und es könnte ja schon ein Hinweis sein, dass es heute nur noch „Wohnlandschaften" gibt. Der schaut nur zu, was andere erleben. Solche Menschen brauchen kein „Brot" ... und sie haben eigentlich auch keinen Hunger mehr.

Aber manchmal, irgendwo ganz tief drinnen, versteckt und verborgen, gibt es vielleicht doch eine Sehnsucht, eine Hoffnung, einen Traum. Da ist eine Unruhe, die manchmal wach wird, wenn man nachts in den Sternenhimmel hinaufschaut, wenn man die Wildgänse ziehen sieht, wenn der rote Ball der Sonne im Meer versinkt.

Könnte es nicht sein, dass es da doch noch etwas anderes gibt? War da nicht noch etwas?

Und dann steht man im Garten seines eigenen Hauses, das erst in zwanzig Jahren abgezahlt sein wird, und fragt sich: Was mache ich eigentlich hier?

BROT FÜR DEN WEG

Da ist er wieder, der Hunger: die Fragen, die Sehnsucht, der leise Zweifel. Damit fängt es an. Man kann das natürlich betäuben – mit Arbeit, Alkohol, Fernsehen. Man kann sich in virtuelle Welten flüchten, wo man per Computer das erlebt, was den Kick gibt. Man kann sich auch im gepflegten Vorgarten verstecken, hinter dem Satz: „Was werden die Nachbarn sagen?“, oder der Floskel: „Das haben wir aber noch nie so gemacht!“ Es gibt viele Möglichkeiten, den Hunger zu ignorieren. Dann ist man aber auch an keinem Brot interessiert, sondern eher an norwegischem Wildlachs und den neuesten Rezeptideen für Fingerfood.

Wer diesem Hunger nachspürt, den Fragen, den Zweifeln Raum gibt, für den gibt es eine Zusage: Wenn du es möchtest, kann, will und werde ich dir Brot sein. Ich höre deine Fragen, ich spüre deine Sehnsucht. Ich werde mich hüten, sie dir zu nehmen, denn sie sind die Kraft, die dich den nächsten Schritt gehen lassen. Es ist gut, dass du gehst, dass du aufbrichst.

Und du bist nicht alleine. Ich bin der Kanten Brot in deiner Tasche, ich bin die Feder, die an deinem Weg liegt, ich bin das Eichhörnchen, das vor dir herspringt. Ich bin die Wolke am Himmel, der starke, große Baum, das Lächeln eines Menschen, dem du begegnest.

Ich bin da.

Und ich bin dir das, was du wirklich brauchst.

GIPFELMOMENTE

Es gibt Momente im Leben, die gehen einem unter die Haut. Da spürt man sich plötzlich ganz lebendig, da weiß man für einen Moment in aller Klarheit: „Das ist es!" Augenblicke, in denen ich mich eins fühle mit mir selbst, der Welt und Gott. Ich bin mitten im Leben – und das Leben ist in mir. Es sind Momente, die mitten im Alltag geschehen können und doch nie zum Alltag werden. Dazu sind sie viel zu rar und zu kostbar. Das ist der Moment, wenn die Dreijährige mit einem Strauß Gänseblümchen in der Faust vor Oma oder Opa steht und sagt: „Die sind für dich!" Das ist der Moment, in dem Liebende sich finden und erkennen. Oder wenn ein Sterbender dir still die Hand drückt. Wenn man in einer klaren Nacht in den Sternenhimmel hinaufschaut. Oder am Strand, wo die Wellen unaufhörlich kommen und das Meer mich die Sehnsucht lehrt. Das ist dann, wenn etwas mein Herz bewegt, wenn ich mich berühren lasse – und auf einmal mitten in diesem Strom des Lebens und des Lebendigen bin. Ich bin … in diesem Moment. Das Woher und Wohin sind nicht mehr wichtig. Ich bin.

Ich bin Leben – verbunden mit allem Leben. Alles ist eins – und ich bin ein Teil all dessen. Ich bin Leben inmitten von Leben. Es sind Augenblicke, die prägen, die man nie mehr vergisst. Das sind die Momente, in denen man keine Fragen mehr hat oder sie nicht mehr wichtig sind. Alles ist plötzlich irgendwie klar, erklärt sich selbst.

Abraham Maslow, ein Psychologe des letzten Jahrhunderts, spricht da von „Gipfelerlebnissen". Und *David Steindl-Rast*, ein Benediktiner, erklärt es so: „In den besten, wachsten, lebendigsten Augenblicken unseres Lebens wissen wir uns mit einer Wirklichkeit verbunden, die weit über unser begrenztes Selbst hinausgeht."

In jener Zeit nahm Jesus Petrus, Jakobus und dessen Bruder Johannes beiseite und führte sie auf einen hohen Berg.
Die Bibel, Matthäus-Evangelium, Kap. 17, Vers 1

LEKTION FÜR PETRUS?

Also, ein bisschen verletzt hat es mich ja schon, dass Jesus mich, Andreas, nicht auf diesen Berg mitgenommen hat. Schließlich war ich genau wie die anderen drei von Anfang an dabei. Aber er wird wohl seine Gründe gehabt haben ...

Als sie zurückkamen, hat man ihnen angesehen, dass sie etwas ganz Besonderes erlebt haben müssen. Aber sie haben nichts erzählt. Nur Petrus hat mich spät am Abend noch an die Seite genommen und mir gestanden, dass er sich wohl ein wenig blamiert hat. Er konnte seinen Mund mal wieder nicht halten – und hat sich irgendwie in ein Gespräch eingemischt, obwohl ihn gar keiner gefragt hat. Aber Jesus sei auf seinen Vorschlag nicht eingegangen – und eine seltsame Stimme vom Himmel hat ihn dann auch noch unterbrochen. Mehr hat er nicht gesagt, aber er war betroffen und irgendwie verlegen.

Ich konnte nicht anders, ich musste meinen Bruder einfach in den Arm nehmen und trösten. Er meint es ja gut, aber manchmal schießt er halt in seiner Begeisterung etwas über das Ziel hinaus.

Vielleicht hat Jesus ihn deshalb mitgenommen? Damit er etwas lernt? Dass unsere Aufgabe darin besteht, bei den Menschen zu sein – und nicht dort, wo es uns einfach nur gut geht. Dass es darum geht, auf Jesus zu hören und sich nicht selbst in den Vordergrund zu spielen. Dass wir uns nicht auf den Bergen der Macht einnisten dürfen, sondern in den Niederungen der Barmherzigkeit ...

Aber ob Petrus das wohl verstanden hat?

IN EINER ANDEREN WELT …

Freunde waren zu Besuch, zusammen mit ihrer fünfjährigen Tochter. Und jetzt war Mittagessen angesagt – aber wo war das kleine Mädchen? „Svenja!“ rief ich laut – keine Antwort. „Svenja!!!?“ – noch ein wenig lauter – wieder keine Antwort. Ich ging um das Haus herum, und da saß sie im Gras und schaute gebannt auf irgendetwas. Ich kam näher, sagte noch einmal „Svenja?“, aber sie hörte mich nicht, sie war ganz in einer anderen Welt. Behutsam legte ich die Hand auf ihre Schulter, langsam drehte sie den Kopf zu mir und sah mich mit großen Augen an. Und nur mühsam löste sie sich aus ihrer Verzauberung und sagte: „Guck mal, der schöne Käfer!“

Manchmal sind Menschen in ihrer eigenen Welt und hören und sehen sonst nichts. Sie sind regelrecht „versunken“ – und das geht nicht nur Kindern so. Und dann muss man sie gelegentlich mit einer leichten Berührung wieder in die Gegenwart zurückholen. Auch mit den Jüngern war das damals so. Zusammen mit Jesus waren sie in eine andere Welt eingetaucht, dort oben auf dem Berg. Und gerne wären sie wohl dort geblieben – *wenn du willst, werde ich hier drei Hütten bauen* –, aber noch ist die Zeit nicht da, in der anderen Welt zu bleiben. Sie erleben einen göttlichen Moment, der zugleich so erschreckt und fasziniert, dass sie sich auf den Boden werfen. Und so bückt sich Jesus zu ihnen hinunter und fasst sie an. Mit dieser Berührung, mit seinen Worten holt er sie zurück in unsere Welt.

Aber das Wissen um die andere Welt verändert das Leben in dieser Welt.

Svenja jedenfalls war während des Mittagessens irgendwie ein wenig nach innen gekehrt, fast so, als ob der Zauber immer noch in ihr war.

Schlagzeilen

ein kleines Kind
verhungert
Babyleichen
in der Gefriertruhe
Kinderpornographie
Missbrauch von Minderjährigen

es gibt keine Ehrfurcht mehr
vor dem Leben
DNA-Codes sind entschlüsselt
man meint
alles zu wissen
man meint
das Leben
beherrschen zu können

aber erklär mir
einer

woher kommt
das Schlagen eines Herzens
in einem Zellklumpen
woher kommt der Atem
und wie geht er
in einen Menschen hinein

und wohin geht er
wenn er wieder geht
wenn ein Körper
eine Hülle zurückbleibt

ja
es ist ein Geheimnis
und es wird ein Geheimnis
bleiben

und in jedem Geheimnis
wohnt die Ehrfurcht
vor dem was kommt
und vor dem was geht

und vor dem
was ist

die Ehrfurcht
vor dem Leben

solange
Gottes Atem
in uns Menschen weht

gehören wir Menschen
Gott

und vorher
und nachher

sowieso

GAR NICHT LANGWEILIG!

Ein britischer Programmierer hat 300 Millionen Daten in einen Computer eingegeben, um herauszufinden, was denn der langweiligste Tag des 20. Jahrhunderts gewesen ist, der Tag also, von dem am wenigsten in den Nachrichten berichtet worden ist. Und das war, nach seinen Ergebnissen, der 11. April 1954: An diesem Tag wurde „nur" in Belgien gewählt, ein englischer Fußballspieler starb und ein späterer Professor wurde in der Türkei geboren. Was mich verblüfft – wie kommt überhaupt jemand auf die Idee, so eine Frage zu stellen? Und wer von uns hätte die Zeit, so viele Daten in ein Computerprogramm einzugeben – oder ein Programm zu entwerfen, dass sich diese Fakten selbst aus dem Internet holt?

Aber: Wer am 11. April 1954 geboren wurde – für den war das garantiert nicht der langweiligste Tag des 20. Jahrhunderts. Objektive Maßstäbe taugen nicht unbedingt für das persönliche Erleben. Was für andere langweilig sein mag, kann für mich durchaus spannend und wichtig sein. Und deshalb ermutigt mich diese Nachricht auch. Nein, es ist nicht wirklich wichtig, ob ich in den Schlagzeilen auftauche oder mein Name in irgendwelchen Geschichtsbüchern geschrieben steht.

Wichtig ist, dass ich mein Leben lebe – so gut ich es eben kann. Dass ich das tue, was ich tun kann. Dass ich lache, wenn mir danach zumute ist – und weine, wenn ich traurig bin. Dass ich mich für etwas engagiere – und mich auch wieder zu mir zurückziehe. Dass ich jeden Tag Frühstück vorbereite, nach der pflegebedürftigen Oma schaue, die Betten mache, im Büro meine Arbeit erledige. Alltag eben.

All das taugt nicht für Schlagzeilen. Muss es auch nicht. Aber es taugt fürs Leben. Und ob das dann langweilig oder spannend wird – das liegt auch an mir.

Mittsommer

in der Mitte
des Sommers

den Frühling
nicht zurückwünschen

und den Herbst
nicht fürchten

sich in der Fülle
der Vergänglichkeit bewusst sein

und den Erinnerungen trauen
die Visionen zeugen

zurückblicken
um nach vorn zu schauen

keine Angst
vor dem Verblühen haben

sondern Lust
auf Reifen und Vollenden

und Mut haben
für den nächsten Schritt

und
den Sommer leben

ÜBERRASCHEN

Gelegentlich überrascht einen das Leben: Es klingelt an der Tür – und da steht ein Freund, den man lange nicht gesehen hat. Oder der Postbote drückt einem ein Päckchen in die Hand, auf das man gar nicht gewartet hatte. Eine der nettesten Überraschungen in letzter Zeit war es, als man mir per Mail einen Kirschbaum für meinen Garten ankündigte, Lieferung und Pflanzung inklusive – als Geschenk zu meinem runden Geburtstag.

Überraschungen kommen immer unerwartet. Und das Schönste daran ist eigentlich das Gesicht des anderen ... allein deswegen startet man so manche verrückte Aktion.

Zugegeben, es gibt auch böse Überraschungen – Dinge, mit denen man nicht rechnet und die einen unvorbereitet treffen: Die Waschmaschine geht kaputt und ist nicht zu reparieren, der Starkregen setzt den Keller unter Wasser, die Routine-Vorsorgeuntersuchung beim Arzt ergibt eine bedenkliche Diagnose.

Das Leben ist immer für eine Überraschung gut – es kommt sowieso anders, als man denkt. Und mal ist es besser, mal schlechter.

Womit mich Gott immer wieder überrascht?

Dass er bei allem mitgeht, dass er da ist.

Und das gilt für alle schönen und bösen Überraschungen, die das Leben so bietet.

Und wenn dich einer zwingen will, eine Meile mit ihm zu gehen, dann geh zwei mit ihm! Die Bibel, Matthäus-Evangelium, Kap. 5, Vers 41

ÜBERRASCHEND ANDERS

Über längere Zeit hinweg hatte ich mich regelmäßig mit einer Gruppe getroffen, jetzt stand das letzte Treffen an – und die Gruppe bedankte sich mit einem wunderschönen Blumenstrauß. Leider lag eine mehrtägige Tour quer durch Deutschland vor mir. Das würden die Blumen nicht überleben. Was also tun? Als ich zur Tankstelle fuhr, kam mir die rettende Idee: Ich verschenke den Blumenstrauß dort einfach an jemanden. Das erwies sich aber als gar nicht so einfach. Die ersten beiden winkten nur ab, die Dritte fragte, ob da was drin versteckt wäre, der Vierte fragte misstrauisch, was ich dafür haben wolle – und erst die Fünfte nahm die Blumen vorsichtig an sich ... die Freude hielt sich aber in Grenzen.

Etwas tun, womit der andere nicht rechnet, kann durchaus überraschende Reaktionen mit sich bringen. Es stört den gewohnten Ablauf. Aber damit ist die Chance groß, dass der andere nicht einfach so weitermacht wie bisher, sondern zumindest innehält – und vielleicht ins Nachdenken kommt. Indem man anders reagiert, als erwartet wird, unterbricht man die vermeintlich logische Reihenfolge, dass auf A zwangsläufig B folgen muss. Neuere Formen der Beratung praktizieren das.

Die Erkenntnis ist aber weder neu noch wirklich sensationell. Jesus hat häufiger das getan, womit die Menschen nicht gerechnet haben ... und Martin, vier Jahre alt, ist ein wahrer Weltmeister darin. Als er kürzlich wieder was angestellt hatte, fragte er seinen Papa doch glatt: „Könntest du mich nicht mal mit einer Tafel Schokolade bestrafen?“

VOLLMOND

Heute Abend saß ich noch ein wenig im Garten. Langsam dämmert es, das Gezwitscher der Vögel verstummt nach und nach, Ruhe kehrt ein.

Und plötzlich sehe ich ihn, den Mond. Voll und rund ist er, erst stand er tief am Horizont, jetzt aber steigt er langsam und beharrlich auf – und mit zunehmender Dunkelheit wird sein Licht immer stärker. Schön ist er, wie er da am Himmel steht! Und etwas Geheimnisvolles und Faszinierendes geht von ihm aus!

Und dann werde ich nachdenklich: Wann habe ich das letzte Mal bewusst einen Vollmond gesehen?

Ich kann mich nicht erinnern, ich weiß es nicht.

Er war da, vor vier Wochen, vor acht und vor zwölf. Aber ich habe ihn nicht wahrgenommen. Mag sein, ich habe nicht zum Himmel geschaut, mag sein, dass Wolken ihn verdeckt haben. Aber er war da. Er ist da, auch wenn ich nicht nach ihm Ausschau halte.

Und das ist mit Gott genauso.

Er ist da.

Manchmal sehe ich ihn nicht, weil ich nicht zum Himmel hochschaue. Dann wieder mögen vielleicht irgendwelche Wolken ihn meinem Blick entziehen.

Aber er ist da.

Und mit diesen Gedanken kehrte an diesem Abend ein wenig Frieden in mein Herz ein.

Gott ist da.

Manchmal braucht man nur eine ruhige halbe Stunde, um das zu entdecken.

erkennen

verschmitzt
lächelt der mond
mir zu

und ich
ertappe mich
dabei

dass ich
zurück
lächle

einen augenblick
lang
sind wir

zu zweit
gemeinsam
unterwegs

26. JUNI

Der Mensch sieht, was vor den Augen ist, der HERR aber sieht das Herz. Die Bibel, 1. Buch Samuel, Kap. 16, Vers 7

ICH SEHE WAS, WAS DU NICHT SIEHST …

– und das ist rot – oder gelb oder grün … als Kinder haben wir das gespielt. Jemand sucht sich einen Gegenstand aus, den die anderen erraten müssen – und als Hilfe wird wenigstens die Farbe angegeben. Und dann versuchen die Mitspieler herauszubekommen, was denn der andere wohl sehen mag.

Ich sehe was, was du nicht siehst … es könnte Gott sein, der das zu uns Menschen sagt. Und es stimmt – wir sehen manches nicht, was Gott sieht. Der Mensch sieht, was vor den Augen ist, der Herr aber sieht das Herz.

Was für eine wunderschöne und auch tröstliche Zusage! In den Augen der Menschen mag manches im Leben vielleicht nicht besonders gelungen oder erfolgreich gewesen sein … aber vor Gott zählt das nicht. Er sieht nicht auf das, worauf die Menschen sehen. In einem Arbeitszeugnis ist der Satz „Er war stets bemüht" eine vernichtende Aussage, denn er bedeutet, dass derjenige es nie hingekriegt hat. Vor Gott zählt aber nicht der Erfolg, sondern das Bemühen. Gott weiß um meinen Einsatz, meine Sorgen, meine Möglichkeiten, meine Absichten.

Denn Gott ist die Liebe – und wenn er auf uns schaut, dann schaut er voller Liebe hin, voller Barmherzigkeit und Verständnis. *Antoine de Saint-Exupéry* (französischer Schriftsteller, 1900–1944) lässt es den „kleinen Prinzen" so sagen: „Man sieht nur mit dem Herzen gut – das Wesentliche ist für die Augen unsichtbar." Gott schaut uns mit seinem Herzen an. Und sieht das, was Menschen manchmal eben nicht sehen.

Mit dem Herzen sehen – Gott lädt uns ein, es ihm nachzutun. Denn manchmal sind wir blind für das, was wirklich wichtig ist, was uns gut täte, was getan werden müsste. Manchmal sind wir so sehr in uns verfangen, dass wir nichts anderes mehr sehen. Manchmal beurteilen wir andere nach dem Augenschein, nach Kriterien wie Leistung und Erfolg und Aussehen – und sehen den Menschen nicht mehr. Manchmal sind die Augen unseres Herzens blind geworden.

Und dann kommt da auf einmal einer, der ganz einladend und lockend sagt: Ich sehe was, was du nicht siehst! Komm, ich zeig es dir! Und das ist schön – und spannend! Das ist das Leben – und es ist bunt! Und wenn du es willst, dann werde ich dir die Augen dafür öffnen! Ich mache dich sehend! Ich lehre dich, mit dem Herzen zu schauen ... und die Welt hinter der Welt zu entdecken!

Das Spiel „Ich sehe was, was du nicht siehst“ funktioniert nur, wenn es Mitspieler gibt. Wenn es welche gibt, die Lust darauf haben herauszufinden, was der andere sieht. Die neugierig nachfragen und sich auf die Suche machen. Die Dinge probieren und vorschlagen – und nicht entmutigt sind, wenn eine Antwort auch einmal falsch sein mag. Die Interesse daran haben, was denn der andere wohl sehen mag.

Wenn keiner wissen will, was ich sehe, dann klappt das Spiel nicht.

Auch Gott braucht sozusagen „Mitspieler“. Denn er möchte uns das zeigen, was er sieht. Und wenn wir uns darauf einlassen, dann werden wir das Leben, die Welt und die Menschen so sehen, wie er sie sieht.

Und das ist bunt.

Die Einladung Gottes steht: Ich sehe was, was du nicht siehst.

du siehst etwas
was ich nicht seh

zutrauen
bezwingt
zweifel
ermutigt
zum grenzgang
lässt mich
berge versetzen

und ich staune
woher du weißt
was ich alles
kann

LEICHTER LEBEN

Sommer – das heißt Endspurt in der Schule, erste Listen fürs Kofferpacken, lange Abende im Garten – und ein paar ruhige Wochen, die vor uns liegen. Ich genieße es, dann in Geschäften herumzustöbern – und lese auch die frechen Spruchkarten, die da im Ständer zu finden sind. Manche davon kennt man schon, aber man kann doch immer wieder was Neues entdecken, so wie neulich: „Da lernt man Dreisatz und Wahrscheinlichkeitsrechnung und steht trotzdem grübelnd vor dem Backofen, welche der vier Schienen nun die mittlere ist." Ich hab nur laut gelacht, die Karte gleich dreimal gekauft und sofort an Freundinnen weitergeschickt ...

Vor ein paar Tagen habe ich meinen Spruch für diesen Sommer gefunden: „Die Hummel wiegt 4,9 Gramm. Sie hat eine Flügelfläche von 1,45 Quadratzentimeter bei einem Flächenwinkel von 6 Grad. Nach dem Gesetz der Aerodynamik kann die Hummel nicht fliegen. Aber die Hummel weiß das nicht."

Die Hummel fliegt. Allen aerodynamischen Gesetzen zum Trotz. Und genau das könnten wir von der Hummel lernen. Wir sind mehr und wir können mehr. Und wir können fliegen ... Wir können fliegen, wenn wir die Erdenschwere hinter uns lassen, der Kraft unserer Flügel trauen, unserer Sehnsucht folgen. Wenn wir Himmel, Wolken und Wind zum Freund haben und uns nicht hinter geschlossene Türen zurückziehen. Und ich glaube, genau das hat etwas mit Christ-Sein zu tun. Fliegen – auch wenn alles dagegenspricht. Mutig sein, vertrauen, loslassen ... weil da einer ist, der uns trägt und hält.

Vielleicht könnten diese etwas ruhigeren Sommerwochen auch eine Einladung sein, es einfach mal zu probieren, das mit dem Fliegen ...

Vielleicht wirst du nicht fliegen, vielleicht wirst du nur gehen.
Klaus Hoffmann

dazwischen

manchmal ist mir
nicht nach fliegen
zumute

da ist etwas zerbrochen
ich habe mich verloren
bin ins Leere gefallen

da war keiner
der mich gehalten
aufgefangen hat

ich bin müde
am Ende
mag nicht mehr

ich habe
keine Kraft mehr

und eigentlich
auch keine Lust

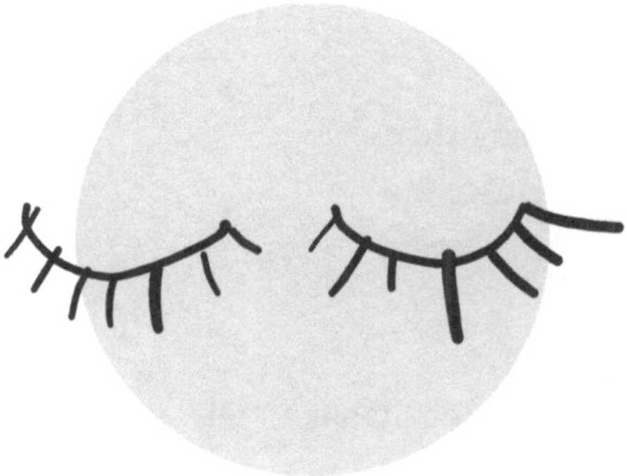

ausruhen

JULI

1. JULI

aus der
balance
geraten

in einer waagschale
zu viel

in der anderen
zu wenig

verlier ich mich
im überleben

ich suche mich
und find mich nicht

und was ich finde
lässt mich suchen

und im nicht-finden
überleben irgendwie

müde geworden
in der hingabe

vielleicht mich aufgegeben
in der aufgabe

vor lauter zuwenig
und
vor lauter zuviel

hab ich
meine mitte
verloren

HOFFENTLICH PIEPST ES ...

Kürzlich piepste etwas in meiner Wohnung. Ich war gerade in Gedanken an einer schwierigen Stelle der Predigt – aber der Ton wurde lauter, bis er schließlich nicht mehr zu ignorieren war. Ich machte mich auf die Suche und entdeckte als Urheber das Notfallhandy unserer Pfarrei, für das ich gerade zuständig war. Und dessen Akku war einfach leer. Ich suchte das Ladegerät und eine Steckdose – und Ruhe war.

Immerzu müssen irgendwelche Akkus aufgeladen werden: Handy, Notebook, Digitalkamera. Und manchmal vergisst man es und ärgert sich, wenn draußen ein wunderschöner Regenbogen steht, aber der Akku der Kamera ist leer, weil man sie lange nicht benutzt hat. Ich habe eben mal durchgezählt – wenn ich länger wegfahre und auf alle technischen Möglichkeiten zurückgreifen will, muss ich inzwischen vier Ladegeräte mitnehmen.

Gelernt habe ich: Wenn ich mir Ärger ersparen will, sollten auf meiner Urlaubsliste auch die entsprechenden Ladegeräte stehen, damit ich sie beim Packen nicht vergesse.

Zum zweiten, und eigentlich noch viel wichtiger: Urlaub und Ferien könnten für uns solch ein Aufladen des eigenen Akkus sein, wenn er aufgrund der Anforderungen und Erwartungen anderer an uns leer geworden sein sollte.

Dazu gehört aber, dass wir eine entsprechende Steckdose finden – und das Ladegerät dabeihaben. Welchen Namen diese Steckdose und das Ladegerät bei Ihnen haben, weiß ich natürlich nicht. Bei mir heißt diese Steckdose „Gott“ und das Ladegerät „Zeit“ und „Ruhe“. Das Ladegerät kann ich „mitnehmen“, auf die Steckdose unterwegs vertraue ich.

Und möge es bitte auch bei mir rechtzeitig piepsen, bevor der Akku ganz leer ist.

HOCHDRUCKREINIGER

Im Garten unseres Pfarrhauses gibt es eine Terrasse – ganz schön, um an lauen Sommerabenden noch ein wenig draußen zu sitzen. Aber während der Wintermonate „verfilzt" sie etwas, Algen machen sich darauf breit – und dass unser großes Vogelhäuschen darauf steht, bringt auch einigen Dreck mit sich.

Saubermachen ist also angesagt. Dafür hatten wir uns letztes Jahr von einem Freund einen Hochdruckreiniger geliehen, von einem anderen einen Gartenschlauch. Und das hatte im Prinzip auch wunderbar funktioniert, wenn man mal davon absieht, dass wir vergessen hatten, die Rollläden herunterzulassen und der Wasserschlauch dauernd absprang. Wir waren reif für die Dusche – und die Klamotten wanderten direkt in die Waschmaschine.

Als es im Baumarkt ein Sonderangebot für Hochdruckreiniger gab, griff ich kurzentschlossen zu. Irgendwie, ein paarmal im Jahr braucht man ihn ja doch.

Und so packte ich den Karton aus, schloss alle Stecker und Kabel an – und legte los.

Und wunderte mich.

Der Hochdruckreiniger war ganz leise – haben sich die neuen Modelle so weiterentwickelt?

Und so richtig kräftig fand ich ihn eigentlich auch nicht – okay, er reinigte schon etwas, aber meine Nachbehandlung mit der Wurzelbürste war erfolgreicher. Ob ich ihn vielleicht doch eine Nummer zu klein gekauft hatte?

Und ich fand das ganze Unternehmen irgendwie sehr mühsam.

Bei einer Zigarettenpause ließ ich das ganze Chaos dieser Aktion im letzten Jahr noch einmal Revue passieren – und dachte nur, irgendwie, es ist ganz anders. Und eine dumpfe Ahnung beschlich mich ...

Ich zog den Stecker, den ich in die Außensteckdose des Pfarrbüros eingesteckt hatte, und steckte ihn in eine Steckdose in der Küche. Und drückte auf den Hebel am Hochdruckreiniger.

Und plötzlich machte er Krach, wirbelte Wasser in der Gegend herum, spritzte mich und alles in der Umgebung nass ...

Und ich konnte nur schallend lachen ...

An der Außensteckdose hatte jemand den Strom über den Winter abgeschaltet – und ich hatte die ganze Zeit sozusagen nur mit „mechanischem Hochdruck“ gereinigt. Kein Wunder, dass es so leise und so mühsam war!

Aber wie soll man das denn auch wissen, wenn man keine Erfahrung mit solchen Geräten hat? Und ein bisschen gereinigt hatte er ja auch ohne Strom ...

Okay ... es gibt Steckdosen, auf denen kein Strom ist. Das hab ich jetzt gelernt. Dann braucht man sich auch nicht zu wundern, wenn es ein bisschen anstrengend ist.

Vielleicht sollte ich mich im Leben auch häufiger mal vergewissern, ob auf der Steckdose, auf die ich setze, wirklich Strom ist ... und wenn etwas mühsam wird, dann könnte es sein, dass ich auf die falsche Steckdose gesetzt habe.

LANGSAMER GEHEN

In diesen Sommerwochen geht es für die meisten von uns doch etwas ruhiger und entspannter zu. Es sind Ferien, viele machen Urlaub, fahren weg oder genießen ein paar geruhsame Tage zu Hause. Und auch wenn man in diesen Tagen arbeiten muss – es gibt doch weniger Anrufe, weniger Mails, und manches muss erst mal liegenbleiben, denn „der zuständige Kollege ist grad im Urlaub". Diese Wochen sind eine Chance. Sie sind die Chance, länger leben zu lernen ...

„Es gibt zwei Wege, das Leben zu verlängern", so schrieb vor über 200 Jahren der Physikprofessor und Schriftsteller *Georg Christoph Lichtenberg*, „erstens, dass man die beiden Punkte geboren und gestorben werden weiter voneinander bringt und also den Weg länger macht ... in diesem Fach haben einige unter den Ärzten sehr viel geleistet. Die andere Art ist, dass man langsamer geht und die beiden Punkte stehen lässt, wo Gott will."

Länger leben, indem man langsamer geht. Wer langsamer geht, ist achtsamer, bewusster, schaut hin, hört zu. An dem rauscht das Leben nicht einfach vorbei im Sinne von möglichst viel, möglichst schnell, am besten alles und sofort. Wer langsamer geht, sieht den Schmetterling, wer innehält, hört die Lerche. Der hat Zeit für ein gutes Wort, für eine kleine Pause, für eine Begegnung – kurz: Der hat mehr Leben im Leben. Der lebt mehr. Denn Leben ist keine Frage der Jahre und der Zeit, sondern der Intensität.

Diese Tage und Wochen, in denen es etwas ruhiger zugeht, sind eine Einladung, es einfach mal zu probieren, das mit dem langsameren Gehen ...

URLAUB MACHEN – ABER WIE?

Sommermonate ... das ist die Einladung, es ein wenig ruhiger angehen zu lassen. Einfach ein wenig zu entspannen. Aber ob „Entspannung" allein wirklich so hilfreich ist? „Ent-Spannung" im eigentlichen Sinn des Wortes heißt, die Spannung aufheben, die Vorsilbe „ent-" steht in der deutschen Sprache für „etwas wegnehmen".

Wenn aber gar keine Spannung mehr da wäre, dann wäre man eher wie so ein „Wackelpudding", der dahin glibbert, wo grad Platz ist, hätte aber keinerlei Kontur oder Form mehr. Natürlich ist das eine Möglichkeit, so die Ferienwochen zu verbringen, sozusagen „alle viere von sich gestreckt", Arme und Beine einfach aus der Hängematte herunterhängen zu lassen, zu faul zum Lesen, zu faul zum Unterhalten, zu faul zum Aufstehen. Und mag sein, dass das manchmal sogar ganz gut tut.

Aber ganz ehrlich gesagt: Ich halte das nicht lange aus – und eigentlich ändert das auch überhaupt nichts an der Situation im Alltag, die mich so erschöpft hat, dass gar nichts mehr geht.

„Eutonie" heißt eine Methode, sich im eigenen Körper zu erfahren. Hier wählt man einen anderen Weg: Es geht darum, in eine „gute Spannung" zu kommen. Ein passendes Bild dafür ist das von der Waage – nein, nicht die modernen Computerwaagen, sondern diese alten Apothekerwaagen mit zwei Waagschalen. Und diese beiden Schalen müssen in Balance kommen. Wenn in einer Schale zu viel drin ist, dann muss ich entweder das „zu viel" herausnehmen – oder in die andere Schale entsprechend mehr hineintun, damit die Waage wieder ins Gleichgewicht kommt. Und das Bild hilft mir bei der Frage, wie man denn am besten Urlaub machen kann.

DAS ANDERE TUN

Die Art und Weise, wie wir im Alltag leben, ist oft einseitig, etwas hat „Übergewicht“ bekommen. Und dann kommen wir aus der Balance, es wird „schief“. Das heißt aber noch lange nicht, dass der Inhalt dieser zu schweren Waagschale deswegen „schlecht“ ist – es ist halt nur zu viel. Und das kann eine Spannung erzeugen, die nicht gut tut.

Vielleicht könnte man diese etwas ruhigeren Wochen dazu nutzen, sehr bewusst ein Gegengewicht zu dem „zu viel“ zu setzen. Wenn im Alltag zu viel Zeit verplant ist, man dauernd nach Uhr und Kalender leben muss, dann empfiehlt es sich wohl nicht, gerade jetzt noch eine straff durchorganisierte Gruppenreise mitzumachen, in der wieder der ganze Tag strukturiert ist. Stattdessen könnte vielleicht Urlaub irgendwo in einem Ferienhäuschen angesagt sein, wo man dann frühstückt, wenn man Lust und Laune dazu hat. Andererseits: Wer alleine lebt, vielleicht schon in Rente ist, und jeden Tag neu sein Leben selbst organisieren muss, dem mag es gut tun, sich in einen vorgegebenen Ablauf hineinzugeben, den andere für ihn festgelegt haben. Endlich mal nicht selbst planen müssen!

Wer jeden Tag viel Menschen um sich herum hat, dem mag jetzt eher die Einsamkeit gut tun – wer ruhig und zurückgezogen lebt, braucht vielleicht den Trubel der Großstadt, um wieder in die Balance zu kommen. Wer körperlich wenig Bewegung hat, könnte die Chance zum Wandern und Schwimmen nutzen – wer selten Zeit zum Lesen hat, wird sich mit Büchern eindecken.

Aber warum sollte man das eigentlich erst im Urlaub tun?

URLAUB MACHEN WIE JESUS

Seltsam eigentlich, dass bisher noch kein Reiseveranstalter auf die Idee gekommen ist, mit folgendem Slogan Werbung zu machen: „Urlaub machen wie Jesus!" – aber ich bin mir auch etwas unsicher, ob das wirklich so der große Erfolg wäre. Sicher nicht bei denen, die Jesus nicht kennen, und die anderen würden wahrscheinlich eher etwas verblüfft fragen: Ach, Jesus hat Urlaub gemacht?

Ja, hat er – und ich finde, er hat das so interessant gemacht, dass auch diejenigen, die von Jesus noch nie etwas gehört haben, sich vielleicht doch etwas davon abgucken könnten. Denn, zugegeben, er hat anders Urlaub gemacht, als die meisten von uns es heute tun. Er hat keine Koffer gepackt, er hat nicht den nächsten Flieger nach Mallorca genommen und dann drei Wochen lang alle viere von sich gestreckt. Und er hat vor allem nicht 49 Wochen auf die drei Wochen Urlaub gewartet. Er hat Urlaub mittendrin gemacht. Und da, wo er Urlaub gemacht hat, gab es keine Staus und keine Warteschlangen, allerdings auch keinen Frühbucherrabatt.

In seinem Alltag war Jesus ziemlich beschäftigt. Dauernd wollte jemand was von ihm. Da zuppelte eine Frau an seinem Gewand, ein blinder Bettler rief nach ihm, die Menschen liefen ihm hinterher und warteten auf sein nächstes Wunder. Und wenn es damals schon Handys und WhatsApp-Gruppen gegeben hätte, hätte er wahrscheinlich gleich zwei Smartphones gehabt, eins für die linke und eins für die rechte Hand – und für das linke und das rechte Ohr. Alles okay ... Jesus schimpft nie darüber, dass die Menschen etwas von ihm wollen.

Auch wenn Jesus sich Zeit für die Menschen nahm, es konnte durchaus sein, dass er sich mitten im größten Trubel auf einmal allen Anforderungen und Erwartungen entzieht. Er geht hinaus in die Nacht, weg von den Menschen, in die Stille, die Einsamkeit. Er sucht sich Zeiten und Orte, an denen er nichts geben muss, sondern auch einmal bekommen kann. An denen er nicht schon wieder der Prediger oder der Heiler sein muss, sondern einfach er selbst sein kann. An denen das „außen" in den Hintergrund tritt, damit das „innen" wieder aufatmen kann. An denen er sich mit dem verbinden und verbünden kann, aus dem heraus er lebt, seinem Vater, Gott.

Nicht immer fanden die Menschen das gut – und sogar seine engsten Mitarbeiter fragten ihn dann manchmal vorwurfsvoll: „Wo warst du denn? Alle haben dich gesucht!" – aber er war dann eben nicht da, sondern einfach woanders. Und genau daraus hat er die Kraft geschöpft, um dann auch wieder da und bei den Menschen zu sein.

Jesus wusste, dass alles im Leben auch den Gegenpol braucht, wenn man nicht aus der Balance geraten will. Nähe braucht die Distanz – und die Distanz kann dann wieder die Nähe suchen. Jede Ordnung muss gelegentlich ein wenig in Unordnung geraten – und das Chaos will irgendwann doch wieder geordnet sein. Wer viel für andere da ist, braucht immer mal wieder Zeit für sich – und wer viel alleine ist, sucht Gespräch und Gesellschaft.

Unser Alltag bringt es oft mit sich, dass wir einen Pol übermäßig leben – Kinder, die einen brauchen, ein Beruf, der einen fordert, zu pflegende Angehörige. Zu wenig Zeit für sich selbst, für den Partner, für das, was man gerne mal tun würde. Und dann wird all das auf den Urlaub verschoben, wenn man erst mal ... dann aber ...!

Damit aber wird der Urlaub überfrachtet, drei Wochen können gar nicht das ausgleichen, was sich in 49 Wochen an Mangel und Hunger angesammelt hat. Und wenn es dann noch Bindfäden regnet, die Piloten streiken, das Hotel eine Baustelle ist, dann rastet man möglicherweise doch aus.

Urlaub machen wie Jesus ... mitten im Alltag das Andere suchen, sich gönnen. Mitten im Alltag sich mal rausziehen, Erwartungen nicht entsprechen, das Handy ausschalten, nicht erreichbar sein, außer für den und das, was Grund meines Lebens ist.

Ja, manchmal braucht das Mut und Entschiedenheit. Und mag sein, dass dies genau der Grund ist, warum die Reiseveranstalter einen solchen Urlaub nicht im Programm haben. Den kann man nämlich nicht einfach buchen, sondern dafür muss man selbst was tun. Aber der Vorteil ist: Man muss auch nicht 49 Wochen darauf warten.

AUSRUHEN

Heute Morgen habe ich mich kurzerhand entschieden, nichts „Arbeitsmäßiges“ zu tun. Konkrete Termine hatte ich keine – und es war viel gewesen die letzten Tage und Wochen – Kurse, Veranstaltungen, das neue Buchmanuskript. Irgendwie reicht es jetzt, die Kräfte sind verbraucht, der „Tank“ ist leer.

Zu tun hätte ich genug ... ich sollte, müsste, könnte ... aber alles, was ich jetzt anfangen würde, ginge mir nur schleppend von der Hand. Aus Erfahrung weiß ich, dass ich nach ein paar Stunden Ruhe am nächsten Tag die Sachen umso schneller hinkriege.

Natürlich ist das auch ein für mich seltener Luxus, das einfach so entscheiden zu können. Wenn Termine im Kalender stehen, kann ich nicht einfach absagen. Wenn man Kinder hat, muss man Mittagessen kochen, wenn man zur Arbeit muss, kann man nicht einfach daheimbleiben – manches ist wichtig und dringend und kann nicht warten.

Aber jeder von uns hat freie Zeiten – und es bleibt meine Entscheidung, was ich in diese Zeiten hineinpacke – oder was ich gegebenenfalls auch mal lasse. Die Bettwäsche kann ich morgen noch waschen, das Unkraut im Garten kann ruhig einen Tag weiterwachsen, und das Mittagessen kann auch mal der Eintopf aus der Büchse sein.

Übrigens: Auch Gott ruhte am siebten Tag, nachdem er die Welt erschaffen hatte. Obwohl ganz sicher noch einiges zu tun gewesen wäre ...

SABBAT – GENIALE ERFINDUNG GOTTES

Bei einem Kurs, den ich vor einiger Zeit leitete, bat ich die Teilnehmer, kurz zu sagen, was sie am Thema interessiert. Die Antworten kamen mehr oder weniger ausführlich – bis wir zu einer Teilnehmerin kamen. Die überlegte einen Moment und sagte dann: „Meine Tochter hat mich geschickt …“ – eine Antwort, die uns doch alle etwas verblüffte. Wie kam eine Tochter dazu, ihre Mutter zu einem Seminar zu schicken? Ich fragte vorsichtig nach. „Ja“, erklärte die Frau, „meine Tochter hat gesagt: ‚Mutti, im Moment bist du so unausstehlich zu uns allen, es wird höchste Zeit, dass du mal wieder was für dich tust, damit wir nicht unter dir leiden müssen!‘ – und dann hat sie mich kurzerhand zu dem Seminar hier angemeldet.“

Etwas für sich tun, damit andere nicht unter einem leiden müssen … das ist keine Erkenntnis des 21. Jahrhunderts, sondern die ist schon dreitausend Jahre alt. Und ist eigentlich eine geniale Erfindung Gottes.

Damals hat er sein Volk, die Israeliten, aus der Sklaverei in Ägypten herausgeführt – hin in das Land der Freiheit! So kann man es in der Bibel, im Buch Exodus, nachlesen.

Der Weg damals war ziemlich mühsam und hat vierzig Jahre gedauert. Und immer wieder war das Volk in der Versuchung, die eigene Freiheit zu verraten und zu verkaufen … denn Freiheit kann auch mühsam sein, braucht Verantwortung, kostet was.

Um dem Volk auf dem Weg in die Freiheit zu helfen, hat Gott ihm die zehn Gebote gegeben. Die wollen niemandem den Spaß verderben oder alles Mögliche verbieten, sondern die sind wie ein Geländer auf dem Weg in die Freiheit.

13. JULI

Eins der zehn Gebote lautet: *Gedenke des Sabbat und halte ihn heilig!* (*Die Bibel, Buch Exodus, Kap.* 20, *Vers* 8). Damit schenkte Gott den Israeliten den Sabbat, den siebten Tag der Woche als freien Tag, den die Juden bis heute am Samstag feiern. Die Grundidee ist einfach: Man muss gelegentlich frei *haben*, um frei zu *sein*. Man muss immer wieder mal aus den Alltagsroutinen aussteigen, einen Schritt zurück treten, das Hamsterrad verlassen, um wieder das Ganze in den Blick zu nehmen. Man kann sich in den scheinbaren Wichtigkeiten des Alltags so verlieren, dass man das wirklich Wichtige dabei vergisst. Man kann dem, was man unter Leben versteht, so hinterherjagen, dass man dabei atemlos wird – und das eigentliche Leben verpasst. Denn wenn du immer nur schaffst und deiner Arbeit nachjagst, wenn du immer und permanent und sofort für jeden verfügbar bist, dann wirst du deine Freiheit verlieren!

Gott selbst geht mit gutem Beispiel voran: *Denn in sechs Tagen hat der HERR Himmel und Erde gemacht; am siebten Tag ruhte er und atmete auf* (*Die Bibel, Buch Exodus, Kap.* 31, *Vers* 17).

Gott atmet auf! Welch schönes Bild!

Und dann dürfen auch wir aufatmen!

Die Christen haben diese Idee des „freien Tages“ aufgegriffen und in Erinnerung an die Auferstehung Jesu Christi am ersten Tag der Woche auf den Sonntag gelegt. Und an diesem Tag geht es um „Frei-Sein“ und eben nicht nur um „Frei-Haben“. Beides mag sich ähnlich anhören – und doch können Welten dazwischen liegen: Man kann „frei haben“ und unterwirft sich doch grad wieder all den Erwartungen, die man mit einem „freien“ Tag verbindet. „Frei-sein“ aber heißt mehr: nicht irgendetwas tun, weil man es halt tut – sondern erkennen, erspüren, was meins ist, was mir gut tut – oder anders ausgedrückt: Was Gott von mir – und damit immer auch für mich will.

Ja, gerade das Anders-Sein sollte den Sonntag ausmachen. Vielleicht einmal für einen Tag wirklich für niemanden erreichbar zu sein? Nicht unter dem Druck stehen, schon wieder auf irgendetwas antworten zu müssen? Der Sonntag darf und soll anders sein als es der Alltag ist, damit ich am Sonntag wieder neu Kraft schöpfen kann für den Alltag.

Und das will eigentlich auch der Gottesdienst am Sonntag – eben keine lästige, zu erledigende Pflicht, sondern er will dabei helfen, am Montag wieder neu und gestärkt den Alltag anzugehen. Deshalb hören wir auf das Wort Gottes, deshalb gibt sich Gott selbst in Brot und Wein ... Und ich finde, daran muss sich Gottesdienst auch messen lassen: Hilft er mir dabei, meinen Alltag besser, lebendiger, kraftvoller, getrösteter zu leben?

Der siebte Tag – keine Pflicht, kein Gebot, sondern Einladung zur Freiheit. Die Chance zum Leben. Auch für mich. Mitten im Alltag.

AB IN DIE FERIEN!

Familiengottesdienst am letzten Wochenende vor den Sommerferien – damit ist das Thema schon klar: „Ferien“! So hatte auch der Pfarrer gedacht, der den Gottesdienst vorbereitete. Und er hatte eine schöne Idee: Er schrieb jeden Buchstaben dieses Wortes jeweils auf ein großes DIN-A3-Blatt und ließ sie vom Küster vor dem Gottesdienst bei einigen Gottesdienstteilnehmern verteilen.

Zu Beginn der Katechese bat er diejenigen, die ein solches Blatt erhalten hatten, zu sich nach vorne in den Altarraum. Dort hielten sie es dann hoch – aber da ja keiner wusste, was der Pfarrer beabsichtigte, waren die Buchstaben-Zettel natürlich kreuz und quer verteilt. Und so fragte der Pfarrer die anwesenden Kinder, ob sie eine Ahnung hätten, welches Wort sich da verbergen würde. Kurze Stille, dann meldete sich ein Junge und sagte laut: „Feiern!“

Der Pfarrer zuckte leicht zusammen, denn das war nun nicht gerade das Stichwort, auf das er für seine Katechese gewartet hatte – aber der kleine Junge hatte vollkommen recht: Wenn man in dem Wort „Ferien“ das „r“ einfach um zwei Stellen nach rechts verschiebt, ergibt sich das Wort „Feiern“. Zugegeben – die Katechese verlief danach etwas anders, als es der Pfarrer eigentlich beabsichtigt hatte, aber allen Anwesenden war an dem Vormittag sehr eindrücklich klar geworden, dass „Ferien“ und „Feiern“ etwas miteinander zu tun haben.

Jede Feier, sei sie nun eher klein, spontan und ein wenig improvisiert oder sei es nun ein groß angelegtes, geplantes und intensiv vorbereitetes Fest, ist so eine Art Ferien von der Routine, einfach ein bunter Tupfer mitten im Alltagsgrau.

Ferien sollten immer ein wenig von einem Fest in sich tragen – und dort, wo Ferien das nicht schaffen, haben sie eigentlich einen wesentlichen Sinn verfehlt. Das Feiern, das Fest, das Außergewöhnliche ist sozusagen der Gegensatz zur Arbeit, zum Alltag, zum Gewöhnlichen.

Um Ferien zu solch einem Fest werden zu lassen, muss man nicht gleich die Weltreise machen, das Vier-Sterne-Hotel buchen oder unbedingt mit dem Flieger „ab in den Süden" starten. Da mag es durchaus reichen, den ein oder anderen Kontrapunkt zum Alltag zu setzen: Vielleicht endlich mal zur Sternwarte im Nachbarort fahren, wo man immer schon hinwollte, es sich auf dem Balkon gemütlich machen und den dicken Schmöker zu lesen anfangen, der schon so lange daliegt, oder einfach Freunde zum Grillen einladen, ohne mit einem schlechten Gewissen daran denken zu müssen, dass man morgens wieder früh raus muss. Und selbst wenn man in diesen Wochen arbeiten muss, kann das „Fest der Ferien" auch durchaus darin bestehen, dass der Bus ein bisschen weniger voll ist, der Stau auf dem Weg zur Arbeit ein wenig kürzer – und die Zahl der zu bearbeitenden E-Mails erheblich geringer.

Ja, ich denke, der kleine Junge hatte durchaus recht: „Feiern" und „Ferien" haben eine ganze Menge miteinander zu tun! Wollten Sie nicht immer schon mal diese kleine, schnucklige Wallfahrtskirche besuchen, gerade mal 15 Kilometer entfernt?

Wann, wenn nicht jetzt?

BITTE EINMAL AUFTANKEN!

Der *Wild Atlantic Way* im Westen Irlands – vor einer Kreuzung plötzlich ein Schild: „Slow – langsam!“ Und dazu das Symbol einer Kirche und eine interessante Kombination von Tanksäule, Tankwart und Info-Punkt. Ulrike bremste, wir schauten uns an – und ich stieg aus und fotografierte diesen wunderschönen Hinweis.

Mitten im Unterwegs-Sein erinnert uns ein Schild daran, dass Geschwindigkeit und Ankommen nicht alles ist – und dass man gelegentlich auch auftanken muss. Ganz praktisch auftanken, indem man Rast macht, Kraftstoff nachfüllt, sich etwas gönnt. Aber „auftanken“ durchaus auch in einem spirituellen Sinn verstanden – sich auf Gott besinnen, sich in seine Gegenwart hineingeben, aus all dem Unterwegs-Sein auch einmal aussteigen. Es braucht beides.

Das Schild hatte nicht zu viel versprochen, das sahen wir, als wir an der Kreuzung links abbogen: Neben der Kirche war die Tankstelle. An diesem Tag fuhren wir weiter – denn diese Urlaubstage selbst waren ja schon ein „Auftanken“ für uns.

Aber ich habe mir vorgenommen, das Foto an meine Pinnwand zu hängen und den Hinweis mit in meinen Alltag zu nehmen: „Slow!“ – und „auftanken nicht vergessen!“

GESCHIRRSPÜLMASCHINE

In den verschiedensten Wohnungen, in denen ich bisher gelebt hatte, gab es nie eine Einbauküche – und damit auch noch nie eine Geschirrspülmaschine. Beides aber war in dem Pfarrhaus, in das ich vor einigen Jahren eingezogen bin, schon vorhanden. Und von dem Nutzen der Spülmaschine habe ich mich durchaus rasch überzeugen lassen: Das schmutzige Geschirr steht nicht in der Küche rum – und mit wenig Wasser wird recht viel Geschirr sauber.

Umso erstaunter war ich, als bei einem Kurs eine Frau erzählte: „Mein Mann hat vorgeschlagen, eine Geschirrspülmaschine zu kaufen – aber ich habe dankend abgelehnt." Auch die anderen Teilnehmerinnen schauten etwas verwundert drein. „Ja", fuhr die Frau fort, „wenn ich spüle, ist das die einzige Viertelstunde am Tag, die ich für mich und für Gott habe. Da stört mich keiner von der Familie, weil die Gefahr viel zu groß ist, dass man ein Abtrockentuch in die Hand gedrückt bekommt! Das lasse ich mir doch nicht nehmen!"

Verstanden habe ich es jetzt. Und eine solche Viertelstunde am Tag zu haben ist wichtig.

Auf welche Art und Weise man sich diese Viertelstunde nimmt – da gibt es eben ganz verschiedene Möglichkeiten.

KEINE ZEIT FÜR GOTT?

Zugegeben ... das Tempo in unserer Zeit hat sich erhöht. Alles muss schnell gehen, Zeit ist Geld, eine langsame Internet-Verbindung kostet Nerven – und wehe, der Zug hat zehn Minuten Verspätung. Das färbt natürlich auf uns ab. Wir haben keine Zeit mehr, sind dauernd irgendwohin unterwegs und mehr als beschäftigt. Und so ist es auch nicht verwunderlich, dass man manchmal den Stoßseufzer hört: „Zeit für Gott? Ich komm doch so schon nicht rum mit dem, was zu tun ist!“ – manchmal ein bisschen barsch gesagt, viel öfter aber klingt eine leise Sehnsucht mit, denn irgendwie, es wäre ja doch ganz schön, wenn man ein wenig mehr Zeit für Stille, für Besinnung, für sich, für Gott hätte ... aber wo und wie soll man das im Tagesablauf unterbringen? Wo soll man denn noch eine Viertelstunde herausschneiden? Ja, manchmal ist das schwierig.

Aber muss es denn gleich eine Viertelstunde sein? Wie wäre es denn mit 20 Sekunden? Das ist die Zeit, in der der Computer hochfährt, das ist die Zeit an der roten Ampel, die Zeit, in der die Nudeln noch einmal aufkochen, bevor ich die Herdplatte herunterschalte, die Zeit an der Supermarktkasse, wo ich anstehen muss. Und in diesen zehn oder zwanzig Sekunden Gott einfach in mein Leben hereinholen, an ihn denken, mit dem Herzen sagen: „Hier bin ich, Gott!“. Vielleicht gibt es einen Satz aus einem Psalm oder einem Lied, der mir etwas bedeutet, den ich in dieser Zeit vor mich hinsprechen kann. Für einen Augenblick lang mich in die Gegenwart Gottes stellen, mir seiner bewusst werden. Dazu brauche ich nicht unbedingt gleich eine Kirche oder eine Viertelstunde Zeit.

"Der HERR ist mein Hirte, mir wird nichts mangeln." Ps.

Wenn Gott etwas mit meinem Leben zu tun hat, dann ist er auch mit mir an der roten Ampel, kurz bevor das Nudelwasser kocht oder der Computer hochfährt. Es liegt an mir, ob ich ihn in diesen kurzen Momenten in mein Leben hereinlasse. Und dieses ganz kurze „sich in die Gegenwart Gottes stellen“ kann manchmal schon reichen, um den Blickwinkel zu ändern, einmal tief Luft zu holen, neu zupacken zu können. Oder anders gesagt: um mich zu erinnern. Aber: Das geht nur, wenn ein entsprechendes Fundament da ist.

Das ist mit Gott nicht anders als mit der Liebe. Im anfordernden Alltag zwischen Beruf, Haushalt, zu pflegenden Eltern und pubertierenden Kindern hat man oft keine Zeit mehr für die „Zeit zu zweit“. Wenn es zwischen den beiden „stimmt“, dann reicht ein liebes Wort, ein Kuss, eine sanfte Geste, eine SMS, um sich gegenseitig zu erinnern. Für ein solches Fundament aber muss man wiederum etwas tun: ein Abend miteinander, vielleicht sogar ein Wochenende, ein längerer Brief, eine mitgebrachte Rose. Und das gilt auch für die Beziehung mit Gott. Es braucht die Basis, um sich und den anderen in kleinen Zeichen und Gesten der Nähe erkennen zu können, eine Art Grundvertrauen, ein Vertraut-Sein.

Und bevor Sie jetzt in Panik geraten und noch mal sagen: „Aber dafür habe ich keine Zeit!“ ... Gott hat dieses Fundament schon längst gelegt. Er ist da. Für mich, für dich – und für alle Menschen, die meinen, keine Zeit für ihn zu haben. Er streckt seine Hand aus und lädt uns ein. Und diese zwanzig Sekunden zwischen Nudeltopf und Bügeleisen, Computer und roter Ampel reichen durchaus, um zu sagen: „Gott, hier bin ich!“

EINE GEWISSE HARTNÄCKIGKEIT

Eine Bekannte wurde von ihrem Orden von Afrika nach Rom versetzt. Der Straßenverkehr in Rom! So ließ sie sich zu einem Navigationsgerät für das Auto überreden. Bei der Heimfahrt nach einem Termin gab sie die Straße ein, wo sie jetzt wohnte – aber vertippte sich bei der Hausnummer. Statt „53“ gab sie „55“ ein, kann ja mal passieren. „Ach“, dachte sie, „wenn ich erst mal in der Straße bin, werde ich es schon finden.“ Das Navi führte sie zielsicher in die Straße – nur als sie beim Haus 53 einbog, meldete es sich und sagte: „Sie sind noch nicht am Ziel angekommen – bitte wenden Sie!“

Hm – eigentlich war sie schon am Ziel angekommen, nur das Navi peilte natürlich das Nachbarhaus an. Und da sie den Ausschaltknopf nicht fand, meldete sich das Navi ganz treu alle 30 Sekunden: „Sie sind noch nicht am Ziel angekommen – bitte wenden Sie!“ Aber wie schaltet man das aus?

Ordensschwestern sind in aller Regel ja gerne bereit, anderen einen Gefallen zu tun – wenn das Navi unbedingt will, dass wir zum Haus Nr. 55 fahren – okay, daran soll es nicht liegen. Und so startete sie den Wagen erneut, fuhr ein Haus weiter – nur um zu hören: „Sie sind noch nicht am Ziel angekommen – bitte wenden Sie!“

Jetzt war sogar sie mit ihrer Geduld am Ende. Kurz entschlossen zog sie das Netzkabel des Navigationsgerätes, dann würde ja wohl endlich Ruhe sein – nur um zu hören: „Sie haben die Stromverbindung unterbrochen. Ich arbeite jetzt mit Batterie. Sie haben Ihr Ziel noch nicht erreicht. Bitte wenden Sie!“

Könnten Gott und Navigationssysteme eventuell etwas miteinander zu tun haben?

MEHR ALS DIESES LEBEN?

Ein Wunsch? Eine Hoffnung? Oder doch nur eine Frage? Gibt es mehr als dieses Leben? In dem Lied „Von Ewigkeit zu Ewigkeit“ der Hamburger Rockband „Selig“ gibt es keine Antwort darauf – oder könnte der Titel vielleicht doch schon wieder eine Antwort sein?

„Ewig“ – ein Wort, das wir immer wieder benutzen, auch im Alltag, im Sinne von nie endend, immer, lange. Und natürlich kennen wir es aus dem religiösen Sprachgebrauch: „Von Ewigkeit zu Ewigkeit. Amen“ oder in Verbindung mit dem „ewigen Leben“. Das Wort will aber eigentlich gar keine Zeitangabe sein, sondern durchbricht eher unser von Uhr und Kalender bestimmtes Denken. „Ewig“ – das ist das, was jenseits der Zeit liegt, was sich dem herkömmlichen Verstehen von Zeit und Raum entzieht. Und damit wird es eher zu einer Bezeichnung für eine bestimmte „Qualität“.

Und so kann Jesus Christus auch sagen: *Das ist das ewige Leben: dich, den einzigen, wahren Gott zu erkennen und Jesus Christus, den du gesandt hast. (Die Bibel, Johannes-Evangelium, Kap. 17, Vers 3)*. Das geschieht nicht erst irgendwann mal, sondern hier und jetzt. Und das verändert mein Leben, gibt ihm eine neue, eine andere Qualität.

„Gäb es mehr als dieses Leben – ich würde ewig mit dir gehen“, so heißt es in dem Lied der Gruppe „Selig“. Jesus Christus macht aus diesem Wunsch, aus dieser Hoffnung eine Zusage: Es gibt mehr als dieses Leben, schon jetzt – weil er bei mir und mit mir ist.

MACHT GOTT GLÜCKLICH?

Brigitte ist eine alte Schulfreundin von mir. Wir hatten uns viele Jahre aus den Augen verloren, unsere Lebenswege hatten uns in verschiedene Gegenden Deutschlands geführt, sie hat beruflich den Weg bei der Bank gewählt, ich bin bei der Kirche gelandet. Sie hat Familie, einen Mann, zwei Kinder – ich lebe als Single allein.

Durch Zufall haben wir uns wieder getroffen. Und beschlossen kurzerhand, die Chance nicht ungenutzt vorbeigehen zu lassen. So verabredeten wir uns auf eine oder zwei gemütliche Kaffeestunden – man würde sehen.

Es wurde ein schöner Nachmittag. Brigitte erzählte von sich, ihrer Familie und von den Problemen, all das mit dem Beruf zu verbinden; ich erzählte, wo es mich so überall hingeführt hatte – und damit auch von meinem Glauben und meinem Engagement in Diözese und Pfarrgemeinden. Brigitte hörte aufmerksam zu – obwohl sie schon zu Beginn unseres Gespräches gesagt hatte: „Also, mit Kirche und Glauben hab ich nicht so viel am Hut!“

Plötzlich aber, mitten in all meine Erzählungen über die Arbeit in den Gemeinden, fragte sie auf einmal ein wenig nachdenklich: „Macht Gott eigentlich glücklich?“

Ich schaute sie erstaunt an. Macht Gott glücklich?

Eine gute Frage ...

Und, ich gebe es gerne zu, ich hatte so ganz spontan keine Antwort parat. Über die Frage hatte ich noch nicht nachgedacht.

Macht Gott glücklich? Ehrlich gesagt: Ich weiß es nicht.

Die Frage ließ mich nicht mehr los: Macht Gott glücklich? Wenn ich mich so umschaue, dann sind Christen, also Menschen, die Gott einen Platz in ihrem Leben einräumen, erst mal ganz normale Menschen wie alle anderen auch – und nicht mehr oder weniger glücklich als alle anderen auch.

Mir jedenfalls sind keine Statistiken bekannt, dass Christen häufiger den Jackpot beim Lotto knacken als Nicht-Christen. Man wird krank, auch wenn man an Gott glaubt – und auch wir müssen durch das Tor des Todes hindurch.

Aber – was, bitte schön, ist denn Glück? Ist Glück wirklich der Jackpot im Lotto? Ist es das mühsam ersparte kleine Reihenhaus? Ist es das neue Auto vor der Tür?

Glück – ich glaube, das ist nicht Reichtum, Können, Groß-Sein. Klar, es beruhigt, wenn ich einen bestimmten Geldbetrag auf dem Konto sehe, ich finde es schön, wenn der Chef ein lobendes Wort sagt, ich freue mich auf den Urlaub in Südafrika. All das ist nett.

Aber was ist das gegen die Erfahrung, dass ein Kind ganz vertrauensvoll seine kleine Hand in meine Hand legt? Was ist das gegen die Erfahrung, dass mich ein Freund nach einem intensiven Gespräch einfach in den Arm nimmt? Was ist das gegen die Erfahrung, morgens halbwegs gesund im eigenen Bett aufzuwachen – von vorwitzigen Sonnenstrahlen gekitzelt? Könnte es nicht auch schon Glück sein, jetzt grad keine Zahnschmerzen zu haben?

GOTT UND DAS GLÜCK

Vielleicht sind es gar nicht die großen Dinge, die uns wirklich glücklich machen, sondern eher die scheinbar kleinen. Die Dinge, die uns manchmal so selbstverständlich geworden sind, dass wir sie gar nicht mehr wahrnehmen.

Aber auch dafür ist ja Gott eigentlich nicht zuständig, sondern das liegt doch an mir, ob ich mir das immer wieder bewusst mache, dass all das nicht selbstverständlich ist!

Und manchmal ist da auch keine Umarmung, kein kleines Kind, das seine Hand in meine legt, manchmal wache ich doch morgens krank in einer Klinik auf – und manchmal habe ich Zahnschmerzen. Das Leben kann ziemlich herb und unfair sein – und eben alles andere als glücklich, egal wie ich Glück definiere. Glück kann zerbrechen, manchmal sehr schnell. Und wenn ich dann Gott dafür die Schuld gebe, wird ganz zwangsläufig mit meinem Glück auch meine Beziehung zu Gott zerbrechen.

Also, wenn ich ganz ehrlich bin: Nein, ich glaube nicht, dass Gott für mein Glück zuständig ist. Er ist nicht der Lotto-Bote, er überbringt keine netten Nachrichten, und vor einer Katastrophe sortiert er auch nicht nach „Christ" und „Nicht-Christ".

Für das Glück ist Gott nicht zuständig.

Und er macht auch nicht unbedingt glücklich.

Aber – wenn Gott nicht für das Glück zuständig ist, warum sollte ich dann überhaupt an ihn glauben?

ZUSTÄNDIG FÜR DAS LEBEN

Im Leben jedes Menschen gibt es Momente von Angst und Einsamkeit, von Grenzen und Müdigkeit, von Krankheit und Tod. Momente, die alles andere als glücklich sind. Und dann brauche ich einen, der mir keine heile Welt vorgaukelt, sondern mit mir meine Tränen weint, dem ich glauben kann, wenn er sagt: *Ich habe das Elend meines Volkes gesehen! (Die Bibel, Buch Exodus, Kap. 3, Vers 7)*. Dann brauche ich einen, der mich so sehr liebt, dass er seinen eigenen Sohn mitten in dieses Elend hineinschickt, um an meiner Seite zu sein. Der weiß, wie sich Verlassenheit anfühlt – und was Schmerzen sind. Das sind die Momente, die Zeiten in meinem Leben, in denen ich Gott wirklich brauche.

Man könnte es auch noch mal anders sagen: Gott ist zuständig für das Leben. Das aber ist mehr, unsagbar viel mehr.

Nein, Gott macht nicht unbedingt glücklich – weil er die Dunkelheiten meines Lebens nicht einfach wegnimmt. Aber er geht mit mir durch die Dunkelheiten meines Lebens hindurch.

Denn Gott ist nicht zuständig für das Glück, sondern er ist zuständig für das Leben.

Und genau das habe ich Brigitte, der alten Schulfreundin, dann einige Tage später auch geschrieben.

Zur Ruhe gebracht habe ich meine Seele. Wie ein gestilltes Kind bei seiner Mutter, so ist meine Seele in mir. Die Bibel, Buch der Psalmen, Psalm 131, Vers 2

Ganz ruhig

Alles fällt ab von mir
nichts ist mehr wichtig
ich bin da und ich spür mich

Gedanken kommen und gehen
ich bin da
sie gehen durch mich hindurch

ich lasse los
ich horche und schaue
werde empfindsam für das Leben
ich bin da
und ahne dich

ich bin da
ich bin Leben
lebe den Augenblick
ich bin

vor dir
in dir
mit dir
aus dir

Erst dann

Nicht länger
davonlaufen
durch
Reden
Machen
Tun

mich
in der Stille

Gott
stellen

mich
stillen lassen
von Gott

In jeder Zeit sagte Jesus seinen Jüngern, dass sie allezeit beten sollten. Die Bibel, Lukas-Evangelium, Kap. 18, Vers 1

UND IN DIR GEBORGEN SEIN …

Es war nach Mitternacht. Am Abend hatte ich im Tagungshaus einen Vortrag gehalten und dann noch ein wenig gearbeitet, das neue Buchmanuskript musste fertig werden. Jetzt hatte ich den Computer heruntergefahren und ging noch einmal auf die Terrasse hinaus, um die Nachtluft zu spüren. Mein Blick ging über das weite Tal, im Ort brannten die Straßenlaternen, über mir war der unendliche Sternenhimmel.

Auf der anderen Seite des Tales, hoch oben am Berg, schien noch ein einsames Licht in die Dunkelheit hinein. Irgendjemand war noch wach. Vielleicht sorgte sich dort eine Mutter um ihr krankes Kind? Lag ein alter Mensch im Sterben? Oder saß ein junges, verliebtes Paar noch beieinander und konnte nicht voneinander lassen? Vielleicht lernte jemand für eine Prüfung – oder weinte sich in seine Einsamkeit hinein? Kann sein, jemand deckte einfach noch den Frühstückstisch oder stand vielleicht wie ich noch vor der Tür und schaute in die Nacht hinein.

Ich wusste es nicht.

Aber ganz spontan dachte ich: Gott, sei mit diesen Menschen dort drüben in diesem Haus. Behüte und beschütze sie, begleite sie in dieser Nacht. Tröste sie, wenn sie traurig sind, schenk ihnen deine Nähe, wenn sie sich nicht verstanden fühlen, freue dich an ihrer Liebe! Und lass sie sich geborgen fühlen!

Und in diesem Moment ging in dem Haus drüben auf der anderen Seite des Tales das Licht aus.

Werdet Vorübergehende. Apokryphes Thomas-Evangelium, Logion 42

mensch Gottes

als vorübergehender in
offene türen nicht
eintreten zärtlichkeit
als vorläufigen halt
den wunsch nach
ruhe als tod entlarven

der sehnsucht
keine ruhe lassen sich
nicht einrichten sein
herz an nichts und
alles hängen immer
wieder bereit aufzubrechen
zu lassen
        bleiben ist nur
        rasten kräfte sammeln
        für den nächsten
        schritt der weiterführt
        weg
vorübergehender

VOR MIR, HINTER MIR, UM MICH HERUM

Eine alte chassidische Geschichte erzählt: Der Rabbi sah einen Mann auf der Straße eilen, ohne rechts und links zu schauen. „Warum rennst du so?“, fragte er ihn. „Ich gehe meiner Arbeit nach“, antwortete der Mann. „Und woher weißt du“, fuhr der Rabbi fort zu fragen, „deine Arbeit laufe vor dir her, dass du ihr nachjagen musst? Vielleicht ist sie dir im Rücken, und du brauchst nur innezuhalten, um ihr zu begegnen, du aber fliehst vor ihr.“

Ist es mit Gott und unserem Glauben nicht manchmal auch so? Wir jagen und eilen und mühen uns ab, um etwas zu erreichen, das scheinbar vor uns liegt – und dabei ist es schon längst da. Wir meinen, etwas leisten zu müssen – und es ist uns schon längst geschenkt. Wir strecken uns nach etwas aus und nehmen nicht wahr, dass uns der Rücken gestärkt wird.

Nach mir kommt einer, der vor mir war (*Die Bibel, Johannes-Evangelium, Kap. 1, Vers 30*) – das sagt Johannes der Täufer über Jesus – und ich möchte hinzufügen: der ist und sein wird. Aber um sich das bewusst zu machen, braucht es das Innehalten, die Unterbrechung in all meinem Jagen, die Auszeit in all meinen Terminen. Und dann sehe ich nach vorne – du! Und ich schaue zurück – du! Und ich schaue um mich herum – du!

Ja, es gibt genug zu tun. Aber es ist auch eine Verführung. Wenn Gott nur vor mir ist, dann geht es darum, zu machen. Wenn Gott auch hinter mir ist und um mich herum, dann ist das die Einladung zum Lassen. Die Einladung zum Sein.

Gott ist da.
Er ist vor mir und nach mir und mit mir.
Vor wem oder was sollte ich mich fürchten?

AUGUST

lassen

IN GOTT VERLIEBT?

Ein Abend für Mitglieder in Pfarrgemeinderäten und Kirchenvorständen zum Thema „Spirituelle Kompetenz“. Bei der Vorbereitung hatte ich mich entschieden, auf einen bewährten Impuls zurückzugreifen: das Gedicht „Die dunkle Nacht“ von *Johannes vom Kreuz* (spanischer Karmelit und Mystiker, Heiliger und Kirchenlehrer, 1542–1591) und das Lied der kanadischen Musikerin *Loreena McKennitt,* die diesen Text, auf Englisch, vertont hat. Und die Frage an die Teilnehmenden war: Bin ich eigentlich noch in Gott verliebt? Denn ich glaube, dass dies die eigentlich entscheidende Frage ist ...

Kurz und gut, ich las den Text von Johannes vom Kreuz vor und war gerade bei der Zeile „... als schon das Haus um mich in Stille lag“ – da klingelte ein Handy. Ich unterbrach, der Teilnehmer angelte etwas verlegen nach seinem Handy und bekam es schließlich ruhig. Ich sagte leicht schmunzelnd: „Das war aber nun wirklich eine passende Stelle!“, und: „ich fang einfach noch mal an ...“ Ich begann mit dem Text von vorne, kam wieder bis genau zu diesem Satz – da klingelte auf der anderen Seite ein Handy. Ich hielt verdutzt inne, musste lachen – und das war wohl ziemlich ansteckend. Eine Welle von Heiterkeit breitete sich aus, mir selbst kamen fast die Tränen vor Lachen – wie konnte es aber auch sein, dass zweimal hintereinander bei genau diesem Satz „... als schon das Haus um mich in Stille lag“ ein Handy klingelt?

Na gut, ich hatte den Teilnehmer*innen einen eher „leichten“ Abend statt meditativer Schwere versprochen – aber dass die konkrete Umsetzung so aussehen würde, konnte ich ja auch nicht ahnen. Etwas mühsam fasste ich mich wieder – und begann ein drittes Mal. Und diesmal gelang es tatsächlich ...

Auf der Heimfahrt ins Emsland ging mir dieses Erlebnis immer noch nach: „... als schon das Haus um mich in Stille lag“ – und da klingelt ein Handy.

Ja, vielleicht kommen unsere „Häuser“ nicht mehr so richtig zur Ruhe – immer klingelt da was, will einer was, soll etwas getan werden. Und möglicherweise ist das nicht nur für die Liebe zwischen Menschen tödlich, wenn sich da dauernd etwas zwischen mich und den anderen „schiebt“, sondern auch für die Liebe zwischen mir und Gott. Liebe braucht Zeit, Raum, Ungestörtheit.

Und wenn wir unserer Liebe mit Gott das nicht mehr geben, sondern uns nur noch auf Haushaltspläne, die Bratwurstpreise fürs Pfarrfest, die Uhrzeiten der Gottesdienste, die Frage nach der Gestaltung der Jugendräume und was da sonst noch so alles zu besprechen ist, konzentrieren, wenn wir sozusagen „das Handy klingeln lassen“, dann werden wir genau das auch ausstrahlen. Kann man natürlich machen, aber dann brauchen wir uns auch nicht zu fragen, warum wir als Christen eventuell nicht so besonders attraktiv sind. Ich würde mich auch für einen Freund bedanken, der dauernd aufs Handy schaut statt mit mir zusammen zu sein.

Wenn wir aber dieser Liebe Zeit, Raum und Ungestörtheit geben, dann könnte das geschehen, was *Johannes vom Kreuz* in der letzten Strophe seines Textes beschreibt:

Ich blieb und vergaß mich,
das Antlitz neigt‘ ich über den Geliebten,
alles um mich verlosch, ich ließ mich los,
ließ los mein Sorgen,
zwischen den Lilien war es vergessen.

CAFÉ SORGENFREI

Als ich vor einiger Zeit im Urlaub durch einen kleinen Ort auf der Insel Fehmarn schlenderte, musste ich doch ein wenig schmunzeln: „Café Sorgenfrei“ stand da groß und breit zu lesen, und Tische und Stühle unter schattigen Bäumen luden zum Verweilen ein. Der findige Geschäftsmann hatte es gut erkannt: Wir Menschen sehnen uns danach, ohne Sorgen zu leben – und sei es nur einmal für eine halbe Stunde bei einer Tasse Kaffee.

Anlässe für solche kleinen und großen Sorgen gibt es genug, sei es nun die schlechte Note in der Mathe-Arbeit oder die verheerende Diagnose des Arztes, die Kinder sind das erste Mal alleine in Urlaub, oder die Oma leidet zunehmend unter Demenz. Sorgen gehören zu unserem menschlichen Leben dazu – genauso wie unser Wunsch, einmal „sorgenfrei“ zu sein.

Als ich mich dem Café näherte – ein Cappuccino hätte durchaus seinen Reiz! –, fielen mir die Schilder in den Fenstern auf: „Achtung! Selbstbedienung!“ Ich schmunzelte wieder in mich hinein, holte mir selbst meinen Cappuccino – und kam ins Nachdenken.

Das „Café Sorgenfrei“ hat Selbstbedienung. Und irgendwie stimmt das ja: Es kommt kein Prinz, der mich erlöst. Da kann ich lange warten.

Aber wie ich mit meinen Sorgen umgehe, das liegt auch an mir und meiner Einstellung. Manche Sorgen sind dabei „hausgemacht“ – nur dass in dem Fall das Wort „hausgemacht“ nicht unbedingt für Qualität steht. Da sorgt man sich um Dinge, die eigentlich gar nicht so entscheidend wichtig sind. Dann wäre es ganz gut, wenn ab und an einmal das Schild auftauchen würden: Café Sorgenfrei – Achtung! Selbstbedienung!

„Hausgemachte“ Sorgen verlieren von ganz allein an Bedeutung, wenn es um wirklich Wichtiges geht: das Sterben eines Menschen, Krankheit, Arbeitslosigkeit. Und da kann ja wohl kaum gelten: „Achtung! Selbstbedienung!“?

Oder vielleicht doch?

Unser Glaube kann uns die Sorgen erst einmal nicht ersparen, sie gehören zu unserem Leben dazu. Und auch Gott kommt nicht zufällig vorbei und nimmt uns aus Menschenfreundlichkeit all unsere Sorgen weg. Wir müssen selbst etwas tun. Wir können ihn bitten, wir können mit ihm reden – und wir müssen bereit sein, ihm wirklich unsere Sorgen zu geben. Und das kann man durchaus „beten“ nennen. Der Apostel Petrus schreibt: *Werft alle Sorgen auf ihn, denn er kümmert sich um euch!* (*Die Bibel, 1. Brief des Apostels Petrus, Kap. 5, Vers 7*). Aber wenigstens das muss ich tun: ihm meine Sorgen geben!

Deswegen wird der geliebte Mensch nicht postwendend wieder gesund, der Konkurs der Firma wird nicht verhindert, und es ist in der Regel auch kein Euro mehr auf dem Konto.

Aber es kann sein, dass meine Last ein wenig leichter wird, weil da einer mitträgt, weil ich ihm das geben kann, was ich alleine nicht mehr packe, weil ich da einem meine Not entgegengeschrien habe. Das „Café Sorgenfrei“ im christlichen Sinn heißt nicht, dass ich keine Sorgen mehr habe. Aber es heißt, dass da einer mit mir am Tisch sitzt und Zeit hat und zuhört.

Sorgt euch also nicht um morgen; denn der morgige Tag wird für sich selbst sorgen. Die Bibel, Matthäus-Evangelium, Kap. 6, Vers 34

SORGEN

Eine ältere Ordensschwester, die immer noch mit dem Auto in einer großen Stadt im Ruhrgebiet unterwegs ist, erzählte mir, dass sie oft Sorge habe, ob sie wohl in der Innenstadt einen Parkplatz finden würde – denn die sind dort ausgesprochen knapp. Dann würde sie zu dem Gründer ihres Ordens beten – und bisher hätte sie noch jedes Mal einen Parkplatz gefunden.

Zugegeben, man mag über diese Geschichte ein wenig schmunzeln – und ich bin mir auch nicht sicher, ob diese Tatsache von Rom als das entsprechende Wunder für den Seligsprechungsprozess dieses Ordensgründers anerkannt wird ... aber ich hab sie mir behalten. Und ich habe daraus etwas gelernt.

Das Wort „sorgen“ hat zwei Bedeutungen – ich mache mir Sorgen und Gedanken um etwas, das ist das eine. Und das kann durchaus der Parkplatz sein. Aber man kann auch für etwas „sorgen“, sich für etwas einsetzen – indem man zum Beispiel jemanden um etwas bittet, sich um etwas bemüht. Und warum nicht den Ordensgründer oder sonst einen Heiligen? Wer für etwas sorgt, braucht sich nicht zu sorgen. Und es kann durchaus sein, dass das Vertrauen in die Autorität des Ordensgründers der Schwester geholfen hat, mit mehr Gelassenheit durch den Verkehr zu steuern, sich vom Hupen anderer nicht aufregen zu lassen und gerade dadurch eben doch den freien Parkplatz zu entdecken. Wer Gott vertraut, braucht sich nicht zu sorgen.

Aber ich muss dafür sorgen, dass ich Gott vertraue.

DIE ERSTE WOHNUNG

Als ich damals in Frankfurt studierte, ich war grad zwanzig Jahre alt, hatte ich zusammen mit einer Freundin eine Altbauwohnung im Nordend gemietet, zu einem Spottpreis, denn die eigentliche Mieterin war über achtzig Jahre alt, wohnte am Vogelsberg und kam nur ab und an nach Frankfurt, um auf dem Land nicht so ganz zu „versauern“, wie sie es ausdrückte. Sie hatte ein Zimmer, wir die beiden anderen. Ein Bad gab es nicht, wir haben uns in der Küche gewaschen, irgendwann ist mal das selbstgebaute Regal in der Speisekammer zusammengekracht, und wir hatten alle Türrahmen stahlblau angestrichen. Geld hatten wir damals nicht – aber es gab wunderbare Feten, einmal stand sogar die Polizei vor der Tür wegen nächtlicher Ruhestörung.

Unvergesslich auch mein kleines Zimmer in Südafrika auf dem Klostergelände ... mal von Ameisen heimgesucht, es gab einen Gecko, den ich Fritz genannt habe, in der Badewanne musste man kniend duschen – und immer gab es von irgendwoher Musik, Gesang, Trommeln – und viele gute Gespräche.

Jetzt wohne ich in einem Pfarrhaus direkt an der Ems, vom Schreibtisch aus sehe ich auf den Fluss und die Kirche, im Haus erinnern viele Bilder und Figuren an manche Erlebnisse, viele, viele Bücher ...

Wohnungen sind wichtig. Sie bergen uns, geben uns Schutz, da ist Raum für das, was mir wichtig ist. Und ich überlege schon, wen ich zu mir einlade – oder mit wem ich mich lieber in den offiziellen Räumen der Pfarrei treffe. Und wen ich zu Besuch haben will und bereit bin, mit ihm oder ihr das Badezimmer zu teilen.

Und manche Gäste quartiere ich lieber in einem Hotel in der Nähe ein ...

GOTT WILL EINZIEHEN

Nicht nur einmal, sondern zehnmal überlege ich mir, wenn einer nicht nur bei mir übernachten möchte, sondern grundsätzlich mit mir zusammenziehen will. Gott will es. Er will bei mir wohnen. *Wenn jemand mich liebt, wird er mein Wort halten; mein Vater wird ihn lieben und wir werden zu ihm kommen und bei ihm Wohnung nehmen,* so sagt es Jesus (*Die Bibel, Johannes-Evangelium, Kap. 14, Vers 23*).

Ooopppsss ...

Er kommt nicht nur zu Besuch – er will bei mir einziehen. Und er will nicht nur das Gästezimmer haben, sondern auch mein Arbeitszimmer, die Küche, den unaufgeräumten Keller. Ich bin mir noch nicht so sicher, was ich davon halten soll.

Na ja, wenn einer hier einziehen will, dann muss ich nicht erst groß alles putzen und aufräumen, das kriegt er dann sowieso irgendwann mit, dass es hier auch manchmal gebraucht aussieht. Dann tun es zum Abendessen auch Bratkartoffeln und Spiegelei. Dann ist da noch einer, der den Müll rausbringt und das Unkraut jätet und da ist, wenn Handwerker auf sich warten lassen. Der sitzt mit mir abends auf der Bank im Garten, und wir gucken den beiden Fledermäusen nach, der hört mir zu, wenn ich erzählen will – und lässt mich in Ruhe, wenn ich Zeit für mich brauche. Da ist einer, der mithilft, wenn im Keller mal wieder Wasser steht – und mich in den Arm nimmt, wenn ich traurig bin.

Ja, so ist es – oder so könnte es sein, wenn da einer bei mir wohnt. Okay, mit Gott werde ich weder Bratkartoffeln mit Spiegelei essen, und er wird auch meinen Müll nicht rausbringen. Aber zu wissen, zu ahnen, zu spüren: Er ist dabei, er ist da – könnte sein, dass ich dann meine Bratkartoffeln anders esse, den Müll anders rausbringe.

Gott will bei mir sein, er will bei mir wohnen – seine Anfrage steht. Jetzt kommt es auf mich an.

Gebe ich ihm den Hausschlüssel – oder quartier ich ihn im Hotel ein? Lasse ich ihn in mein Leben, in meinen Alltag herein – oder mach ich ihn zum Familienfeier-Besucher? Zeige ich ihm nur die aufgeräumten, schönen und guten Orte meines Lebens – oder darf er auch all das Unaufgeräumte, Dunkle, Dreckige sehen? Kann ich mich ihm zumuten, so wie ich bin – mit all meinen Tränen, meiner Freude, meinen Träumen, meiner Ratlosigkeit, meiner Wut, meiner Enttäuschung, meiner Dankbarkeit? Oder muss ich erst aufräumen – auch in mir?

Ich glaube, Jesus weiß, was er sagt. Und er sagt nicht: Ich komm dich besuchen – sondern er sagt: Ich will bei dir wohnen. Und dann wird er wohl wissen, worauf er sich einlässt.

Ich finde, es wäre eine Chance. Wenn Gott mit mir, bei mir wohnt, dann könnte sich das Leben anders anfühlen. Dann wäre ich nicht auf mich allein gestellt, sondern dann wäre einer bei mir, der alle Lebenswege mitgeht. Dann hätte ich einen Freund an meiner Seite, der auch dann nicht erschrickt, wenn er die dunklen Seiten an mir wahrnimmt. Das wäre einer, der bedingungslos an mich glaubt – sogar dann, wenn ich nicht mehr an mich glaube. Und der mir nicht kündigt, bloß weil ich irgendwas mache, was ihm nicht passt.

Was es von mir her braucht? Jedenfalls keine aufgeräumte Wohnung, sondern nur meine Liebe, meine Sehnsucht, meine Offenheit. Ich muss nichts tun, machen, leisten. Einfach nur offen sein ... bereit sein ... ihn hereinkommen lassen. Ich muss gar nicht so viel suchen, sondern nur bereit sein, mich finden zu lassen.

ES WAR SO VIEL

Es ist spät am Abend. Nach einem langen Tag sitze ich noch am Schreibtisch. Die dringendsten Mails sind beantwortet, der Vortrag für den nächsten Tag steht auch. Jetzt kehrt allmählich Ruhe ein ... und die Eindrücke des Tages gehen mir nach. Die Fahrt durchs Emsland zum Frauenfrühstück heute Morgen, die Begegnungen und Gespräche. Die Nachricht, dass der Sohn einer guten Bekannten bei einem Überfall schwer verletzt wurde. Thomas kommt mir in den Sinn, der mit der Kirche und seinem Priester-Sein hadert – ob ich noch mal anrufen soll? Das mit der Umbettung der Urnen meiner Eltern muss ich dringend angehen – und, ach herrje, ich hab schon wieder vergessen, Bettina anzurufen. Vor gut einem Jahr ist ihr Mann gestorben – und ich wollte fragen, wie es ihr geht. Und ob meine Reaktion vorhin in der Mail vielleicht nicht doch zu scharf war? Aber ich hab mich einfach geärgert, dass die Unprofessionalität von Kollegen mich zusätzliche Kraft und Zeit kostet.

In mir ist ein buntes Durcheinander – und wo war Gott überhaupt an diesem Tag?

Im Computer vor mir eine leere Seite. Ich suche, warte auf Worte.

Was ist das, was in mir ist?

Erste, tastende Worte: *Es war so viel, Herr mein Gott*

Und zögernd füge ich hinzu: *fast zu viel.*

Ich probiere es mit: *zu viel für einen Tag, zu viel für mich.*

Ich halte inne und denke nach. Ja, da ist zu viel zu tun, zu viel zu erledigen, an zu vieles zu denken. Ich spüre meine Müdigkeit.

Und ich bin müde geworden.

Es tut gut, mir das einzugestehen. Es schwarz auf weiß vor mir zu sehen. Viel kann ich heute Abend nicht mehr tun. Es ist zu spät, um Bettina noch anzurufen, die Unprofessionalität des Kollegen werde ich nicht ändern, für Thomas und den Sohn der Bekannten kann ich nur beten. Und ich habe ein wenig Angst, dass ich mich in dem Vielen einfach verliere. Und dass ich dich, Gott, dabei verliere.

Bist du da, wo ich nicht sein kann?

Bist du da, wo ich an meine Grenzen komme?

Bist du da?

Auch für mich?

Ich lese, was ich geschrieben habe, spüre den Worten nach. Es tut mir gut, diese Fragen zu stellen. Und plötzlich schreibt es sich weiter:

Der uns behütet, schläft nicht.

Ein Vers aus den Psalmen, uralte Worte – ich weiß nicht, wo sie herkommen, sie sind plötzlich da. Sie trösten mich, geben mir Halt, Geborgenheit. Ich kann loslassen, Thomas, Bettina, den unprofessionellen Kollegen, ja, mich selbst. Ich drücke auf „speichern“, „ausdrucken“ und fahre den Computer herunter. Jetzt kann ich schlafen gehen.

Gott

ich habe einen langen Tag
hinter mir

ich habe gekämpft
und habe nicht verloren

ich habe gekämpft
und habe nicht gesiegt

jetzt
möchte ich ausruhen

in deinen Armen

FREUND DES SCHWEBENDEN

Heute Morgen war ich mit einem jungen Priester verabredet. Schnell kamen wir ins Gespräch über das, was er als Leiter einer Pfarreiengemeinschaft in seinen drei Gemeinden erlebt. Plötzlich sagte er: „Da ist so viel Unerledigtes – hier steht noch eine Entscheidung aus, da kommen wir bei der Bausache nicht voran, und jetzt gibt es einen gemeinsamen Pfarrgemeinderat für alle drei Gemeinden – und wir fangen wieder ganz von vorne an, und ... da ist dauernd was zu tun ...“

Wir schwiegen beide – und dann fragte ich: „Glaubst du wirklich, dass du irgendwann mal mit irgendwas wirklich fertig sein wirst? Wenn du die Baustelle im Griff hast, wird sich die nächste auftun, wenn du eine Entscheidung getroffen hast, kommt wahrscheinlich gleich schon die nächste, wenn du einen Menschen durch seine Ehekrise hindurch begleitet hast, wird der nächste vor der Tür stehen.“ Er schaute mich nachdenklich an und meinte: „Man müsste eigentlich Freund des Schwebenden, des Nicht-Endgültigen werden ...“

Mag sein, dass wir uns manche Probleme selbst machen, weil wir den Anspruch haben, mit irgendetwas endgültig fertig zu werden. Jetzt ist endlich das Kirchendach neu gedeckt, aber nun fängt die Heizung zu spinnen an. Grad hat man Weihnachten gefeiert, da muss man schon an Ostern denken. Da führt man Kinder mit viel Engagement zur Erstkommunion, um vier Wochen später festzustellen, dass kaum noch jemand im Gottesdienst auftaucht ...

„Freund des Vorläufigen“ werden, sich damit versöhnen, dass das, was man tut, nie abgehakt und erledigt sein wird ... man ist im wahrsten Sinne des Wortes nicht fertig mit Gott und der Welt. Alles kommt irgendwie, irgendwann wieder.

Eigentlich ein wunderschöner entlastender Gedanke ...

STATT HAUSGEMACHTER PROBLEME

Oft sind wir in unserem Denken linear ausgerichtet. Wir haben ein Ziel vor Augen – da wollen wir hin. Dafür mühen wir uns ab und setzen uns ein. Und dann, nach all den Anstrengungen, ist dieselbe Frage wieder da, vielleicht in anderer Form, in anderer Gestalt – aber unverkennbar das gleiche Problem. Und wir hatten doch so gehofft, es endlich in den Griff bekommen zu haben!

Aber dem Leben von uns Menschen – und damit auch den Bildern der Bibel! – liegt kein lineares Denken zugrunde, sondern ein zyklisches. Alles kehrt wieder, etwas verändert, gewandelt – aber doch erkennbar. Zeiten der Blüte, der Reife, der Ernte, der Brachzeit. Und dann fängt es wieder von vorne an. Das ist so. Und so werden auch unsere Probleme immer wiederkehren ...

Von unserer Arbeit zu erwarten, dass sie all das endgültig löst, dass wir etwas „ad acta“ legen können – erst diese Erwartung erzeugt das Problem.

Wenn wir uns dagegen darauf einstellen, dass alles wiederkommt, das alles schon einmal da war, dann können wir erheblich gelassener auf all das reagieren, mit dem wir nicht fertig werden.

Vielleicht lohnt sich eher die Neugier: Wann, wo und wie wird mich das nächste Mal genau diese Frage, dieses Problem erwischen?

Und dann könnte man dem durchaus sehr gelassen gegenüberstehen und sagen: „Guten Tag! Ich habe dich schon erwartet!“

LOSLASSEN

Wer neu anfangen will, muss loslassen lernen. Manchmal muss man sich von einem Traum, einer Idee verabschieden. Oder von liebgewordenen Traditionen und Gewohnheiten, weil sie nicht mehr passen. Etwas, was mich früher gehalten hat, trägt plötzlich nicht mehr. Und immer wieder muss ich auch Menschen loslassen, weil sie mir in den Tod vorausgegangen sind, hinter mir zurückgeblieben sind oder ganz einfach andere Wege gehen.

Manches kann ich gut loslassen, anderes fällt schwer und tut weh.

Loslassen kann aber auch befreien. Wenn ich immer nur alles festhalten will, dann werde ich davon auch „festgehalten" werden. Dann sind meine Hände und mein Herz voll und nicht offen für das Neue. Und ich werde die Zukunft nicht wagen, weil ich mit dem beschäftigt bin, was war.

Jack Kornfield, ein amerikanischer Buddhist, sagt es so: „Die Dinge loszulassen bedeutet nicht, sie loszuwerden. Sie loslassen bedeutet, dass man sie sein lässt."

lösen

los lassen ent spannen zur Ruhe kommen mich finden	die Hand öffnen für Neues bereit sein

NICHT MEHR BRAUCHEN

Ein verregneter Sonntag ... nichts Dringendes ist zu tun, der Kurs in der kommenden Woche ist schon vorbereitet, die Unterlagen eingepackt. Vor ein paar Tagen war mein Blick auf ein paar alte Schulhefte gefallen, die im Bücherregal liegen und bisher alle Umzüge „überstanden“ haben. Kurzentschlossen hole ich sie jetzt hervor. Neugierig schlage ich eines auf und sehe in ungelenker Blockschrift Wörter, in denen jeweils ein Buchstabe farbig hervorgehoben ist – mein Schreibheft aus der ersten Klasse. Das nächste Heft: mein Ferientagebuch von unserem Urlaub an der Ostsee, 1968. Da war ich zwölf Jahre alt. Ich blättere es durch, lese, schmunzle – und entscheide mich, die Hefte jetzt loszulassen und ins Altpapier zu geben. Jahrzehntelang habe ich sie immer mit umgezogen – heute Nachmittag kann ich mich von ihnen trennen. Ich brauche sie nicht mehr. Das, was war, ist in mir ...

manchmal
muss man
abschied nehmen

von menschen
orten und erinnerungen
plänen und ideen

nicht immer gerne
manchmal gezwungen
und nicht gefragt

was mir
dabei
hilft?

noch einmal anschauen
danke sagen
– und loslassen

um anderes
werden lassen
zu können

120 KARTONS, 8 REGALE, 1 UMZUGSWAGEN

Vor einigen Jahren war es mal wieder so weit, morgens um 6.45 Uhr stand der Umzugswagen vor der Tür. Diesmal war es sogar für mich ein „großer Umzug" – 500 Kilometer weit nach Norden, in ein wunderschönes Pfarrhaus, direkt an der Ems.

Eigentlich bin ich ziemlich „umzugserprobt" – das war jetzt der neunte Umzug in meinem Leben. Aber der war heftig! Wenn man so weit wegzieht, kann man nicht eben mal ein Regal in der alten Wohnung abbauen und in der neuen, die drei Straßen entfernt ist, schon aufbauen – da muss an diesem Tag morgens um Punkt 6 Uhr *alles* eingepackt sein, denn dann muss man ja schon die vorbestellten Brötchen beim Bäcker abholen, damit die Möbelpacker bei Kräften bleiben.

Entsprechend anstrengend waren die Wochen vorher: Ich habe aussortiert, musste die Abgabetermine für Sonder- und Elektromüll im Blick haben, die Vorräte aus dem Tiefkühlfach sollten verbraucht werden. Dauernd musste ich Entscheidungen treffen, was nehme ich mit, wovon trenne ich mich – und dabei wurde ich oft genug mit meiner eigenen Vergangenheit konfrontiert und blieb mal wieder gedankenverloren an einem Brief oder einem Foto hängen.

Und gleichzeitig hat man das Neue schon im Blick: Welcher Schrank kommt wohin? Das Telefon muss umgemeldet werden, die Winterreifen darf ich nicht vergessen ... Kurz und gut: Umzug ist immer irgendwie ein kunterbuntes Durcheinander.

Sogar als ich schon einige Wochen in dem Pfarrhaus wohnte, kämpfte ich immer noch mit meinen Kellerkartons, machte täglich neue, aufregende Entdeckungen – und suchte manche Dinge immer noch verzweifelt. Aber nun gut.

DEN GLAUBEN UMZIEHEN

An einem Nachmittag stand ich am Fenster meines zukünftigen Wohnzimmers in diesem Pfarrhaus, das noch kein Sofa hatte, schaute auf den Fluss und das kleine Kaninchen, das im Garten zu Hause ist, und dachte mir: Täte meinem Glauben nicht gelegentlich auch so ein Umzug gut?

Meinen Glauben umziehen – das ist die Entscheidung: Was ist mir wichtig – und wovon kann ich mich trennen? Das wäre die Chance, mal die Schränke von der Wand zu rücken, die schon jahrelang dastehen und dahinter gründlich sauber zu machen. Und kritisch den Inhalt der Regale durchzuschauen: Ist etwas nur da, weil es schon immer da war? Bedeutet es mir noch etwas – oder ist es zur reinen Dekoration verkommen? Vielleicht muss ich auch manchmal in meinem Glauben ausziehen, um neu einziehen zu können?

Das heißt ja nicht, dass ich gar nichts mehr glaube, sondern das ist die Einladung, neu zu glauben! Ich mache Inventur, sortiere, überlege, was ist mir noch wichtig, was nehme ich mit, was lasse ich da? Und manchmal kann es sogar sein, dass ich in einer alten Kiste etwas ganz Kostbares entdecke, von dem ich gar nicht mehr wusste, dass ich es habe.

Ich ziehe meinen Glauben um. Ich nehme ihn in die Hand, schaue hin, entscheide, was wichtig, was unwichtig ist, staube ab, was verstaubt ist, entdecke neu, was verborgen war.

Umzug des Glaubens – das Problem ist nur, dass da am Morgen keine Möbelpacker vor der Tür stehen, die das für mich managen – das muss ich ganz alleine machen. Denn es geht eigentlich um den Umzug meines Lebens. Und das passt sowieso in keinen Umzugskarton hinein.

KOCHREZEPTE

Ich koche eigentlich ganz gerne – und wenn Besuch kommt, noch ein bisschen lieber. Und gelegentlich habe ich auch Lust, mal etwas Neues auszuprobieren. Dann macht es richtig Spaß, Rezepte zu lesen und zu vergleichen und auf interessante Ideen zu kommen. Denn wenn man einmal die „Grundidee" verstanden hat, dann schaut man, was im Kühlschrank ist und was eventuell zueinander passt, wie man die eine Zutat, die man grad nicht vorrätig hat oder nicht mag, durch etwas anderes ersetzen könnte – oder was eine aparte, frische Geschmacksnote geben könnte. Wenn man selten kocht, wird man sich eher an das Rezept halten, je häufiger man kocht, umso freier wird man. Rezepte werden zu Anregungen und nicht mehr zu sklavischen Ausführungsbestimmungen. Dann aber wird jedes Gericht auch zu einem „Original" – und ich werde es nie wieder genauso nachkochen können. Das geht dann, wenn man das „Grundrezept" sozusagen „verstanden" hat.

Etwas verblüfft war ich allerdings, als ich kürzlich einen Satz von *Dietmar Mieth*, einem emeritierten Professor für Theologie, las: „Und genau das sollte man in der persönlichen Spiritualität auch tun: die Rezepte hinter sich lassen."

Loslassen

von Gott
gepackt
ergriffen
gefesselt

lerne ich
zu unterscheiden

zwischen
wichtig und nicht wichtig
notwendig und nicht notwendig
sinnvoll und nicht sinnvoll

von Gott
gepackt

lerne ich
endlich

frei
zu sein

für das
was wirklich
zählt

NICHT FÜTTERN!

Ich habe den Autoschlüssel schon in der Hand, da klingelt das Telefon. Ich zögere einen Moment, melde mich dann aber doch. Und eine nette Frau erklärt mir, dass sie mich für einen Vortrag anfragen möchte. Klar, gerne. Aber ich muss wirklich weg: „Könnten Sie mir bitte eine Mail schreiben mit Ihrem Anliegen?“ Am Abend ist die Mail da. „Wir würden gerne – hätten Sie ...?“ – und dann steht da: „Bitte rufen Sie mich doch mal an – aber die nächsten Wochen bin ich nicht da.“ Ich stutze. Jetzt soll ich mir merken, dass ich in einigen Wochen diese Frau anrufen soll? Irgendwas läuft da doch grad falsch rum – wer will was von wem?

Mich hat das an eine Theorie aus dem Management erinnert. Die beschreibt zu erledigende Aufgaben als „Affen“ – und die sitzen uns gelegentlich im Nacken. Man muss etwas tun, etwas erledigen. Aber manche Menschen schaffen es hervorragend, ihre eigenen Affen anderen zu geben: „Könntest du nicht vielleicht ...?“ – „Ich schaff das nicht alleine ...“ – „Du kannst das so gut!“ Und da wir in der Regel gutmütig und hilfsbereit sind, lassen wir die Affen anderer in unser Genick springen, die dann dort sitzen, gefüttert und versorgt werden wollen – und wundern uns, warum wir gar nicht mehr zu Ruhe kommen ... Wenn man dieses Bild vor Augen hat, dann kann man in manchen Sitzungen richtig sehen, wie die Affen munter hin und her springen. Und dann bin ich auf einmal für etwas zuständig, für das ich eigentlich gar nicht zuständig bin. Und dann steht auf meiner To-do-Liste plötzlich etwas, was gar nicht meins ist.

Mir ist die Frage wichtig geworden: Wem gehört dieser Affe? Und die nette Frau habe ich per Mail gebeten, dass sie sich einfach melden soll, wenn sie wieder da ist.

Don't feed the monkeys! Bitte die Affen nicht füttern!

immer wieder
fall ich
drauf rein

könntest du nicht
ohne dich kann ich das nicht
ich brauch dich

klar gerne
wenn ich helfen kann
mach ich das schon

und plötzlich
will man von mir
was ich nicht geben kann

antworten
lösungen
leben

und ich ziehe grenzen
sage nein
um mich zu schützen

und dann
bin ich nicht mehr wichtig
werde nicht mehr geliebt

es tut weh
sie wollen mein tun
nicht mein sein

und ich fühl mich
verletzt und benutzt
voll wut und voll ohnmacht

und wünsche mir nur
dass ich verletzlich bleibe
und doch ja sage

immer wieder

Daher zog Jesus sich wieder auf den Berg zurück, er allein.
Die Bibel, Johannes-Evangelium, Kap. 6, Vers 15

ER ALLEIN!

Lange Jahre hatte ich an meiner Wohnungstür eine Karte mit einer Regel aus dem Kloster Altenberg hängen: „Ihr sollet gegen jedweden gastfreundlich sein – aber nach drei Tagen könnet Ihr allmählich ein wenig nachlassen." Dieser Spruch war für mich eine wichtige Erinnerung daran, dass Gastfreundschaft auch ihre Grenzen hat. Ja, ich kann und darf geben, was ich habe, was ich bin. Und soll es sogar! Aber es gibt auch den Punkt, an dem ich „nein" sagen muss und darf.

Jesus schenkt sich her – bedingungslos, liebend, sich hingebend. Er fragt nicht danach, welches Taufbuch einer hat, ob jeder am Sabbat in die Synagoge geht – er lädt ein.

Aber den Menschen reicht das nicht. Sie wollen noch mehr. Sie wollen Jesus zum König machen. Sie sehen nur auf ihre Bedürfnisse, auf ihre Interessen – und sind dabei unersättlich. Dort, wo Menschen sich etwas erwarten, erhoffen, werden sie es auch einfordern. Und genau das zerstört den Wert, etwas schenken zu können, zu dürfen.

Dort, wo mein Geschenk zur Selbstverständlichkeit wird, darf ich auch Grenzen ziehen. Dort, wo andere mich dazu benutzen, sich nur noch „versorgen" zu lassen, darf ich mich auch entziehen. Oder, ich sage es noch einmal anders: Ich bin gerne bereit, mich „gebrauchen" zu lassen, aber nicht, mich „missbrauchen" und ausnutzen zu lassen. Dann darf ich mit meiner Gastfreundschaft auch allmählich ein wenig nachlassen. Und dann darf ich mich notfalls all den Anforderungen an mich auch einmal entziehen.

Daher zog er sich wieder auf den Berg zurück, er allein.

Aber gebt eurer Gemeinsamkeit Freiräume. Und lasst die Winde des Himmels zwischen euch tanzen. Khalil Gibran, „Der Prophet“

Liebes
erklärung

ich brauche dich
in deinem frei sein

denn nur
wenn du frei bist

kannst du mich
frei sein lassen

und nur
wenn wir frei sind

können wir uns
einander

wirklich
schenken

vielleicht war es doch
die Lerche

der Rosenzweig
in meinem Herzen
konnte dir
der Himmel nicht sein

so lasse ich dich

ziehen flieg
der Freiheit entgegen

solltest du
irgendwann einmal
ein Nest brauchen
ruf an

vielleicht
bin ich daheim

LACHEN

In einer Predigt erzählte ein südafrikanischer Bischof von einem Pfarrer, der nach seinem Tod in die Hölle kam – aus welchen Gründen auch immer. Und er wunderte sich, er hatte sich die Hölle ganz anders vorgestellt – aber hier war es sauber, hell, aufgeräumt, Blümchen standen da, es roch gut. Als er den Teufel traf, fragte er ihn kurzerhand, wie das denn käme. Der Teufel schmunzelte und sagte: „Ach, wir haben seit einigen Wochen ein paar Schwestern hier!"

Die Ordensschwester, von der ich das hörte, brauchte aber für diese paar Sätze wohl fünf Minuten, weil sie selbst beim Erzählen so lachte, dass ihr die Tränen kamen. Und wir alle, die wir am Tisch saßen, mussten einfach mitlachen.

Sich nicht so wichtig nehmen und über sich selbst lachen können – das täte vielleicht unserer Kirche und unserem Glauben gerade in der jetzigen Situation ganz gut. Wer eine Untergangsstimmung ausstrahlt, braucht sich nicht zu wundern, wenn die Menschen wegbleiben. Da, wo man sich des Lebens freut, wo man miteinander lachen kann, werden andere neugierig.

Und wir Christen haben allen Grund dazu, denn wer erlöst ist, ist auch frei – und wer frei ist, der kann lachen.

URLAUB MITTEN IM ALLTAG

In den Wochen des Sommers ging es wohl für die meisten etwas ruhiger zu, vielleicht waren sogar ein paar Tage Urlaub möglich. Zeit zum Aufatmen ...

Jetzt hat uns der Alltag wieder – und da mag es ganz schnell wieder hektisch und stressig werden.

Aber wie wäre es denn mit ein bisschen Urlaub mitten im Alltag? Indem man sich einfach mal hinsetzt?

Manchmal sitz ich ganz gerne so in der Gegend rum – morgens beim ersten Tee, wenn ich den Vögeln zusehe und den Schiffen auf der Ems, oder abends im Garten auf der Bank, wenn die Schwalben ihre Runden drehen. Einfach dasitzen und gucken ...

Als Kind hab ich oft gehört: „Sitz nicht rum! Tu was!" – und dann hatte ich ein schlechtes Gewissen, wenn ich nicht mit irgendetwas beschäftigt war. „Rumsitzen" galt als „faul", und Müßiggang war „aller Laster Anfang". Aber gerade solche Zeiten können kostbar sein.

Es mag ja durchaus sein, dass ich in dem Moment nichts tue – aber es könnte sein, dass sich gerade dann etwas in mir tut. Nicht „ich tue", sondern „es tut sich", genauso wie „es in mir atmet". Und vielleicht kann erst dann etwas Neues in mir wachsen und sich entwickeln, wenn ich dabei nicht störe, nicht allzu viel denke und mache und tue.

Wenn ich einfach nur bin ...

Deshalb sitze ich manchmal ganz gerne einfach nur irgendwo rum ... damit „es" eine Chance hat. Und das ist ein bisschen Urlaub mitten im Alltag.

IM RHYTHMUS LEBEN

Ich liebe den Sommer hier im Nordwesten Deutschlands. Im Juni hängt um elf Uhr abends noch ein letzter Schimmer Licht am Himmel – und morgens um vier wird es schon wieder hell. Es zieht mich nach draußen – und wenn die Schnaken nicht wären, würde ich wahrscheinlich bis spät am Abend mit meinem Computer draußen sitzen und dort arbeiten.

Aber spätestens im August fange ich auch schon an, mich ein klein wenig auf den Herbst und den Winter zu freuen. Immer nur Sommer? Das wäre nichts für mich. Ich finde gerade den Wechsel schön. Zum Herbst und Winter gehören Kerzen und Pullover – und im Sommer muss es einfach überall blühen. Spargel gehört in den Mai, Erdbeeren in den Juni – und Lebkuchen in den Dezember. Im Winter gibt es die schöne Fleece-Bettwäsche – und im Sommer tut es einfach ein altes Bettlaken. Mir tun diese Rhythmen gut – sie sind für mich wie ein Geländer, an dem ich mich im Laufe eines Jahres entlanghangele.

Manche Menschen können nicht warten. Sie wollen alles immer und sofort. Und dann wird mit elektrischem Licht das Dunkel des Winters vertrieben, im Januar gibt es importierte Erdbeeren zu kaufen, im August stehen die Lebkuchen schon im Regal. Aber es hilft uns nicht beim Leben, wenn wir alles gleichschalten. Und wenn wir dem Leben den Rhythmus nehmen, wird es langweilig, weil dann alles gleich ist. Oder um es mit der Bibel zu sagen: *Alles hat seine Stunde. Für jedes Geschehen unter dem Himmel gibt es eine bestimmte Zeit (Die Bibel, Buch Kohelet, Kap. 3, Vers 1).*

Und deshalb genieße ich noch diese Sommertage ... und freue mich auf den Herbst und die Wildgänse.

EIN BISSCHEN WEHMÜTIG …

… sitze ich auf der Bank im großen Pfarrhausgarten. Eben habe ich noch einmal die Blumen gegossen – wie so häufig in diesem Sommer. Allzu oft wird es wohl nicht mehr nötig sein. Und es wird nicht mehr viele Abende geben, an denen man noch im T-Shirt draußen sitzen kann.

Ich habe mir ein Bier aus dem Kühlschrank geholt, im Nest unterm Dach zwitschern sich die Schwalben noch „Gute-Nacht-Geschichten“ zu. Allmählich wird es dämmerig, über den Sträuchern geht langsam der Mond auf. Die Schwalben schlafen inzwischen, dafür huschen die beiden Fledermäuse um mich herum. Still ist es, nur die Kirchturmuhr schlägt die halbe Stunde, auf der Ems tuckert ein Schiff vorbei.

Ja, es gäbe noch genug zu tun am Schreibtisch. Aber das kann warten. Denn diese Stunde an einem der letzten Augustabende wird so schnell nicht wiederkommen.

Der Beginn eines alten Gedichtes kommt mir in den Sinn, irgendwann mal in der Schule gelernt: »Herr: Es ist Zeit. Der Sommer war sehr groß. Leg deinen Schatten auf die Sonnenuhren, und auf den Fluren lass die Winde los.« *Rainer Maria Rilke* hat es 1902 geschrieben … aber ich finde, es „stimmt“ noch immer. Und irgendwie hab ich das Gefühl, als ob ich an diesem Abend Abschied von einem „großen Sommer“ nehme. Jetzt kann und darf der Herbst auch kommen. Es war genug von dem „einen“, jetzt darf auch das „andere“ wieder sein.

Und als ich schließlich ein wenig fröstelnd ins Haus gehe – und dann doch noch am Schreibtisch lande – zünde ich die kleine Kerze auf dem Fensterbrett an, die seit Monaten nicht gebrannt hat.

Und das ist irgendwie auch schön.

Ein Morgen
Ende August

erster Nebel über dem Fluss
die Luft ist klar

noch steht alles in sattem Grün
und doch

Herbst kündigt sich an
ich suche den Himmel ab

bald werden sie kommen
mit ihrem heiseren Schrei

der Sehnsucht folgend
dem unhörbaren Ruf

ich warte ihnen entgegen
und will doch

den Sommer noch nicht lassen
denn wenn die Wildgänse kommen

werden die Schwalben
weggezogen sein

DAS LETZTE „LASSEN"

Das Gespräch von gestern Abend geht mir immer noch nach: „Ich habe gelernt, dass ich jetzt loslassen muss", hatte die Frau gesagt, die seit zwei Jahren um das Leben ihres Mannes kämpfte, der an Krebs erkrankt war. Ihr Mann war nach den vielen Untersuchungen und Operationen müde geworden – er wollte nicht mehr leben. Und konnte doch noch nicht sterben. Es war für diese Frau ein schmerzhafter Prozess gewesen, in dem sie sehr mühsam lernte, dass es eine Zeit des Kämpfens gibt, aber das irgendwann auch der Punkt kommt, an dem man einfach nur noch „lassen" kann.

Das ist das größte und vielleicht das schwerste „lassen" – einen geliebten Menschen zu lassen. Und manchmal mag gerade das der letzte Liebesdienst sein, den man einem Menschen erweisen kann – ihn gehen zu lassen, nicht länger festzuhalten. Wenn sein Weg jetzt heißt, sich in die Hände Gottes fallen zu lassen, weil er nicht mehr will, nicht mehr mag, sein Leben nicht mehr lebenswert findet – ja, dann möge es dieser Weg sein. Und dann will ich mich auch nicht mehr dazwischen stellen, nur weil meine Wünsche anders sind. Das ist schwer, ja. Aber damit mache ich es dem anderen leichter zu gehen – wenn er denn wirklich gehen will. Dann zögert mein Festhalten, mein Kämpfen all das nur unnötig hinaus, was jetzt gelebt sein will.

Immer wieder bin ich gezwungen loszulassen, nicht mehr festzuhalten. Der erste Kindergartentag, der erste Schultag, Auszug von zu Hause – bei den Kindern wird dies besonders deutlich. Und wenn wir dann nicht loslassen, sind manche anstehenden Entwicklungsschritte nicht möglich.

Und der Tod eines geliebten Menschen mag die Nagelprobe sein, ob ich meine Lektionen des Lebens gelernt habe.

UND DEN SEGEN ERBITTEN

Auch den geliebtesten Menschen, den Ehepartner, den Freund, muss ich immer wieder loslassen. Er ist nicht mein Eigentum – lieben heißt auch, dem anderen seine Freiheit zu geben: Die Freiheit, anders zu sein, anders zu fühlen, anderes zu wollen. Auch wenn es mir weh tut … „im goldenen Käfig der Liebe" gefangen zu sein, das ist nicht so besonders attraktiv, vor allem wenn einer für die Freiheit bestimmt ist.

Um die zu werden, die ich sein könnte, muss ich manche Bilder von mir loslassen, mich von bestimmten Erwartungen lösen – und auch meine Bilder von Gott kann ich nicht festhalten, wenn er wirklich der ganz Andere ist.

Freiheit und Loslassen bedingen einander – alles, was ich festhalte, ist gebunden und bindet zugleich – mich und den anderen.

Und mir fällt diese schöne Stelle aus dem Alten Testament ein, der Kampf Jakobs mit der göttlichen Macht: *Ich lasse dich nicht, es sei denn, du segnest mich!* (*Die Bibel, Buch Genesis, Kap. 32, Vers 27*). Ich kann dann lassen, wenn mir der andere Gutes zusagt. Und indem ich Gutes zusage, kann ich wiederum lassen.

Und so mag es auch mit dem letzten und schwersten Loslassen sein: Ich schenke dem anderen die Freiheit, seinen Weg zu gehen – auch wenn ich es mir anders gewünscht hätte. Ich lasse los – und gebe ihn in die Freiheit Gottes hinein.

Und wünsche ihm alles Gute für seinen Weg.

SEPTEMBER

entdecken

In deiner Hand steht meine Zeit. Die Bibel, Buch der Psalmen, Psalm 31, Vers 16

VOM TUN UND VOM LASSEN

Das mit der Zeit ist schon so eine Sache ... die dreiviertel Stunde beim Zahnarzt zieht sich ins Unendliche, die dreiviertel Stunde mit der besten Freundin im Café verfliegt viel zu schnell. Man sieht Kinder heranwachsen und fragt sich seufzend: Wo ist nur die Zeit geblieben? Man denkt, man hat ein ganzes Leben vor sich – und plötzlich ist man 60 – und schielt auch schon nach den Daten bei den Todesanzeigen. Und manche, die hofften, mit ihrer Pensionierung hätten sie auch mehr Zeit, sind „beschäftigter", als sie es je waren. Manchmal gibt es Wochenenden, die einfach nicht rumgehen wollen – und dann wieder ist so viel Trubel im Leben, dass man das Gefühl hat, gestern wäre schon drei Tage her.

Auf dieses Phänomen Zeit reagieren wir alle ganz unterschiedlich: Manche kaufen sich ein Kalendersystem, um die Zeit optimal zu managen, andere schreiben Tagebuch, um die flüchtigen Augenblicke festzuhalten, manche versuchen, die schönen Momente wirklich auszukosten, andere jammern nur darüber, dass sie keine Zeit haben. Wenigstens dafür haben sie dann doch genug Zeit.

In deiner Hand steht meine Zeit. Nein, das ist keine Anweisung für ein spirituelles Zeitmanagement, kein Hinweis, wie man noch mehr noch besser in noch kürzerer Zeit ...

Es hat nichts mit Machen und Schaffen zu tun, sondern viel mehr mit Lassen und Sein. Es heißt nicht, den ganzen Verpflichtungen noch eins drauf zu setzen, sondern es ist eigentlich eine Haltung, eine Einstellung, die all mein Handeln durchdringen, darauf abfärben sollte.

Nicht ich verfüge über meine Zeit, sondern meine Zeit ist mir von Gott geschenkt. Keiner von uns weiß, auf welchen Tag und welche Stunde unsere Lebensuhr gestellt ist. Was wir nicht wissen, weiß nur Gott. Wir aber planen unser Leben, als wären wir Besitzer und Verwalter zugleich. Ja, auf unseren Friedhöfen liegen viele, die genau das geglaubt haben. Und doch lernen wir von ihnen nichts, sondern machen genauso weiter wie vorher.

Es ist nicht selbstverständlich, dass wir heute leben – und es ist nicht selbstverständlich, dass wir morgen leben werden. Jede Stunde meines Lebens ist unwiederbringlich. Dankbar sein für jeden neuen Morgen, für jeden gelebten Tag.

Jede Stunde meines Lebens ist Geschenk. Gott selbst schenkt sie mir. Und mit Geschenken geht man eigentlich aufmerksam und achtsam um. Ja, Gott schenkt uns die Zeit – aber er wird uns auch fragen, was wir damit gemacht haben. Er wird uns fragen, was uns wirklich wichtig war. Und ich glaube nicht, dass er nach geputzten Fenstern fragen wird, nach dem Kontostand, den Eintragungen im Grundbuch. Fragen wird er, ob ich Zeit hatte für ein Gespräch mit der kranken Nachbarin, für fünf Minuten mit ihm, eine halbe Stunde für mich.

Was ist wichtig – und ist das, was tue, was ich getan habe, wirklich wichtig?

Und für wen eigentlich?

Natürlich gibt es in unserem Leben Dinge, die zu tun sind, Verpflichtungen, denen man nachkommen muss, Termine, die einzuhalten sind. Wir kommen an den Realitäten der Welt nicht vorbei. Zumindest gelegentlich sollten Fenster geputzt werden, an die Steuererklärung erinnert das Finanzamt, irgendjemand muss einkaufen, damit was im Kühlschrank ist, der Verlag wartet auf das neue Buchmanuskript. Und sich vor all dem mit der Begründung zu drücken, „dass meine Zeit in Gottes Händen steht“, ist auch nicht fair. Dass Gott der Herr unserer Zeit ist, entbindet uns nicht davon, das zu tun, was zu tun ist.

Aber wenn wir uns dessen bewusst sind, dass unsere Zeit in Gottes Händen steht, dann werden wir das, was zu tun ist, anders tun – es ist Mittel zum Zweck, vorläufig, nicht wichtig um seiner selbst willen.

Gott in meinen Alltag hereinholen, ihn nicht auf das Reservat Kirche und Sonntag abschieben. Gott all mein Tun durchdringen lassen, es von ihm anschauen lassen – und es ihm geben, damit er das bruchstückhafte Tun meines Lebens vollendet.

Ich glaube, damit lässt sich leben ...

BRATWURST

Ich mag den Sommer. Und ein Grund dafür sind all diese Grillfeten ... mal privat zu Hause mit Freunden, mal bei einem Pfarrfest. Alles ist irgendwie unkompliziert, ein paar Biertische, ein Grill, ein kühles Bier, nette Unterhaltung. Und ich mag eine gute, knusprige Bratwurst mit einer Scheibe Brot und Senf – dafür lass ich jedes Steak oder andere kulinarische Erfindungen stehen.

Aber gegen Ende August, Anfang September, je nachdem, wie lange die Grillsaison schon gedauert hat und ob es ein „guter Sommer" war, spür ich auch: Jetzt reicht es. Ich möchte auf keinen Bierbänken mehr sitzen, mich nicht mehr von Mücken halbtot stechen lassen und kann eigentlich auch keine Bratwurst mehr sehen.

Es gibt den Zeitpunkt, an dem ich „sommersatt" bin.

Jetzt freue ich mich drauf, auch mal wieder ein wenig zu frösteln und mich in meine Fleecejacke kuscheln zu können. Ich sehne mich den Herbstfarben entgegen, den leichten Nebeln über dem Fluss. Und erste Ahnungen von Kerzenschein und Zimtplätzchen steigen in mir auf.

Es gibt für alles seine Zeit. Auch im Leben.

Und genau das macht es so spannend.

VERHÜLLEN UND ENTDECKEN

Ab und an bekomme ich Wörter geschenkt: „entdecken" – das war so ein „Wort-Geschenk" des letzten Jahres. „Wir entdecken einen biblischen Text!" – so lud eine ehrenamtliche Mitarbeiterin unserer Pfarreiengemeinschaft hier im nördlichen Emsland zu einer Veranstaltung mit Bibliolog, einer neuen Form der Bibelarbeit, ein.

„ent-" – das steht in der deutschen Sprache in der Regel für „etwas wegnehmen", wie zum Beispiel bei den Wörtern „entkleiden" oder „enttarnen". „entfalten" – wie schön! Das nimmt die Falten weg – und „entwickeln" alle seltsamen Verwicklungen. „enttäuschen" kann zwar schmerzhaft sein – aber man wird die Täuschungen los, denen man eventuell aufgesessen ist. „entdecken" – wir nehmen die Decke von etwas weg, was schon längst da ist, wir hatten es nur nicht gesehen. Da verbirgt sich etwas, um das ich eventuell ahne – das ich aber noch nicht erkennen kann. So war auch Amerika schon längst da, bevor es von Kolumbus „entdeckt" wurde.

In ihren spektakulären Kunstaktionen gingen das Künstlerehepaar *Christo* (verstorben 2020) und *Jeanne-Claude* (verstorben 2009) genau den umgekehrten Weg. Sie verhüllten etwas, an das sich die Augen schon gewöhnt haben, damit neu hingesehen wird – im Jahr 1995 zum Beispiel den Reichstag in Berlin. Wenn etwas den Blicken entzogen wird, nimmt man es anders wahr. Vielleicht ist das auch der eigentliche Sinn, warum man Geschenke verpackt? Es erhöht die Spannung und Neugier darauf, was sich wohl in dem Päckchen verbergen mag.

Übrigens – Verhüllen ist auch ein alter christlicher Brauch: Eine Woche vor Palmsonntag werden in vielen Kirchen die Kreuze verhüllt, um damit am Karfreitag die Aufmerksamkeit neu auf das Leiden und Sterben Jesu zu lenken.

ENTDECKER GESUCHT

Zu entdecken gibt es vieles, im Kleinen wie im Großen, bei mir und bei anderen, grad um die Ecke oder auch ein paar Kilometer entfernt. Das können ganz praktische Sachen sein wie ein neues Kochrezept oder der Trick, wie man Flugrost in der Spülmaschine verhindert. Manchmal findet man unverhofft einen guten Krimi-Autor oder ein Lied, das einen anspricht. Im Nachbarort hat ein italienisches Restaurant neu aufgemacht und erweist sich als Geheimtipp.

Dann wieder steh ich überrascht vor mir selbst – und entdecke ganz neue Seiten an mir. Ach, das kann ich? Und ich mag Quark doch – na ja, manchmal und dann nur mit Erdbeeren. Aber immer wieder einmal auch: Bin das wirklich ich?

Man kann Menschen „entdecken" – und ihnen dabei helfen, sich selbst zu entdecken. Man ahnt, was in ihnen steckt, traut ihnen was zu – und sie lassen sich herausfordern (auch so ein tolles Wort!). Und sie zeigen, was sie eigentlich können.

Vielleicht wartet auch Gott darauf, von uns „entdeckt" zu werden? Möglicherweise braucht er eine „Hülle", um sich nicht von uns Menschen missbrauchen zu lassen ... missbrauchen durch Waffensegnungen, einengende Erwartungen, zu erfüllende Bedingungen?

Könnte sein, dass er uns in Jesus Christus die Chance gegeben und die „Decke Gottes" an einem Zipfel angehoben hat? Uns einen Blick auf das ganz Andere durch den ganz Anderen gewährt?

Die Einladung jedenfalls steht: Entdecker gesucht.

LACHEN – SAGTE MEIN HANDY

Eine Pfarrgemeinde in der Schweiz hatte mich zu einem Besinnungstag für Verantwortliche eingeladen. Ich reiste am Tag vorher an, der Gemeindeleiter und seine Frau luden mich zum Abendessen ein, und es wurde ein richtig schöner, gemütlicher Abend mit original Schweizer Rösti.

Als ich schließlich in das Hotelzimmer zurückkam, warf ich einen kurzen Blick auf das Handy, ob irgendwelche neuen Nachrichten da wären – und stutzte. Auf dem Display gab es eine neue Zeile, die ich bisher noch nie gesehen hatte, und da stand das Wort „Lachen“. Zugegeben, ich war etwas verwirrt. Mein Handy hatte mich noch nie zuvor aufgefordert zu „lachen“. Ich schaute mein Handy an, rekapitulierte kurz, dass ich nur zwei kleine Bier getrunken hatte – daran konnte es also nun wirklich nicht liegen. Ich schaute noch mal hin ... ja, eigentlich war alles vertraut: Die Zeile mit dem Empfangs- und Ladestatus, die Uhrzeit, das Netz, das Datum – aber darunter stand immer noch „Lachen“.

Ich schüttelte den Kopf ... aber tat schließlich, wozu mein Handy mich aufforderte: Ich lächelte. Und hatte keine Ahnung, warum mein Handy in der Schweiz mir eine so nette Aufforderung schickte! Aber gut ... ich habe es längst aufgegeben, diese Feinheiten der modernen Technik wirklich zu verstehen – und irgendwie fand ich diese Einladung einfach schön, auch wenn ich nicht die geringste Erklärung dafür hatte!

Und ich ertappte mich dabei, dass ich einige Male an diesem Abend das Handy in die Hand nahm, nur um mir sagen zu lassen, dass ich doch lachen möge – und lächelte dann auch still vor mich hin. Aber verstanden hatte ich es noch immer nicht.

Mit der netten Aufforderung meines Handys zu „lachen“ war ich schließlich in dem Hotelzimmer in der Schweiz schlafen gegangen. Am nächsten Morgen machte ich mich auf den Weg zu dem Gemeindezentrum, wo der Besinnungstag stattfand. Vor der Tür schaute ich auf mein Handy, um mich noch mal zum Lachen einladen zu lassen und es dann auszuschalten. Aber da stand auf einmal nicht mehr „Lachen“, sondern „Rapperswil“ ... und ich ahnte dunkel ...

Doch, es gebe hier in der Nachbarschaft einen Ort namens „Lachen“, bestätigte mir der Gemeindeleiter – und damit war klar, dass das Schweizer Telefonnetz wohl zusätzlich eine Art Ortsnetzkennung hat, die auf dem Display des Handys erscheint. Und wenn man im Ortsnetz des Ortes „Lachen“ ist, dann taucht „Lachen“ dort auf – und in Rapperswil eben „Rapperswil“.

Okay ... verstanden hab ich es jetzt, aber ein bisschen schade finde ich es trotzdem. Irgendwie hatte ich das mit der Aufforderung zu lachen auf meinem Handy auch ganz schön gefunden. Und hatte, ehrlich gesagt, auch schon angefangen zu überlegen, wozu mich mein Handy wohl als nächstes auffordern würde. Vielleicht zu „schlafen“ oder zu „lesen“ oder eventuell auch zu „beten“ ...?

Aber lächeln tu ich jedenfalls immer noch, wenn ich an diese nette Handy-Botschaft in der Schweiz denke ...

DER LACHENDE CHRISTUS

„Sag mal“, fragte mich unser Pfarrer vor einiger Zeit, „kennst du eigentlich Bilder mit einem lachenden Christus? Warum wird er immer so todernst dargestellt? Also, ich habe noch kein Bild gesehen, auf dem Jesus wirklich lacht!“ Ich dachte einen Moment nach ... und musste ihm recht geben. Ein lachender Christus? Nur ganz dunkel erinnerte ich mich an ein Bild aus einer Zeitschrift des Katholischen Bibelwerks, irgendwann in den 1990er-Jahren, eine kleine Zeichnung, auf der Jesus schallend lacht. Aber das war es dann auch schon ...

Doch, ich bin überzeugt davon, dass Jesus gelacht hat, dass er gerne und viel gelacht hat – auch wenn die Evangelien davon nichts ausdrücklich erzählen. Aber – wenn er in allem uns Menschen gleich war außer der Sünde ... warum sollte er dann nicht gelacht haben?

Jesus hat Gefühle zugelassen – er hat geweint beim Tod seines Freundes Lazarus, er war zornig, als er die Händler im Tempel, im Haus seines Vaters, sah, er war zärtlich zu den Kindern, die man zu ihm brachte. Und er hat geliebt – abgrundtief geliebt. Er hat Menschen berührt, die der Heilung bedurften, und er wurde handgreiflich, um Menschen ins Leben zurückzurufen.

Und so kann ich mir gut vorstellen, dass er manchmal über seine Jünger geschmunzelt hat, wenn sie mal wieder irgendetwas durcheinander gebracht haben ... und dass er auch schallend gelacht hat, wenn es einen Grund dafür gab.

Dass es so gut wie keine Bilder mit einem lachenden Christus gibt, muss also eher an uns liegen. Und dass es so wenig Humor in unserer Kirche gibt, ist dann eigentlich nur eine logische Konsequenz daraus.

In Südafrika, wo ich einige Zeit mit den *Missionsschwestern vom Kostbaren Blut* in Mariannhill zusammen leben und arbeiten durfte, ist das anders. Im Gottesdienst am Heiligen Abend haben wir als Eingangslied gesungen *Joy to the world!* – mit Trommeln und Rasseln und voller Freude! In Deutschland und in Österreich singen wir eher *Stille Nacht, heilige Nacht* – und sind ein bisschen meditativ versunken. Oder eine Predigt während der Zulu-Messe in der Kathedrale – die dauerte eine halbe Stunde (die Predigt!), aber dreimal brachte der Priester die Gemeinde so zum Lachen, dass sogar ich mitlachen musste, obwohl ich kein Wort verstanden hatte!

Manchmal scheint es mir, als ob für die Menschen in Südafrika die Botschaft unseres Glaubens wirklich noch eine „Frohe Botschaft" ist – wir sind erlöst, wir sind befreit, wir sind eingeladen zum Leben!! Und das singen und lachen sie regelrecht hinaus!

Für uns in Europa scheinen „Glaube" und „Kirche" eher zur Last geworden zu sein – und das merkt man uns manchmal auch an. Wir diskutieren viel, treffen uns bei Konferenzen, wir organisieren und verwalten unseren Glauben, wir perfektionieren das System. Und dann gibt es noch eine Arbeitshilfe zur Strukturreform und noch einen Fragebogen und noch einen Hirtenbrief.

Könnte es sein, dass „Glauben" und „Gott" und „Kirche" immer dann schwer und ernst werden, wenn wir uns selbst zu wichtig nehmen? Wenn wir denken, dass „Erlösung" von uns abhängt? Klar, dann wird die Last heftig und schwer ...

Aber eigentlich sind wir schon längst erlöst – in Jesus Christus hat der Himmel Fuß gefasst auf der Erde, das Reich Gottes hat schon begonnen!

Okay – es gibt schon noch ein bisschen was für uns als Kirche zu tun … Gott kann schließlich nicht überall sein – und er braucht unsere Hände und unsere Füße …

Aber es kommt darauf an, wie wir es tun – ob wir es aus einer heiteren Gelassenheit heraus tun, voll Zuversicht, mit einem Schmunzeln auf den Lippen, der Hoffnung vertrauend, die Erlösung lebend! Und dann wird auch immer wieder ein Lachen dabei sein!

Der andere Weg wäre: verbissen irgendwelchen Idealen hinterherjagen, alles durchplanen, alles im Griff haben wollen. Zahlen sind wichtig und Statistiken – und wehe, das Leben durchkreuzt unsere Planung! Da gibt es dann wirklich nichts zum Lachen!

Aber Leben in Fülle ist uns schon längst zugesagt! Und es liegt an uns, was wir daraus machen – einen eher depressiven „Du musst doch!“-Glauben – oder *Joy to the world!*

In der Pfarrei gibt es auch ein Wohnheim für Behinderte – und vor einiger Zeit hatten sie dort eine Ausstellung mit Werken der Bewohner*innen. Als ich durch die Räume schlenderte, fiel mir ein Bild auf: ein großes, rotes, farbiges Gesicht – und ein weißer, lächelnder Mund. „Was ist das?“, fragte ich. „Ein lachender Christus“, sagte eine der Betreuerinnen …

Könnte es sein, dass andere Kulturen und *handicapped people* etwas von der Erlösung durch Jesus Christus verstanden haben, was sich uns manchmal noch verschließt?

Kein Thema – ich kaufte das Bild und schenkte es unserem Pfarrer.

Doch – es gibt auch bei uns: einen lächelnden Christus: in der kleinen alten Wehrkirche in Urphar bei Wertheim am Main. Es ist eine wunderschöne Kirche aus dem 10./13. Jahrhundert – und wenn Sie irgendwann in der Nähe sein sollten, fahren Sie hin! Diese kleine Kirche stand schon lange auf meiner „Liste" – und irgendwann hatte ich endlich die Zeit, mir einen Ausflug dahin zu gönnen. Ein lächelnder Christus? Ja, den wollte ich sehen! Aber dann – eine beeindruckende alte Kirche, man spürt das Heilige dieses Raumes, und dann das Kruzifix – aber Jesus lächelnd? Nein, gebrochen am Kreuz, den Kopf nach unten gesenkt ...

Ich ging näher, irgendwie magisch angezogen – und kniete mich nieder. Und als ich dann zum Kreuz hochschaute – ja, er lächelte. Er schaute mich mitten in all seinem Leiden liebend an und umarmte mich mit seinem Lächeln. Und ich fühlte mich umarmt und geliebt – und liebend und lächelnd angeschaut. Vielleicht ist das die Botschaft des Christus aus Urphar ... Willst du ihn lächeln sehen, musst du dich niederknien, ihn anschauen, einfach vor ihm sein.

Du musst nichts machen, nichts leisten, musst dich nicht beweisen. Er lächelt dich an – und du kannst einfach zurücklächeln ...

(Wenn Sie den Christus von Urphar vor Ort sehen möchten, rufen Sie am besten vorher bei einem der Verantwortlichen in der Gemeinde an, denn die Kirche ist nicht durchgängig geöffnet. Die Kontaktdaten sind im evangelischen Pfarrbüro Bettingen zu erfragen oder auf der Internetseite des Evangelischen Kirchenbezirks Wertheim zu finden.)

Blickwinkel

Das Licht
das sich im Wasser
in Farben bricht

will mir sagen
dass das Leben
nicht nur grau ist

es kommt oft nur
auf den Blickwinkel an

WINTERKOLLEKTION

Bernd war von seinem Neffen als Firmpate angefragt worden. Das brachte jetzt natürlich auch die Frage nach einem entsprechenden Geschenk mit sich. Schließlich fiel Bernd ein, dass Sven das Kreuz aus Edelstahl so gut gefallen hatte, das in seiner Wohnung hing. Also, warum nicht dieses Kreuz noch einmal kaufen?

Aber im Geschäft musste man ihn enttäuschen: „Das Kreuz gehörte zur Winterkollektion und ist nicht mehr zu haben!“ – Winter- und Sommerkollektion für Kreuze? Unterliegen Kreuze modischen Trends? Passen wir jetzt auch schon die Kreuze dem Zeitgeschmack an, damit sie sich besser verkaufen lassen? Oder verkaufen wir gar schon das Kreuz?

Im Weihnachtsprospekt einer großen Buchhandlung wurden vor einigen Jahren Ausstechförmchen für Plätzchen angeboten – Stern und Krippe, nichts gegen zu sagen. Aber es gab auch das Kreuz als Ausstechform. Da dachte anscheinend jemand, dass man aus irgendeinem Plätzchenteig Kreuze ausstechen und backen und anschließend genüsslich verzehren sollte. Als ich mich darüber beschwerte, entschuldigte sich der Inhaber mit den Worten: „Wir dachten, es wäre ganz nett!“

Wir degradieren das Kreuz zum Saisonartikel und machen es nett und gefällig. Aber Kreuz bleibt Kreuz – egal ob es ungelenk aus zwei Holzstäben zusammengebunden ist oder aus Gold, mit Edelsteinen verziert. Es ist für uns Christen das Zeichen der Solidarität unseres Gottes. Und es ist das Kreuz, das wir an Karfreitag verehren. Verkaufen dürfen wir es nicht, dieses Kreuz ... und es auch nicht dem Zeitgeschmack anpassen. Es ist radikal und herb – und das darf und soll es auch bleiben.

Gezeichnet

wer sich
auf diesen Gott einlässt
der kommt nicht
ungezeichnet davon

im Gegenteil

der wird
sogar noch eingeladen
sich selbst
zu zeichnen

im Namen des Vaters
und des Sohnes und des
Heiligen Geistes

im Zeichen
des Kreuzes
einstehen
für meinen Glauben

hinstehen
mit meinem Leben
Kopf
Herz und Hand

Dunkel
und Licht
voll Hoffnung
in Solidarität

Himmel und Erde
Gott und die Menschen
du
und ich

im Kreuz
vereint

GOTT MEINT MICH

Ich erinnere mich gut: Ich war knapp zwanzig damals, hatte anfanghaft ein wenig zum Glauben zurückgefunden oder richtiger: fing an, ihn wieder neu zu entdecken. Ich war auf Menschen gestoßen, die glaubwürdig von Gott erzählten, ließ mich in meinem jugendlichen Idealismus begeistern, es tat mir gut, gebraucht zu werden, ich engagierte mich.

Und dann Kar- und Ostertage für Verantwortliche in der kirchlichen Jugendarbeit. Die Tage standen unter dem Schriftwort: *Er hat mich gesandt, damit ich den Armen eine gute Nachricht bringe; damit ich den Gefangenen die Entlassung verkünde und den Blinden das Augenlicht; damit ich die Zerschlagenen in Freiheit setze und ein Gnadenjahr des Herrn ausrufe* (*Die Bibel, Lukas-Evangelium, Kap.* 4, *Verse* 18-19).

In diesen Tagen hat es mich „voll erwischt". Bis dahin hatte ich es als meine Aufgabe gesehen, anderen zu helfen, damit sie besser leben können. Jetzt aber wurde mir schlagartig klar, dass eigentlich ich gemeint bin: Ich bin blind und will manches nicht sehen, vieles in mir ist unheil, ich bin arm und unfrei in den Gefängnissen, die ich mir selbst und die mir andere gebaut haben. Und die Zusage Jesu gilt mir: *Ich* Arme höre eine gute Nachricht, *ich* Gefangene werde befreit, *ich* Blinde werde sehend, *ich* Zerschlagene werde frei. Und obwohl Ostern war, habe ich geweint. Oder vielleicht habe ich auch geweint, weil Ostern war ...

Diese Erfahrung hat mein Leben auf den Kopf gestellt, bis hin zu beruflichen Entscheidungen. Die Botschaft Gottes gilt mir, mir ganz persönlich. Ich bin gemeint.

Nikodemus entgegnete Jesus: Wie kann ein Mensch, der schon alt ist, geboren werden? Die Bibel, Johannes-Evangelium, Kap. 3, Vers 4

zweite geburt

enttarnen
entkleiden
enthüllen

wegnehmen
die tarnung
die kleidung
die hüllen

entbinden
die bindungen
wegnehmen

entbindung
geburt
neues leben

die fesseln lösen
aus den bindungen
hinausgehen

in ein
neues
leben

um das
Reich Gottes
zu sehen

Wer neu geboren wird, nimmt die Fesseln weg, die ihn unfrei machen. Frei werden – und lebendig sein … und werden …

Und ein Weg beginnt.

Er aber schritt mitten durch die Menge hindurch und ging weg. Die Bibel, Lukas-Evangelium, Kap. 4, Vers 30

DEN KENNEN WIR DOCH!

Es ist eine dramatische Szene, in die uns das Lukas-Evangelium hineinführt: Jesus erstes öffentliches Auftreten in seiner Heimatstadt. Es hat sich herumgesprochen, dass Jesus an anderen Orten gelehrt und große Dinge getan hat. Und jetzt also ist er in der Synagoge in Nazaret und hat gerade die Worte des Propheten Jesaja vorgelesen: *Der Geist des Herrn ruht auf mir, denn der Herr hat mich gesalbt. Er hat mich gesandt, damit ich den Armen eine gute Nachricht bringe; damit ich den Gefangenen die Entlassung verkünde und den Blinden das Augenlicht; damit ich die Zerschlagenen in Freiheit setze und ein Gnadenjahr des Herrn ausrufe (Die Bibel, Buch Jesaja, Kap. 61, Verse 1-2).*

Gespannt werden die Zuhörer wohl gewesen sein, als Jesus beginnt, ihnen diese Worte auszulegen. Ein wenig Neugier, ein wenig Skepsis – schließlich, man kennt diesen Jesus jetzt schon seit dreißig Jahren, aber seit neuestem laufen die verrücktesten Geschichten über ihn herum.

Jesus beginnt seine Auslegung ganz einfach mit den Worten: *Heute hat sich das Schriftwort, das ihr eben gehört habt, erfüllt.* Das fasziniert die Menschen, sie staunen – und doch kommen Zweifel hoch: Ist das nicht Josefs Sohn? Den kennen wir doch!? Und nicht zu Unrecht erwarten seine Zuhörer jetzt wohl, dass Jesus diesen Worten auch Taten folgen lässt: „Tu die großen Dinge, die du woanders getan hast, doch auch hier bei uns!"

Aber Jesus ist nicht dazu da, um die Erwartungen der Menschen zu erfüllen.

DER GANZ ANDERE

Jesus spürt die Erwartungen der Menschen an ihn, vielleicht auch ihre Fragen und Zweifel – und entzieht sich ihnen. Er ist nicht bereit, die „großen Dinge“, Wunder und Zeichen zu tun, damit ihm geglaubt wird. Er lässt sich nicht „vorführen“. Der, den man zu kennen glaubt, kann nicht der sein, der er wirklich ist: *Kein Prophet wird in seiner Heimat anerkannt* – so bringt es Jesus auf den Punkt.

Und fast scheint es, als ob seine Zuhörer sich ertappt fühlen. Der, den sie zu kennen meinen, erweist sich als ein ganz Anderer, der durchkreuzt ihre Vorstellungen, der sagt nicht irgendwas Nettes, Schönes – sondern der wird unbequem, der wird selbst zur Anfrage.

Und die Stimmung schlägt um: Ihre Enttäuschung, ihre Verunsicherung wird zur Wut – *das* wollten sie nicht von ihm hören. Und er, der dreißig Jahre unter ihnen gelebt hat, den sie von Kind auf kennen, der ist plötzlich fremd, wird zur Bedrohung – weg mit ihm! Und in ihrer Wut jagen sie ihn aus der Synagoge hinaus und treiben ihn durch die Stadt bis zum Abhang des Berges, wo sie ihn hinunterstürzen wollen.

Die Heftigkeit der Reaktion seiner Zuhörer sagt etwas über die Kraft – und die Wahrheit! –, die in Jesu Worten war. Er wird so unbequem, dass man sich ihm nicht entziehen kann, sondern ihn vernichten muss, um der Anfrage an sich selbst zu entkommen. In Jerusalem wird es drei Jahre später heißen: Kreuzige ihn!

Gott ist der ganz Andere. Und immer dann, wenn ich meine, ihn zu „haben“, ihn zu kennen, etwas von ihm erwarte, ihn festschreibe, wird er sich mir entziehen.

Und Jesus schritt durch die Menge hindurch und ging weg.

Viele seiner Jünger, die Jesus zuhörten, sagten: Diese Rede ist hart. Wer kann sie hören? Die Bibel, Johannes-Evangelium, Kap. 6, Vers 60

DER MUTET MIR WAS ZU!

Eine junge Frau geht im Wald spazieren. Da rennt plötzlich ein großer Hund auf sie zu, umspringt sie, bellt sie an. Und in weiter Ferne der Besitzer des Hundes, mit den Armen fuchtelnd, rufend: „Der ist lieb! Der tut nichts!“ – und dann denkt die junge Frau darüber nach, ob wir Gott deshalb so oft als „lieb“ bezeichnen, damit er uns „nichts tut“.

Mich hat diese Geschichte, die ich irgendwo in einer Zeitschrift las, nachdenklich gemacht. Denn Gott ist nicht lieb, das holt ihn nur in unsere menschlichen Denkkategorien hinein – und macht ihn zum netten „Kuschelgott“. Gott ist eigentlich eine Zumutung, eine Herausforderung. Da bleibt eine Unbegreiflichkeit, eine nicht aufzuhebende Distanz, etwas Fremdes. *Was er sagt, ist hart* – keine neue Erfahrung, sondern Jahrtausende alt. Und da hilft es auch nichts, wenn wir aus einem „allmächtigen“ einen „barmherzigen“ Gott machen, den „lieben Advent“ ansagen oder singen „deine Liebe ist wie Gras und Ufer“. Gott entzieht sich all diesen Kategorien. Er ist eine Zumutung. Das haben damals viele Jünger Jesu nicht ausgehalten und ihn deswegen verlassen. Die Lösung kann nicht heißen, das Herbe an Gott wegzunehmen, damit möglichst viele bleiben. Gott ist und bleibt eine Zumutung.

Aber Zumutungen haben schließlich was mit „zutrauen“ zu tun. Wer sich mir zumutet, traut mir auch was zu. Und ganz ehrlich gesagt: Ich finde dieses herbe Bild von Gott sehr viel faszinierender als die „weichgespülte Fassung“, die mir und meinen Wünschen nett entgegenkommt. Gott ist anders.

NICHT IN MEINEM TEXT!

Gelegentlich kann es vorkommen, dass man nachts um halb zwölf eine Erkenntnis fürs Leben geschenkt bekommt. Es war beim Dankeschön-Abend für über zweihundert ehrenamtliche Mitarbeiter und Mitarbeiterinnen unserer Gemeinden. Einer der vielen Programmpunkte war eine frei nachgespielte Szene aus „Don Camillo“, aktualisiert auf die Situation der Gemeinden: Unser Pfarrer „Don Angelo“ im Gespräch mit Gott, dem der Schulseelsorger unsichtbar seine Stimme verlieh. Man merkte den beiden an, dass sie selbst viel Spaß an der Sache hatten – und so bekam das Ganze eine eigene Dynamik. Sie improvisierten, fügten hinzu, ließen weg – und beide genossen es sichtlich, sich irgendetwas einfallen zu lassen, um den anderen in die Ecke zu treiben mit Fragen oder Aussagen, die im Text eigentlich gar nicht vorgesehen waren.

Ein solcher Abschnitt des „Hin und Her“ gipfelte schließlich in der protestierenden Aussage von einem der beiden, wieder in die normale Stimmlage zurückfallend: „Das steht aber nicht in meinem Text!“

Natürlich lachten alle, denn man ahnte ziemlich genau, dass demjenigen nun keine passende Antwort mehr eingefallen war – und er sich in den Satz rettete: „Das steht aber nicht in meinem Text!“

Zugegeben – es war sehr früh an diesem Morgen, bis ich ins Bett kam – aber irgendwie ließ mich diese kleine Szene nicht mehr los, dieses leicht protestierende „Das steht aber nicht in meinem Text!“. Ist es im Leben nicht auch so, dass manches einfach nicht vorgesehen, nicht eingeplant ist?

Immer wieder kommt es vor, dass in meinem Leben Pläne durchkreuzt werden, eine gute Idee eine Bauchlandung erlebt, der andere vollkommen andere Vorstellungen und Erwartungen von etwas hat als ich. Und manchmal bricht das Leben sogar regelrecht ein – wie bei der Corona-Pandemie, der schlechten Diagnose des Arztes, einem plötzlichen Tod. Und dann stehen wir da und wissen nicht mehr, wie es weitergeht. Manches, was mir in meinem Leben passiert, „steht nicht in meinem Text". Weder Gott noch das Leben halten sich an mein Drehbuch.

Ob ein Satz aus der Bibel eine Erklärung sein könnte? *Du hast nicht das im Sinn, was Gott will, sondern was die Menschen wollen (Die Bibel, Matthäus-Evangelium, Kap. 16, Vers 23)* – so sagt es Jesus zurechtweisend zu Petrus. Ich glaube, in allem und jedem selbst der Regisseur meines Lebens zu sein – und vergesse dabei, dass doch Gott derjenige ist, der Regie führt.

Und dann ist es spannend, wie ich mit solch einer Situation umgehe. Kann ich es aushalten, dass ich manchmal nicht so recht weiß, wie es weitergeht? Kann ich mich darauf einlassen zu improvisieren, um möglicherweise dann doch wieder die Kurve zum vorgesehenen Text zu kriegen? Oder muss ich vielleicht sogar ein neues Stück schreiben?

Denn es geht weiter ... man verlässt nicht einfach die Bühne des Lebens, nur weil das, was da geschieht, so nicht vorgesehen war. Weil ich das im Sinn hatte, was ich will – und nicht das, was Gott will.

Ich glaube, das ist keine schlechte Lektion für das Leben.

Hingabe

Dieser Gott
ist wirklich
das Letzte
dieser Gott
ist wirklich
eine Zumutung

er fordert
über Grenzen heraus
lockt ins Unendliche
und will dich
ganz

das ist radikal
das wird existenziell
da bleibt nichts beim Alten
da bleibt dir
die Luft weg
da steht die Welt
kopf

pass auf!

wenn du
Ja
sagst

er
verführt dich
zum Leben

berufung

plötzlich

ein Wort
eine Geste
ein Bild
ein Lied

trifft
berührt
geht nach
lässt nicht mehr los
umfängt

fordert heraus
wird unbequem
birgt Verheißung
ist Zumutung
macht Lust
ist Angst

Frage
Verlockung
Unsicherheit
Verwirrung
und doch
Gewissheit

ich
bin
gemeint

Nehmt nichts mit auf den Weg! Die Bibel, Lukas-Evangelium, Kap. 9, Vers 3

MIT LEICHTEM GEPÄCK …

Von Franz von Assisi erzählt man sich folgende Geschichte: Als der heilige Franz einmal einen jungen Novizen in seiner Einsiedelei besuchte, bedrängte der ihn mit der Bitte, ein Psalmenbuch besitzen zu dürfen. Daraufhin sagte Franziskus: „Wenn du ein Psalmenbuch hast, wirst du ein Brevier wollen. Wenn du ein Brevier hast, wirst du dich auf den Lehrstuhl setzen wie ein großer Prälat und deinem Bruder sagen: Bring mir das Brevier!“ Und während er so in großer Leidenschaft des Geistes redete, nahm er mit der Hand Asche und streute sie sich auf den Kopf, indem er die Hand im Kreis über dem Kopf bewegte, wie wenn er den Kopf waschen würde, und sagte zu sich selbst: Ich bin das Brevier! Ich bin das Brevier!

Die meisten Menschen unserer Zeit greifen nicht mehr zu einem Gebetbuch, lesen nicht mehr in der Bibel. Aber die Menschen erleben uns, die an Gott und Christus glauben. Sie treffen uns bei der Sparkasse, an der Käsetheke im Supermarkt, beim Gespräch über den Gartenzaun. Und dann sind wir aufgefordert dazu, Stundenbuch und Brevier, Bibel und Gesangbuch zu sein! Ich bin das Brevier! Ich bin das Stundenbuch! Ich bin die Bibel für die Menschen in unserer Zeit!

Mit unserem Leben sollen wir Zeugnis geben von der Hoffnung unseres Glaubens, in der Art und Weise, wie wir auf Menschen zugehen, wie wir mit ihnen sprechen, wie wir sie anschauen. Dazu muss man nicht Theologie studiert haben. Dazu braucht es, ganz schlicht und einfach, ein offenes Herz, ein wenig Liebe und ein bisschen gesunden Menschenverstand.

… SICH AUF DEN WEG MACHEN

Mit unserem Leben Zeugnis geben – und wer meint, dazu brauche man erst die und die Ausbildung oder das und das Buch, und überhaupt, dafür wären ja schließlich die Kirchenangestellten zuständig, der hat die Botschaft Jesu falsch verstanden.

Nehmt nichts mit auf den Weg! Das, was uns beim ersten Hören als „verschärfte Bedingung" erscheint, ist eigentlich eine große Entlastung. Um die Botschaft Jesu zu leben und zu verkünden, brauchen wir nichts, kein Psalmenbuch, kein Brevier, kein Studium, keine Ausbildung!

Es geht eben nicht darum, erst etwas zu haben, um es dann weitergeben zu können, sondern es geht um eine Art und Weise des Seins, um eine Art und Weise unseres Lebens.

Wer den Weg davon abhängig macht, erst etwas haben zu wollen oder zu müssen – der wird nie losgehen, denn ihm wird immer noch etwas einfallen, was eventuell auf diesem Weg fehlen wird. Es ist wie beim Pilgern: Wer zu viel in den Rucksack packt, wird nicht aufbrechen.

- Losgehen, in Liebe, voll Hoffnung, im Vertrauen.
- Du, ich, wir sind die Bibel, das Brevier, das Psalmenbuch Gottes – und wenn wir uns auf den Weg machen, dann können die Verse des Psalms Wirklichkeit werden: *Ziehen sie durch das Tal der Dürre, machen sie es zum Quellgrund und Frühregen hüllt es in Segen. Sie schreiten dahin mit wachsender Kraft, und erscheinen vor Gott auf dem Zion* (*Die Bibel, Buch der Psalmen, Psalm 84, Verse 7-8*).

MISSION ANDERS BUCHSTABIERT

Vor einiger Zeit fuhr ich zusammen mit einer Ordensschwester zu einer Fachkonferenz nach Hamburg. Und da habe ich etwas über Mission gelernt – nein, nicht bei der Tagung, sondern durch die Schwester. Und das fing schon bei der Zugfahrt an: Schwester Ulrike trägt ein weißes Ordenskleid, noch aus der Zeit, in der sie in Südafrika gearbeitet hat, und einen Schleier. So fragte schon unser Gegenüber im Zug sie neugierig, aber durchaus interessiert aus. Und Ulrike war einfach ansprechbar – und sie redeten über Glauben und die Würde des Menschen und ...

Nächste Szene: Am Abend wollten wir beide aus dem Tagungshaus raus, nicht mehr über die Themen der Konferenz reden, abschalten – und landeten in einer gemütlichen, kleinen Szene-Kneipe auf St. Georg. Als ich für eine Zigarette draußen stand, kam ein Ehepaar und guckte in die Kneipe hinein: „Guck mal, da sitzt eine Schwester!“, sagte der Mann. „Ach, tatsächlich“, antwortete die Frau, „die ist bestimmt vom Mitternachtsbus!“ (eine Initiative für Obdachlose). „Das find ich aber toll!“, sagte der Mann – und dann zogen die beiden weiter.

Dritte Szene: Zehn Minuten später kam ein Mann mittleren Alters herein, einen dicken Strauß langstieliger roter Rosen im Arm, die er verkaufen wollte. Er sah die Schwester, stutzte einen Moment, legte sacht die Hand auf ihre Schulter – und eine Rose vor ihr auf den Tisch. Und dann sagte er leise: „Mein Sohn ist herzkrank.“ Ulrike nahm die Rose, sah ihn an und sagte behutsam: „Ich werde für ihn beten ...“

Als der Mann die Kneipe wieder verlassen hatte, saßen wir beide da, still, bewegt, berührt. Es war ein unsagbar dichter Moment – und eine rote Rose lag auf dem Tisch.

Das ist Mission – hinaus zu den Menschen gehen, sich als Christ zu erkennen geben, bei den Menschen sein, für jemanden beten. Sich ansprechen lassen, Rede und Antwort stehen. Einem Menschen die Möglichkeit geben, sich in all seiner Not zu öffnen – und da ist ein anderer Mensch, der ihn sieht, seine Not wahrnimmt, versteht, in diesem Moment ganz bei ihm ist. Und der diese Not und diesen Menschen vor Gott bringt. Dann kann sich der Himmel für einen Augenblick öffnen, im wahrsten Sinn des Wortes aufbrechen.

Dazu muss man nicht erst nach Kenia oder Peru fahren – das kann auch auf St. Georg in Hamburg sein.

Papst Franziskus sagt es so: „Ich bin immer eine Mission; du bist immer eine Mission; jede Getaufte und jeder Getaufte ist eine Mission. Wer liebt, setzt sich in Bewegung, es treibt ihn von sich selbst hinaus, er wird angezogen und zieht an, er schenkt sich dem anderen und knüpft Beziehungen, die Leben spenden."

Mission wird dort scheitern, wo wir uns hinter geschützte Mauern zurückziehen, egal ob sie zu einem Kloster oder einer Kirche gehören, egal ob in Südafrika oder in Bayern.

Und so verstehe ich auch den Appell von Papst Franziskus: „Geht an die Ränder unserer Kirche!"

Die Menschen warten darauf.

Geh und arbeite heute im Weinberg! Die Bibel, Matthäus-Evangelium, Kap. 21, Vers 28

sendung

geh

brich auf
verlass das gewohnte
verlass dich
um dich
zu finden
geh
auf gott hin

und arbeite

gib dich
nimm teil
teile was du hast
engagier dich
lebe die botschaft
lebe dein leben
auf gott hin

heute

hier und jetzt
nicht dann und dort
nicht für alle ewigkeit
vielleicht nicht
für immer und ewig
aber heute
auf gott hin

im weinberg

graben
jäten
pflanzen
wachsen lassen
behüten
sorgen
auf gott hin

sendung

aufbrechen
sich riskieren
sich einsetzen
sein
jetzt
und morgen
vielleicht

auf gott hin

Du sollst den Herrn, deinen Gott, lieben mit ganzem Herzen – und deinen Nächsten wie dich selbst. Die Bibel, Matthäus-Evangelium, Kap. 22, Verse 37-38

DAS GEHT DOCH GAR NICHT!

Also, ich soll Gott lieben mit ganzem Herzen, ganzer Seele, mit all meinen Gedanken – so sagt es Jesus. Gut, das ist schwierig genug – aber probieren kann ich es ja. Nur – wenn ich Gott mit ganzer Seele und ganzer Kraft liebe – also ganz richtig tief und mit allem, was ich kann und hab, dann bleibt doch nichts mehr für den Nächsten. Das geht doch gar nicht!

Doch, sagt Jesus, das geht schon. Wenn du bereit bist, das Göttliche im Menschen zu suchen und zu finden, dann kannst du Gott im anderen entdecken und lieben. Dann kann die Liebe zu Gott in der Liebe zu einem Menschen konkret werden.

Ja, aber, protestiere ich, dann lieb ich doch Gott nicht mehr mit ganzer Seele und ganzer Kraft? Liebevoll sieht mich Jesus an: Die Liebe zu einem Menschen nimmt der Liebe zu Gott nichts weg, sie setzt sie einfach nur um.

Ich bin verwirrt. Aber dann kann ich doch gleich die Menschen lieben und muss nicht erst den Umweg über Gott machen?

Jetzt lächelt Jesus leise: Manchmal ist es nicht so einfach, die Menschen zu lieben. Deswegen lieben manche ja auch nur Gott und eben nicht die Menschen. Aber eigentlich geht das gar nicht. Weißt du, *mit Gott* kann es manchmal ein wenig leichter sein, die Menschen zu lieben.

Darüber muss ich jetzt erst mal nachdenken. Ich nicke Jesus leicht zum Abschied zu und will mich gerade umdrehen, da sagt er noch: Ach übrigens, Gott ist auch in dir. Und wenn du dich magst, dann ist das auch ein Weg, Gott zu lieben.

OKTOBER

reifen

REIFEN

Die Trauben hängen schwer am Weinstock, im Apfelbaum leuchtet das Rot der Äpfel, das kleine Eichhörnchen holt sich die Haselnüsse vom Strauch. Der Oktober ist die Zeit des Reifens, des Fruchtbringens, des Erntens.

Das gilt auch für den Herbst unseres Lebens. Wir müssen nicht mehr blühen – das hatten wir ja schon im Frühjahr. Und so besonders viel wachsen müssen wir auch nicht mehr, das stand im Sommer an. Aber es gibt auch keinen Grund, schon in den Winterschlaf zu versinken. Jetzt ist die Zeit, die Früchte reifen zu lassen und sie herzugeben, denn in ihnen ist bereits der Same für neues Leben angelegt.

Reifen – wie macht man das?

Möglicherweise lässt es sich gar nicht „machen", sondern man muss es „geschehen" lassen. „Es reift", wenn ich es zulasse. Es kann reifen, wenn ich nicht dem Blühen und Wachsen hinterhertrauere, es kann reifen, wenn ich nicht die Ernte meines Lebens ängstlich für mich behalten und verstecken will.

Zum „Reif"-Sein gehört die Weisheit, dass es für alles eine Zeit gibt. Und dass ich diese Zeit erkenne und sie entsprechend lebe.

Und unreif könnte der sein, der mit der Blüte schon die Frucht will – und der Zeit keine Zeit gibt.

Mitten
in der Nacht

ich sitze am Schreibtisch
der Computer ist schon heruntergefahren
ich lasse den Tag an mir vorbeiziehen
es war viel

die Sachen für morgen sind schon gerichtet
Kopien Bibel Ausschreibung Teilnehmerliste
ich nehme das Morgen in den Blick
es wird viel sein

dazwischen die Nacht
zwischen gestern und morgen
zwischen dem was war
und dem was sein wird

und plötzlich hör ich
den Ruf der Wildgänse
die übers Land nach Süden ziehen
mitten in der Nacht

und sie erinnern
mich daran

leben ist
jetzt

Gut ist es, dem HERRN zu danken, am Morgen deine Huld zu verkünden und in den Nächten deine Treue. Die Bibel, Buch der Psalmen, Psalm 92, Verse 2 und 3

Dankbar

am neuen Morgen

ziehenden Wolken nachschauen
und dem Flug der Stare
die Kirchturmuhr schlagen hören
und Türeklappern im Haus
den Hagebuttenzweig
zart berühren
und dem wilden Wein
guten Morgen sagen
die Wärme des Holzes spüren
und die Sanftheit des Wassers

und ich spüre
staune
bin

und
traue deiner Treue
wenn mich
Dunkelheit umfängt

GOTT DANKBAR, WEIL ...

Familiengottesdienst am Sonntagmorgen, es quirlte ein bisschen in unserer Kirche umher, der Geräuschpegel war ein wenig höher als sonst an Sonntagen, es war alles irgendwie sehr lebendig. Das Thema des Gottesdienstes war „Dankbarkeit". Und am Beginn des Gottesdienstes ging der Gemeindereferent mit dem Mikro zu den Kindern in den ersten Bankreihen und fragte sie, wofür sie denn dankbar wären. Es kamen die schönsten Antworten – von „Familie" über „Opa und Oma" bis hin zu Nintendo und MP4-Playern und Handys.

Der Gemeindereferent spitzte seine Fragestellung noch einmal zu: „Wofür seid ihr denn Gott dankbar?" – kurze Stille, dann meldete sich ein Junge und sagte laut und vernehmlich ins Mikro: „Dass er mich erfunden hat!"

Ein Schmunzeln ging durch die Reihen – und zugleich war das ein Moment, in dem einem der Atem stockte. Kann man es besser oder schöner sagen? Ich bin eine Erfindung Gottes.

Das heißt eigentlich, Gott hat sich Gedanken gemacht über mich. Er hat sich was einfallen lassen. Er hat sich mich einfallen lassen. Und dieser Einfall war es ihm wert genug, in die Tat umgesetzt zu werden. Und so wurde ich. Gott hat mich wirklich erfunden. Ich bin einmalig, einzigartig. Und ich bin von Gott gewollt.

Und genau das schenkt mir eine Würde, ein Ansehen, ein Selbstbewusstsein, die es eigentlich aufnehmen müssten mit allen Widrigkeiten des Lebens. Wenn Gott mich erfunden hat, dann hat er mich gewollt – und dann kann mir nichts mehr geschehen. Die Predigt in diesem Gottesdienst hat eigentlich ein zehnjähriger Junge gehalten.

Und es war eine der besten Predigten, die ich je gehört habe. Ich bin Gott dankbar, weil er mich erfunden hat.

In jener Zeit erzählte Jesus einigen, die von ihrer eigenen Gerechtigkeit überzeugt waren, ein Gleichnis. Die Bibel, Lukas-Evangelium, Kap. 18, Vers 9

RICHTIG DANKBAR SEIN

Ich habe Glück gehabt. Ich hätte in Syrien zur Welt kommen können und wäre heute vielleicht auf der Flucht. Meine Mutter hätte eine Bolivianerin in einem Slum sein können – wahrscheinlich könnte ich dann weder lesen noch schreiben. Meine Eltern haben mich geliebt, ich konnte auf eine Schule gehen, habe keinen Krieg erleben müssen.

Das aber ist nicht mein Verdienst, sondern das ist ein Geschenk. Dafür kann ich nur dankbar sein. Vor allem ist es kein Grund, sich deshalb als etwas Besseres zu dünken. Andere hatten dieses Glück nicht, sie wurden in andere Realitäten hineingeboren, von keinem guten Stern begleitet. Deshalb werden manche zu Flüchtlingen, haben Angst vor dem Leben oder verhungern innerlich, weil sie keine Liebe und Anerkennung bekommen.

Für Geschenke kann man Gott „danke schön" sagen, ja – aber bitte nicht, indem ich auf die anderen herabschaue. Und eigentlich bringt dieses Geschenk auch die Verpflichtung mit sich, diejenigen, die es nicht so gut getroffen haben, mit dem zu unterstützen, was mir geschenkt worden ist.

Und wer denkt, mit dem Platz auf der letzten Bank in der Kirche sei der Bescheidenheit schon Genüge getan, irrt sich leider auch.

Jesus sagte: Wenn du ein Essen gibst, dann lade Arme ein, denn sie haben nichts, um es dir zu vergelten. Die Bibel, Lukas-Evangelium, Kap. 14, Verse 13 und 14

NICHT ERST DANN

Ich kann mich gut erinnern: Damals, als ich studierte und wenig Geld hatte, wurde ich immer wieder mal von Freunden zum Essen eingeladen. Und wenn sie bezahlten und ich mich dafür bedanken wollte, sagten sie manchmal: Wenn du eines Tages Geld verdienst, dann lad die ein, die wenig Geld haben.

Das hab ich dann einige Jahre später auch getan. Und hoffe jetzt, dass diejenigen, die ich damals eingeladen habe, heute wiederum die Rechnung für andere übernehmen.

Was ich daraus gelernt habe? Das Gute, was ich tue, geht nicht verloren. Es wirkt weiter. Es hat Konsequenzen – nicht immer sofort und direkt, aber irgendwann schon.

Fast ist es wie ein Kreislauf – das Gute wird weitergegeben – und wird schon wieder bei mir landen, wenn auch vielleicht von jemand ganz anderem, dem ich möglicherweise gar nichts Gutes „getan habe".

Man kann natürlich auch anfangen zu rechnen: Wenn mich der eingeladen hat, muss ich ihn wiederum einladen. Und wenn ich ihn einlade, erwarte ich, dass ich auch von ihm eingeladen werde.

So aber rechnet Gott nicht.

Ihm ist es viel lieber, wenn ich das Gute, das er mir schenkt, einfach an andere weitergebe.

Und dann wird es schon wieder bei mir ankommen.

Marta kam zu Jesus und sagte: Sag doch meiner Schwester, sie soll mir helfen! Die Bibel, Lukas-Evangelium, Kap. 10, Vers 40

EIN BUTTERBROT

Also, ich weiß nicht so recht ... aber warum hat Marta damals eigentlich nicht direkt zu Maria gesagt: Hilf doch bitte mal ein wenig und pack mit an! Stattdessen geht sie damit zu Jesus. Was erwartet sie denn von ihm? Soll er ernsthaft Maria sagen, dass sie in die Küche gehen soll? Oder will Marta ihm indirekt zu verstehen geben, was sie alles leistet und macht – für ihn? Will sie einfach vor Jesus gut dastehen?

Eigentlich hätte sie wissen müssen, dass Jesus sich auf so etwas nicht einlässt. Er lässt sich nicht vor einen Karren spannen. Und ihm braucht man auch nicht zu erzählen, wie viel man doch für ihn tut. Das weiß er – und das sieht er. Und er würdigt es durchaus. Aber so entscheidend wichtig ist all das Tun für ihn gar nicht. Mal ganz abgesehen davon, dass es eigentlich auch ein bisschen unhöflich ist, gerade dann in der Küche zu verschwinden, wenn Besuch da ist. Wahrscheinlich wäre Jesus auch mit einem Butterbrot zufrieden gewesen. Ihm war wohl das Gespräch wichtiger. Und dass jemand auf das hört, was er zu sagen hat.

Und jetzt werde ich doch ein wenig nachdenklich: Nehme ich mir noch die Zeit auf das zu hören, was Gott mir sagen will? Oder stehe ich vollauf beschäftigt im Pfarrbüro, am Kopierer, erarbeite Vorlagen am Computer, hake Tagesordnungspunkte bei Konferenzen ab ... und beschwer mich bei ihm noch über all diejenigen, die aus meiner Sicht nicht genug tun?

Irgendwie werde ich grad das Gefühl nicht los, dass Jesus manchmal ein wenig liebevoll schmunzelt ... auch über mich.

MEHR ALS NETTE WORTE

Ich bin Schmuel. Und ich bin einer von denen, die diesem neuen Rabbi, Jesus, nachfolgen. Er beeindruckt mich sehr – aber manchmal begreife ich ihn nicht so ganz.

Heute zum Beispiel, da hat er uns gefragt, für wen wir ihn halten. Ich war mir etwas unsicher, was ich sagen sollte, aber zum Glück hat Petrus, wie so oft, das Wort ergriffen: „Du bist der Gesalbte Gottes", hat er gesagt. Und dann hat Jesus uns angewiesen, das niemandem zu sagen. Das versteh ich wieder mal nicht. Sollen es denn nicht alle wissen? Wäre doch toll, wenn ihm viele nachfolgen würden!

Hm ... und da komme ich ins Nachdenken. Wäre das wirklich so toll? Denn vielleicht möchten die Menschen ihm gar nicht wirklich nachfolgen, sondern wollen einfach, dass er ihren Erwartungen und Vorstellungen entspricht? Dass er die Rettung bringt, die Römer aus dem Land wirft – und das Reich wiederherstellt? Dass er den Weg geht, den sie wollen?

Ich glaube, das will Jesus nicht. Sein Weg ist ein anderer. Er will keine Bewunderer, die alle Hoffnungen auf ihn setzen. Es geht ihm um einen Weg mit ihm, um eine Entscheidung – und eben nicht nur um schöne, nette Worte. Jesus will mehr als oberflächliche Begeisterung – und keine Hoffnung machen auf Dinge, die er nicht erfüllen will und kann.

Deshalb hat er auch von seinem Tod gesprochen und davon, dass diejenigen, die ihm folgen wollen, ihr Kreuz auf sich nehmen müssen. Aber ob ich das wirklich will? Das würde ja auch heißen, dass ich Verantwortung übernehmen muss. Eines ist mir heute jedenfalls klar geworden: Er will mehr ... von mir.

Alles ihm allein zuzuschieben, wäre wohl einfacher.

Jesus sagte: Wer in mir bleibt und in wem ich bleibe, der bringt reiche Frucht. Die Bibel, Johannes-Evangelium, Kap. 15, Vers 5

FRUCHT BRINGEN – NICHT LEISTUNG!

Manchen Menschen macht dieses Wort Jesu vom Weinstock und den Reben ziemlichen Druck, weil sie denken, sie würden von Gott nur geliebt, wenn sie eine entsprechende Leistung erbringen. Und dann mühen sie sich ab und rackern und schuften. Sie hören „Frucht bringen", verstehen aber „Leistung". Und damit machen sie anderen gelegentlich sogar ein schlechtes Gewissen, weil die eben nicht so viel machen und tun.

„Leistung", das ist ein Begriff aus unserem industriellen Zeitalter. Maschinen müssen Leistung bringen, denn die sind teuer und müssen sich auszahlen, am besten 24 Stunden am Tag und an 365 Tagen im Jahr. „Frucht bringen" – das ist ein Begriff aus der Natur, und die Menschen, die das Wort Jesu damals hörten, haben sicherlich gut verstanden, was er damit meinte. Wenn man einen Apfelbaum pflanzt, dann weiß man ziemlich genau, dass man im ersten Jahr von ihm noch keine Früchte erwarten kann. Er muss erst mal richtig Wurzeln schlagen, sich die Kraft aus dem Boden holen, ein bisschen wachsen. Und dann kommen vielleicht im nächsten Frühjahr die ersten zaghaften Blüten. Um Frucht zu bringen, braucht es Zeit: die Zeit der Ruhe, in der sich alle Kraft in die Wurzeln zurückzieht, die Zeit der Blüte und des Wachsens – und schließlich die Zeit der Frucht – um dann in diesem Kreislauf wieder von vorne zu beginnen.

Jesus gibt uns diese Zeit, damit wir uns in ihm verwurzeln, aus ihm heraus wachsen können und uns zugleich dem Himmel entgegenstrecken.

Wenn Jesus der Weinstock ist und wenn wir aus ihm und seiner Kraft heraus wachsen und leben, dann werden wir Frucht bringen, vielleicht nicht gleich und sofort, mit Sicherheit nicht rund um die Uhr das ganze Jahr über – aber das erwartet er auch gar nicht von uns.

Und ein Gärtner weiß, dass es für jede Pflanze gute und schlechte Jahre gibt – er wird einen Apfelbaum nicht gleich deswegen umhauen, nur weil in einem Jahr die Ernte nicht ganz so üppig ausfällt.

Übrigens: Jede Frucht entsteht aus einer Blüte. Zuallererst sind wir sozusagen zum Blühen eingeladen! Ohne Blüte gibt es gar keine Frucht!

In der Frucht wiederum ist der Same verborgen. Das, was Frucht bringt, sät sich aus. Und das ist eigentlich der Grundgedanke jeder Frucht – sich weiterzugeben, sich weiter zu verschenken. Das „woher" einer Frucht ist die Blüte, das „wozu" ist die Weitergabe des Lebens, ist die Anstiftung zum Leben.

ich bin
die Traube

Er ist
der Weinstock
wir sind die Reben

Er ist
und wir werden
und vergehen

Er bleibt
und wir werden geschnitten
und ausgepresst

Er gibt sich hin
und wir werden
zum Wein

Er wird Mensch
und wir sind
sein Blut

Er ist Gott
und wir werden
verwandelt

wir
sind die
Frucht Gottes

und Gott
fruchtet
in uns

Dies habe ich euch gesagt, damit meine Freude in euch ist und damit eure Freude vollkommen wird. Die Bibel, Johannes-Evangelium, Kap. 15, Vers 11

Damit eure Freude vollkommen wird

Ihm nachfolgen
auf seine Weisungen hören
in seiner Liebe bleiben
in ihm sein

Ihn in mir werden lassen
mich lieben lassen
mich ihm zuwenden
Freundin sein

Ihn zulassen
alles loslassen
mich ihm überlassen
verbunden sein

mich aufmachen
mich auf den Weg machen
nachgehen
bereit sein

Frucht bringen
erblühen und reifen
und hingeben und lassen
lebendig sein

und bitten und werden
und sein und tun
in ihm und mit ihm
und durch ihn

DEM REIFEN ENTGEGENWACHSEN

In unserem menschlichen Leben wird das Reifen nie abgeschlossen sein, mag sein, dass wir sogar noch auf unserem Sterbebett einen entscheidenden Schritt, vielleicht den entscheidenden Schritt gehen.

Und menschliche Reife ist zugleich keine Frage des Alters, sondern vielmehr die Frage, ob ein Mensch, egal ob er sechs Jahre alt ist, 17 oder 78, bereit ist, sich dem Leben zu stellen, an den Herausforderungen zu wachsen und leben zu lernen.

„Jung sein, das ist keine Frage des Alters, sondern die Frage, ob man sich noch verlieben kann", so las ich kürzlich auf einem Kalenderblatt. Wenn man „verlieben" definiert als „sein ganzes Herz an etwas geben", dann hat das wirklich nichts mit dem Geburtsjahrgang zu tun. Mag sein, dass uns da Kinder eher noch etwas voraus sind – die lieben oft mit ganzem Herzen. Aber viele ältere Menschen können das auch – und manche jüngere sind dazu nicht in der Lage. Vielleicht ist dies eine Erklärung dafür, warum gelegentlich alte Menschen so erfrischend jung wirken – und manche jungen Menschen schon so unsagbar alt. Man spürt es, wer dem Leben offen gegenübersteht und wer eigentlich schon damit abgeschlossen hat.

Träumen, wünschen, sehnen, hoffen, das hat viel mit wachsen, reifen und lebendig sein zu tun. Und solange sich ein Mensch etwas wünschen kann, sich etwas erhofft, sich nach etwas sehnt, ist er lebendig – und in dem Moment, in dem er sich danach ausstreckt, wächst er auch. Wer bereit ist, sich auf Neues einzulassen, wer bereit ist, sich dem Leben zu stellen – der wächst dem Reifen entgegen.

Und der wächst vielleicht auch Gott entgegen?

Es knospt unter den Blättern. Die Menschen nennen das Herbst. Hilde Domin

selten
klar

einmal wird
der vorhang fallen

einmal wird
das letzte mal sein

einmal wird
es kein morgen geben

so
wie es mal war

und es begann
gestern

und will mich
heute

und wird vielleicht
noch morgen sein

aber
es wird enden

und macht
das jetzt kostbar

und

ich sterbe
in den anfang hinein

lebe mich
dem abschied entgegen

und ich
lerne

jeden tag
neu sterben

und jeden tag
neu anfangen

und sterbe mich
dem frühling entgegen

Jetzt

um wirklich
zu werden

braucht
eine Vision

viele Träume
verrückte Ideen
und Beharrlichkeit

was leicht aussehen mag
ist Ergebnis harter Arbeit
vieler Gedanken

ist Frucht des Gebets
Tanz des Lassens
Zärtlichkeit des Seins

was
sich
ergibt

ist
weil es
war

und
weil es
sein wird

Antwort auf die Antwort

beim Wort
und
in Dienst
genommen

gerufen
gefordert
bis an die Grenze
des Seins

und
manchmal
darüber
hinaus

und
doch

es wollen
so sein
um zu
werden

Leben
hier
und
jetzt

so
und
nicht
anders

Ja sagen
Ja meinen
Antwort sein
sich geben

und sich dann
bitte nicht beklagen

dass er nimmt
dass er fordert
dass er will
dass ich bin

Er ist wie ein Baum, gepflanzt an Bächen voll Wasser und der zur rechten Zeit seine Frucht bringt. Die Bibel, Buch der Psalmen, Psalm 1, Vers 3

und ganz einfach glücklich

ich bin
ich spür mich
fühl mich
lebendig

Fäden
verweben sich
Wurzeln finden
Boden

Hingabe
wird zur Aufgabe
und Gabe
zum Auftrag

ein Traum
bekommt Gesicht
und spiegelt sich
in Gesichtern

Fragen
werden zur Antwort
und die Suche
beheimatet sich

unter meinen Füßen
wächst der Boden
in meinen Händen
reift die Zukunft heran

und ich
bin
und
werde

ganz einfach
glücklich

mit dir?
hier?

Hingabe

mich hineingeben
in das Leben
sein
ohne wenn und aber
mich nicht länger
höflich distanzieren
mich aussetzen
und hingeben
der Freude
dem Schmerz
dem Lachen
den Tränen
der Verzweiflung
der Hoffnung
hier und jetzt
selbstvergessen
hingegeben

schreien
singen
verstummen

sein

ENTEN IN DER ADLERSCHULE

Als ich vor einiger Zeit mal wieder einen der unzählig vielen Verlagsprospekte durchblätterte, die uns hier im Pfarrbüro erreichen, stieß ich auf die Ankündigung eines Buches mit dem netten Titel: „Schick keine Enten in die Adlerschule!" Ich stutzte einen Moment, schmunzelte und dachte: Wie wahr!

Es ist wohl einer der Grundfehler, den wir immer wieder machen. Da macht jemand seine Sache hervorragend – und dann fragen wir ihn für etwas ganz anderes an, und er versagt kläglich. Und alle Beteiligten sind enttäuscht – oder auf neudeutsch gesagt: frustriert.

Aber: Eine Ente wird es nie lernen, so zu fliegen wie ein Adler – und ein Adler wird nie lernen, so zu tauchen wie eine Ente. Und wir werden enttäuscht werden, wenn wir von der Ente Adlermäßiges erwarten – und umgekehrt. Oder wenn wir gar von einem erwarten, dass er alles kann.

Deshalb hat es gar keinen Zweck, eine Ente in die Adlerschule zu schicken, und ihr etwas abzuverlangen, was sie gar nicht können kann. Die Unlust, der Ärger, das Versagen, das Scheitern sind damit schon vorprogrammiert.

Nicht jeder kann alles – und nicht jeder muss alles gut können. Es gibt Menschen, die sind eher handwerklich begabt, aber sie lesen nicht gerne Gedichte. Andere sind wahre Mathematik-Genies, können dafür aber keinen Nagel in die Wand schlagen. An Latein und Griechisch in der Schule muss man nicht unbedingt Spaß haben, aber dafür kann man vielleicht Noten vom Blatt absingen. Und wenn man jemanden zu etwas zwingen will, für das er überhaupt nicht begabt ist, macht es keine Freude – für keinen der Beteiligten.

Aber wenn man das weiß, kann man ja auch danach handeln. Das ist dann die „hohe Kunst" im Umgang mit Menschen, in Freundschaft und Partnerschaft, in der Erziehung, in der Führung von Mitarbeitern. Zu entdecken, was einer kann, zu spüren, wohin sich einer weiterentwickeln könnte, wozu man ihn herausfordern könnte. Und genauso klar zu haben, womit man ihn überfordert, was nicht zu seinem Wesen passt, was er nicht kann.

Es könnte sein, dass unsere Aufgabe einfach darin liegt, aus den Enten bessere Enten und aus den Adlern bessere Adler zu machen. Denn das ist es, was wir brauchen: gute Enten und gute Adler – und nicht schlechte Adlerenten und Entenadler. Die Welt braucht das eine und das andere – ohne das eine wertmäßig über das andere zu stellen. Es geht darum, das je Eigene zu entdecken, in mir und im anderen – und das zu leben!

Wir sind manchmal in unterschiedlichen Welten unterwegs – und das zu akzeptieren wäre vielleicht ein guter Schritt in Richtung Frieden. Damit jeder dort zu Hause sein kann, wo er zu Hause ist.

NACHSICHTIG LÄCHELN

Es gibt durchaus Momente in meinem Leben, da fühl ich mich wie 85. Heute war es mal wieder so weit. Ich brauchte ein Foto von einem Hund für das Liedblatt bei unserer Tiersegnung. Klar, gar kein Problem – Petra und Bernd haben eine Deutsche Dogge, die wunderbar schmachtend gucken kann. Petra erklärte sich gerne bereit, den Hund zu fotografieren – und am Nachmittag kam eine Mail mit einer Datei als Anhang. Wunderbar! Nur – ich konnte die Datei nicht öffnen. Statt Fotos einer Deutschen Dogge blinkten mich auf 1.573 Seiten ominöse Schriftzeichen an. Ich meldete zurück, dass ich irgendwie zu dumm wäre, um das zu öffnen, ob es irgendwelche Tipps gäbe. Aber Bernd, der das Foto geschickt hatte, war noch unterwegs und Petra erklärte sich mit mir durchaus solidarisch – fand ich zwar sympathisch, half mir aber grad nicht viel weiter.

Als ich heute Abend zurückkam, blinkte der Anrufbeantworter. Bernd hatte drauf gesprochen, mit einem leichten Ton der Verwunderung in der Stimme: „Also, das ist eigentlich ganz einfach. Das ist eine ZIP-Datei, die musst du abspeichern und dann mit einem Doppelklick öffnen ...“

Ich speicherte, ich machte Einfach-, Doppel- und Dreifachklicks – ich versuchte, andere Programme zu involvieren – aber statt Dogge erschienen immer nur diese ominösen Schriftzeichen.

Und dann stellte ich mir vor, dass Benedikt neben mir stehen würde, 18 Jahre alt und gerade erfolgreich durchs Abi gerasselt – und „mit dreimal auf irgendwelche Tasten drücken“ würde er die wunderschönsten Bilder einer Deutschen Dogge auf meinen Laptop zaubern – und dabei ein bisschen mild nachsichtig lächeln ...

Es gibt so Momente, da fühle ich mich wie 85. Dann erinnere ich mich an eine Geschichte, die ein junger Kaplan erzählt hat: Er war bei einem Zeltlager dabei gewesen – und zusammen mit einem Theologiestudenten bereitete er den Gottesdienst vor. Die beiden suchten noch eine Schriftstelle – und dann flogen Bemerkungen hin und her wie „Was hältst du von Johannes 10,10?“ – „Na ja, mit Blick auf die Gruppe wäre vielleicht doch eher Matthäus 18,20 passend!“ – „Also das passt jetzt gar nicht, dann schon eher Johannes 15,14!“

Die Jugendlichen, die dabeisaßen, hörten gespannt zu, verstanden aber kein Wort. Und dann sagte Dominik, 17 Jahre, plötzlich nachdenklich: „Jetzt versteh ich, wie sich mein Opa fühlen muss, wenn mein Bruder und ich uns über Computer unterhalten ...!“

Okay. Wir könnten uns rächen.

Aber das wollen wir ja eigentlich gar nicht.

Wir könnten uns auf einen Deal (das ist so was wie ein Tauschhandel – bevor Sie sich jetzt wie 85 fühlen!) einigen – ich erklär dir, was Johannes 10,10 meint – und du zeigst mir, wie man eine ZIP-Datei öffnet ...

Gut – das mit der ZIP-Datei brauche ich kurzfristig ...

Aber Johannes 10,10 trägt weiter.

Und mit dem Gedanken werde ich innerhalb von einer Minute wieder 20 Jahre jünger – und kann mild nachsichtig lächelnd eingestehen, dass andere etwas wissen, was ich nicht weiß ...

Aber es gilt auch umgekehrt ...

LEBENSPRÜFUNG

Stefan hatte sich wirklich sehr auf diese Prüfung vorbereitet. Er verzichtete auf viele private Vergnügungen – und hat stattdessen gelernt. Als schließlich der Tag der Prüfung kam, zündete ich morgens eine Kerze in der Kirche für ihn an – und drückte ihm die Daumen. Am späten Nachmittag dann die erlösende Nachricht: Bestanden! Mit einer Drei. Aber Stefan war unzufrieden damit. Er hatte andere Ansprüche an sich, hätte lieber eine Zwei oder eine Eins gesehen. „Die haben mich nicht das gefragt, was ich gewusst habe!“, pienzte er ein wenig herum, wie man in Südhessen so schön sagt.

Die haben mich nicht das gefragt, was ich gewusst habe! Beinahe hätte ich spontan gesagt: „Ja, das ist so im Leben. Man weiß manches – aber das, was man weiß, das ist oft nicht gefragt. Gefragt wird oft das, was man nicht weiß!“ Zum Glück verkniff ich mir die Bemerkung – junge Menschen wollen nicht unbedingt solche Lebenserfahrungen hinterhergetragen bekommen. Und das ist auch richtig und gut so. Ich zitiere selten Goethe, aber in dem Fall hat er schon recht: „Was du ererbt von deinen Vätern – erwirb es, um es zu besitzen!“ Man kann jungen Menschen die eigenen Lebenserfahrungen nicht ersparen, auch wenn man es manchmal besser zu wissen scheint.

Ich habe versucht, Stefan ein wenig aufzubauen – obwohl es aus meiner Sicht überhaupt nicht notwendig ist. Er hat bestanden – und das allein zählt erst mal. Aber ich kam ins Nachdenken. Ja, auch das Leben fragt mich manchmal nicht das, was ich weiß, sondern stellt mir Fragen, auf die ich möglicherweise keine Antwort habe. Was will ich antworten auf den Tod eines Kindes, einer 40-jährigen Frau? Was will ich sagen zu Krebs und dem Corona-Virus?

In meiner Ausbildung als Beraterin habe ich gelernt: Fragen lösen eine Suchbewegung aus. Und jede Antwort stoppt diese Suchbewegung, weil man sich damit zufriedengibt. Um auf dem Weg zu bleiben, braucht es Fragen, die unbeantwortet sind, die mich zum Suchen auffordern.

Auf meinem Weg als Christin habe ich gelernt, dass es Fragen gibt, die nicht zu beantworten sind: Warum lässt Gott das Leid zu? Warum muss die junge Frau sterben? Warum erwischt es gerade mich?

Man wird im Leben manches gefragt, was man nicht beantworten kann.

Gott ist für uns Menschen unbegreiflich – und muss es sein. Würden wir Gott begreifen, würde er in unser Denken hineinpassen – und dann wäre er kleiner als wir. Was wäre das aber für ein Gott, der kleiner ist als ich? An solch einen Gott mag ich nicht glauben.

Wenn aber Gott größer ist als ich, dann muss er sich meinem Begreifen-Können entziehen. Dann kann ich ihn nicht fassen – und damit wird er zum „Unfassbaren“. Einfach, weil er mein Fassungsvermögen übersteigt ...

Und daraus entstehen die Fragen des Lebens, die man nicht beantworten kann, die ich nicht beantworten kann. Da werde ich das gefragt, was ich nicht wissen kann.

Aus diesen Fragen des Lebens mit einem „befriedigend“ herauszukommen, das finde ich, ehrlich gesagt, ausgesprochen viel.

Durch die Weisheit wurden die Menschen gerettet. Die Bibel, Buch der Weisheit, Kap. 9, Vers 19

WISSEN HABEN ODER WEISE SEIN?

Evangelischer Kirchentag in Hamburg – ich hatte mir aus all dem Trubel zwei Stunden „Auszeit“ genommen und saß gemütlich mit einem Kaffee an den Landungsbrücken – wie ich finde, einem der schönsten Orte Deutschlands. Die Menschen aber, die an mir vorbeihasteten, schienen das nicht so zu sehen – die meisten hatten ihr Handy in der Hand, tippten irgendwelche SMS, checkten E-Mails. Die beeindruckende Umgebung schien sie vollkommen unbeeindruckt zu lassen. Und fast kam es mir so vor, als ob sie vor lauter „nichts verpassen wollen“ das „Eigentliche“ grad dadurch verpassten.

„Wissen ist Macht“, sagt ein altes Sprichwort. Und das erklärt, warum manche Menschen möglichst viel wissen wollen – und entsprechende Informationen zu Höchstpreisen gehandelt werden. Deshalb ist Wissen heute auch „Geld“. Und da auch „Zeit“ inzwischen „Geld“ ist, muss alles möglichst rasch, möglichst schnell, möglichst viel sein.

Die deutsche Sprache macht einen kleinen, aber feinen Unterschied: Wissen hat man, weise ist man. Es geht um „Haben oder Sein“, übrigens der Titel eines alten Kultklassikers von *Erich Fromm* (Psychoanalytiker, 1900–1980) aus den 1970er-Jahren. Etwas zu „haben“ bedeutet „besitzen“, ich häufe etwas an, muss es verteidigen. Etwas zu haben definiert mich von außen nach innen. Und das macht Druck. Weise zu sein, das geht von innen nach außen. Das strahlt aus, kommt aus einer Ruhe heraus, aus einer inneren Mitte.

Deshalb gibt es in der Bibel ein Buch der Weisheit, aber kein Buch des Wissens.

DER ANFANG UND DAS ENDE

Als Gott sich Mose das erste Mal zeigte, offenbart er sich als der *Ich bin, der ich bin* (*Die Bibel, Buch Exodus, Kap. 3, Vers 14*). Jesus beschreibt sich im Johannesevangelium mit sieben „Ich-bin"-Worten selbst: *Ich bin das Brot des Lebens – das Licht der Welt – die Tür – der gute Hirt – die Auferstehung und das Leben – der Weg, die Wahrheit und das Leben – der wahre Weinstock*. Und im Schlusskapitel des letzten Buches der Bibel, der Offenbarung, heißt es von Jesus: *Ich bin das Alpha und das Omega, der Erste und der Letzte, der Anfang und das Ende* (*Die Bibel, Buch der Offenbarung, Kap. 22, Vers 13*).

Gott war, ist und wird sein. Und dazwischen ein Stück Leben, mein Leben – aufgehoben, geborgen in Ihm.

„Alpha" und „Omega" sind jeweils der erste und der letzte Buchstabe des griechischen Alphabets, alle anderen Buchstaben, alle Möglichkeiten, aus diesen Buchstaben Wörter zu bilden, damit etwas auszusagen, sind sozusagen darin enthalten. Damit stehen sie auch für die Vollkommenheit, die nur in Gott erreicht werden kann. Und das ist wiederum der Grund, warum diese beiden Buchstaben, „Alpha" und „Omega", auch auf der Osterkerze stehen, die das Licht des Lebens, Jesus selbst, in die Finsternis des Todes hineinträgt.

Wir verdanken unser Leben Gott – und wir werden heimkehren zu ihm. In einem Lied aus dem Jahr 1935, Protest gegen die beginnende Zeit des Nationalsozialismus, heißt es: „Wir sind nur Gast auf Erden" (*Gotteslob Nr. 505*). Wir sind hier nur vorübergehend. Aber wir sind eingeladen, unser Leben zu feiern, es zu genießen, es in Würde zu leben, uns daran zu freuen – aufgehoben in IHM.

Aufgehoben

wenn du
der anfang
und das ende
bist

wenn du
der erste
und der letzte
bist

dann
bin ich
irgendwo
mittendrin

ich muss nicht
erster sein
und werde nicht
letzter sein

ich muss nicht
kämpfen
und kann doch
nicht verlieren

ich muss nichts
leisten
und bin doch
jemand

du gibst mir
einen raum
in dem ich
sein kann

so
wie
ich
bin

WER GLAUBT, LEBT LÄNGER

Ich bin in Eile heute Morgen. Um 10.00 Uhr soll ich einen Vortrag vor achtzig Frauen halten, 200 Kilometer entfernt. Dummerweise ändert der Termin erst mal nichts daran, dass ich ein Nachtmensch bin – und natürlich wieder entsprechend spät ins Bett gekommen bin.

Nach dem Duschen ist der Tee immerhin temperaturmäßig trinkbar, und ich blättere im Stehen die Zeitung kurz durch. Bei aller Eile bleibe ich an einer kleinen Notiz mit der Überschrift hängen: Wer glaubt, lebt länger.

Darin wird von einer Untersuchung berichtet, die der Frage nachging, ob sich eine regelmäßige Teilnahme an Gottesdiensten auf die Lebenserwartung auswirkt. In der Notiz stand leider nichts darüber, was unter einer „regelmäßigen Gottesdienstteilnahme" zu verstehen ist – schließlich hat einmal im Jahr an Weihnachten auch eine gewisse Regelmäßigkeit –, aber ich unterstelle mal, das man bei der Untersuchung wohl doch eher von einer sonntäglichen Teilnahme am Gottesdienst ausging.

Das Ergebnis finde ich spannend: Menschen, die eher selten im Gottesdienst sind, werden durchschnittlich 78 Jahre alt, Menschen, die oft im Gottesdienst sind, 85 Jahre. Sieben Jahre Altersunterschied für eine Stunde am Sonntag – nicht schlecht! Und das ohne Anhebung der Krankenkassenbeiträge, ohne Medikamentenzuzahlung und ohne lästige Warterei im Wartezimmer des Arztes.

KÖRPER, GEIST, SEELE

Auf der Autofahrt habe ich Zeit zum Nachdenken. Eigentlich – in fast allen alten Kulturen haben Religion und Heilung etwas miteinander zu tun. Die Priester und Priesterinnen waren für das Heil der Menschen zuständig – in einem ganzheitlichen Sinn. Da ging es um Körper und Seele und Geist. In den christlichen Klöstern, nicht nur bei *Hildegard von Bingen*, war die Heilkunst zu Hause.

Heute werden oft nur die körperlichen Symptome behandelt, manchmal sogar mit Medikamenten unterdrückt, obwohl sie eigentlich eine Botschaft von Geist und Seele sein wollen. Man kuriert die Symptome weg – und wundert sich, wenn der Mensch sich trotzdem nicht besser fühlt. Wenn aber meine Seele heil ist, dann wird sich das auch auf meine Gesundheit auswirken. Und so mag es durchaus zutreffen, dass eine Stunde am Sonntag vor Gott und mit Gott durchaus heilend sein kann.

Mein Entschluss steht fest. Ich werde meine Krankenkasse darum bitten, dass meine Beitragszahlungen entsprechend mit der Kirchensteuer verrechnet werden. Eine Bestätigung meines Pfarrers über regelmäßige Gottesdienstteilnahme kann ich gerne beilegen.

Wer glaubt, lebt länger – man mag daran glauben oder nicht. Ich kann es mir zumindest vorstellen.

P.S. Als ich bei einem Vortrag von dieser Untersuchung erzählte, unterbrach mich eine Ordensschwester und sagte: „In unserer Gemeinschaft werden die Mitschwestern durchschnittlich 87 Jahre alt." Gut, ob die zwei Jahre länger ein hinreichender Grund für den Eintritt in einen Orden sind, das muss jeder selbst entscheiden.

die predigt des olivenbaumes

zerzaust vom leben
leicht verwachsen
knorrig der stamm
und trotzig seine zweige

und doch
ist schatten in der sonnenglut
wächst in der blüte
auch die frucht heran

ist das starke
schutz des zarten
und das zarte kann nur leben
weil die stärke schützt

dem himmel kann
nur der entgegenwachsen
der auch erdig
wurzeln hat

der weiß
woraus er lebt
und wohin
er leben will

heiligkeit heißt nicht
heilig zu sein
sondern das zu leben
was mein leben ist

Ich bin gekommen, damit sie das Leben haben und es in Fülle haben. Die Bibel, Johannes-Evangelium, Kap. 10, Vers 10

der erde
vom himmel
erzählen

immer dann und dort
wo leben in fülle lebt
neigt es sich
der erde zu

die blüten der rispe
die zweige der brombeere
die äpfel am ast
das leben der menschen

befruchtet
vom himmel
sät sich das leben
in die erde

und keimt
und wächst
und lebt
und

erzählt
der erde
himmlische
geschichten

wandeln

NOVEMBER

HEIL WERDEN

„Kannst du die Lisa wieder heil machen?“ Die kleine Jana steht mit großen, dunklen Augen vor mir und hält mir ihre Puppe entgegen, deren Arm halb aus dem Körper heraushängt. Heil machen, damit meint Jana, die Puppe wieder zu „reparieren“, „ganz“ zu machen.

Beim Menschen hat „heil“ sein aber auch eine seelische Dimension. Man kann krank sein – und trotzdem „heil“, man kann körperlich gesund sein, aber doch sehr „unheil“ und „unerlöst“. Und „heilen“ meint dann, einen Menschen eben nicht nur körperlich wiederherzustellen, sondern auch seine Seele in den Blick zu nehmen. Seele und Leib hängen zusammen, und wenn die Seele krank ist, kann auch der Körper krank werden.

„Heil“ und „heilig“ gehören von der Wortbedeutung her zusammen. Ein „Heiliger“ ist in besonderem Maße „heil“, also „ganz“. Aus Gott heraus kann er ganzheitlich leben, weil seine Seele in ihm geborgen ist. Und Menschen, die sich von Gott her definieren, sind „heilig“. Da gibt es ein paar Vorbilder: Mutter Teresa oder Franz von Assisi, den hl. Christophorus oder Edith Stein. Sie alle feiern wir an Allerheiligen.

Aber das Fest meint auch mich – denn ich bin heilig, wenn ich heil werde.

Weil ich aus Gott lebe.

Er ist doch kein Gott von Toten, sondern von Lebenden.
Die Bibel, Lukas-Evangelium, Kap. 20, Vers 38

HEIMKOMMEN ZU GOTT

Einige Wochen vor ihrem Tod fragte mich meine Mutter: „Glaubst du daran, dass es nachher irgendwie weitergeht?" – „Ja, daran glaube ich!", antwortete ich überzeugt. „Und – wie wird es da sein?", fragte sie weiter. „So genau weiß ich das auch nicht – aber ich glaube, es wird schön sein!"

Keiner von uns kann sagen, wie es jenseits der Grenze weitergeht – klar ist nur, es wird ganz anders sein. Wenn wir zu Gott heimkommen, begegnen wir keinem schwarzen Loch oder der Kante des Abgrunds, sondern dann werden wir Anteil haben an Gottes Herrlichkeit, an seiner Kraft, seinem Licht. Eine ganz andere „Welt" – nicht nur die Verlängerung und Perfektionierung unseres irdischen Lebens. Die Gesetze und scheinbaren Wichtigkeiten unserer Welt gelten dort nicht mehr, dort zählt nur noch die Liebe, die unendliche Liebe Gottes, in der wir aufgehoben sein werden. Und diese Liebe kennt keine Zerstörung, sondern nur die Vollendung.

Manchmal, mitten im Leben, blitzt schon etwas von dieser anderen Welt auf, da erahnen wir einen Augenblick lang, was „Himmel" sein könnte! Es sind Momente dichten, intensiven Lebens, voller Liebe, voller Lebendigkeit! Und dann holt uns die irdische Begrenztheit erneut ein, schließt sich der Himmel wieder. Eines Tages aber wird Gott uns heimholen – und dann wird der Himmel für uns offen sein.

Meine Mutter wollte damals aber noch etwas wissen: „Und was mache ich, wenn es mir da nicht gefällt?", fragte sie. Darauf hatte ich nun allerdings auch keine Antwort.

Sie weiß es inzwischen.

VORSCHIFF

Das letzte „lange Wochenende“ (mit dem 1. November als Feiertag) in diesem Jahr – und entsprechend voll war es auch auf der Insel Juist. Für den Sonntagmittag wurden deshalb gleich zwei „Vorschiffe“ angekündigt, also Schiffe, die vor der regulären Fähre fahren.

Und so gab es am Hafen ein ziemliches Gewusel und ein bisschen Durcheinander – kann man das Gepäck auf das Vorschiff mitnehmen – oder geht es in die Container für das Hauptschiff? Wann genau fährt das Vorschiff? Und was, wenn man das Gepäck schon in die Container geladen hat?

Alles wurde ziemlich souverän gemanagt – und klappte irgendwie und irgendwann. Aber wirklich bewundert habe ich einen Mitarbeiter, als er auf die ängstliche Frage einer älteren Dame, ob denn das Vorschiff vor dem planmäßigen Schiff fahren würde, in aller Gelassenheit nur antwortete: „Deshalb heißt es Vorschiff …“ Ich musste laut lachen … und schmunzelte noch, als wir mit unseren Koffern auf dem ersten Vorschiff nach Norddeich fuhren.

„Es kommt ein Schiff geladen …“ – so beginnt ein jahrhundertealtes Adventslied. Aber auch für den Advent gibt es „Vorschiffe“ – und die fahren im November. Es gilt, sich jetzt Gedanken darum zu machen, wie ich den Advent dieses Mal leben und gestalten will – und entsprechend die Weichen dafür zu stellen.

Das sind nicht Zimtsterne und Lebkuchen hier und jetzt – sondern eher die Frage: Wie halte ich es mit Zimtsternen und Lebkuchen in diesem Jahr? Möchte ich einen Adventskalender haben – und wenn ja, welchen? Vielleicht in diesem Jahr mal auf den perfekten Weihnachtsbaum verzichten – dann kann man sich damit auch wirklich Zeit lassen.

Oder die Idee, jeden Tag im Advent einen handgeschriebenen Gruß per Post zu versenden statt der „WhatsApp-Nachricht“ an den Feiertagen.

November – das ist noch nicht Advent, der beginnt erst mit dem 1. Adventssonntag. Aber „Vorschiff“ könnte in dem Fall ganz einfach heißen, den Weg durch den Advent jetzt schon mal in den Blick zu nehmen.

Man muss das Vorschiff nicht nehmen. Die planmäßige Fähre geht auch. Wichtig könnte ganz einfach der Weg sein – von Juist nach Norddeich, vom November über den Advent nach Weihnachten.

Der Flieger braucht übrigens nur sieben Minuten von Juist nach Norddeich ... aber möchten Sie wirklich in sieben Minuten vom November nach Weihnachten katapultiert werden? Ich genieße jede Minute der Überfahrt ...

Und auch Seehunde werden Sie eventuell nur dann sehen, wenn Sie mit dem Schiff unterwegs sind ...

53° 46’ N 007° 50’ E

die Maschine stoppt
das Schiff wiegt sich sacht
auf den Wellen

rechts der Westturm von Wangerooge
links der Strand von Spiekeroog
über uns die Weite des Himmels

der Kapitän spricht ein paar Worte
die Urne wird zu Wasser gelassen
der Tampen wird gelöst

keine Worte mehr
nur das Raunen des Windes und der See
und der Ruf der Möwen

auf den Wellen ein Kranz von Blumen
der vom Schiff wegtreibt
und einzelne Rosen lachsfarben

8 Glasen vier mal zwei Schläge der Schiffsglocke
Wachwechsel
ein anderer übernimmt jetzt das Ruder

die Flagge wird gedippt ein letzter Gruß
das Schiffshorn sagt „gute Reise!“
langsam nehmen wir wieder Fahrt auf

noch eine Runde noch ein Blick
der treibende Blumenkranz die einzelnen Rosen
Wind und Weite

du bist heimgekehrt
in den der alles geschaffen hat
und der alles liebt.

du bist angekommen in Wind und Weite
in dem dich einhüllenden Frieden

und Wildgänse
fliegen übers Meer

hoffnung die bleibt

wenn der tod
einen namen hat
ein gesicht bekommt
wirklichkeit wird

ja
dann tut es weh

aber wenn ein mensch geht
weil es zeit ist
weil die kraft zum leben
nicht mehr reicht

wenn ein mensch gehen kann
weil die angst
keinen grund mehr hat
und weil er um freiheit ahnt

dann blitzt mitten im dunkel
ein licht auf

denn wenn das letzte wort
gesagt ist
brauchen wir
keine worte mehr

wenn die tränen
geweint sein werden
wird nur noch raum
für die liebe sein

dann werden wir
vereint sein
und wir werden erkennen
was wir nicht verstanden
haben

wenn wir den tod
hinter uns haben
haben wir das leben
vor uns

MONAT DES LEBENS

Auf der Landesgartenschau in Papenburg vor einiger Zeit gab es auch Ideen für individuelle Grabgestaltungen zu sehen. Und auf einem Grabstein war zu lesen: „Jetzt, da ich Zeit habe, kommt keiner."

Kaum vorstellbar, dass sich jemand so etwas auf sein Grab stellt – obwohl, inzwischen ist ja im Kontext mit Bestattungen so ziemlich alles vorstellbar. Aber dort sollte der Grabstein wohl eher zum Nachdenken anregen – und das tat er, auch wenn viele erst mal lachten, als sie den Spruch lasen.

„Jetzt, da ich Zeit habe, kommt keiner", das ist natürlich zuerst einmal die Frage an uns, ob wir unsere Verstorbenen noch im Blick haben – oder ob wir sie elegant auf dem Friedhof abgegeben haben. Aber mir geht seitdem noch eine andere Frage nach: Haben wir denn für unsere Verstorbenen Zeit gehabt, als sie noch gelebt haben? Oder war nicht manches angeblich doch wichtiger und dringender? Und wenn dann die Nachricht vom Tod kommt, denkt man: Hätte ich mir doch die Zeit genommen ...

Der November ist für viele der Monat des Todes und der Trauer: Allerseelen, Volkstrauertag, Totensonntag, ... die Nächte werden länger, in der Natur sieht alles kahl und tot aus – oft ist auch das Wetter dementsprechend – und das tröstende Licht der Adventskerzen noch weit.

„Jetzt, da ich Zeit habe, kommt keiner" – das ist eigentlich eine Botschaft, die uns ans Leben erinnern will – genauso wie der Monat November. Konfrontiert mit Tod und Vergänglichkeit wird uns das Geschenk des Lebens neu bewusst, das, was im Leben wirklich wichtig ist. Das ist die Lektion, die uns der Tod erteilen kann – nämlich das Leben lieben zu lernen.

Dann könnte aus dem Monat des Todes eigentlich ein Monat des Lebens werden.

NOVEMBRIG

Als ich heute von Osnabrück zurück ins Emsland fuhr, war mir ein wenig novembrig zumute. Ja, ich weiß, offiziell gibt es dieses Wort nicht – aber ich habe bisher kein passenderes gefunden. Novembrig, das ist so ein bisschen dazwischen … kein goldener Oktober mehr, aber auch noch kein Advent, alles irgendwie grau in grau, Nieselregen, es wird früh dämmrig, auf den Friedhöfen brennen die Kerzen. Die Winterreifen sind schon montiert – aber für die Weihnachtspost ist es eindeutig noch zu früh. Immerhin – mit dem Laub sind wir fast durch … ach ja, Streusalz muss ich noch kaufen …

November – das ist Zwischenzeit. Das ist Übergang.

Und genau deshalb brauche ich den November. Den Sommer, die Farben loslassen. Mich nach innen orientieren, mich auf meine Wurzeln besinnen. Mich erinnern an die Menschen, die mit mir unterwegs waren und mir jetzt schon vorausgegangen sind. Der Traurigkeit ihren Raum geben – damit dann auch die Vorfreude wieder wachsen kann.

Mir tut das „dazwischen“ auch irgendwie gut. Unvorstellbar, vom letzten warmen und sonnigen Herbsttag direkt zur ersten Kerze auf dem Adventskranz zu wechseln!

Vielleicht könnte man es so sagen: Der November ist das „und“. Er verbindet das eine mit dem anderen. Er gibt uns die Zeit, etwas zu verabschieden, damit Neues werden kann. Der November ist Zwischenzeit, Zwischenland. Er lädt uns dazu ein, das „und“ zu leben, den Übergang. Und genau das macht ihn wichtig und wertvoll.

Ach, übrigens: Der November ist mit dem Karsamstag ziemlich eng verwandt. Aber auch den mögen ja viele nicht – und würden viel lieber schon Ostern feiern.

SCHMALZBROT

Spätestens Anfang November fange ich an zu suchen, bei Metzgern und im Kühlregal vom Supermarkt: Ich suche ein gutes Schmalz. Den ganzen Sommer lang verschwende ich keinen Gedanken daran, bei 30 Grad Außentemperatur würde es sowieso vom Brot wegfließen. Aber sobald es draußen etwas kälter wird, man ein wenig vor sich hin fröstelt – dann eine Scheibe frisches Bauernbrot und gutes Schmalz drauf – dafür lass ich alles andere stehen!

Als Kinder sind wir mit Schmalz groß geworden, meine Mutter machte es selbst, mit Äpfeln und Zwiebeln und richtig mit Grieben, nach einem Rezept aus Ostpreußen. Und das hat einfach nur gut geschmeckt!

Schmalzbrote isst man nicht mit Messer und Gabel – und man legt sich dafür auch keine Serviette auf den Schoß – die isst man aus der Hand. Und man muss auch gar keine großen Überlegungen anstellen, welcher Wein dazu passt – da passt gar kein Wein dazu. Höchstens ein ganz herber, trockener Rotwein ... so ein Landwein ... oder ganz einfach ein frisch gezapftes Bier.

Schmalz auf frischem Brot ...

Da schmeckt man was, da riecht man was, da hat man was in der Hand.

So sollte glauben sein.

Ihr seid das Salz der Erde. Die Bibel, Matthäus-Evangelium, Kap. 5, Vers 13

NACH INNEN WIRKEN

Ich denke, daran muss sich Glaube messen lassen – da hat man was in der Hand. Oder anders gesagt: Hilft er mir dabei, besser und lebendiger, kraftvoller und getrösteter zu leben?

Machen wir doch mal die Probe aufs Exempel: Ihr seid das Salz der Erde! Schön. Aber was hat das mit meinem Alltag zu tun – und wie kann mir das helfen, lebendiger zu sein?

Salz gibt es für wenige Cent die Packung zu kaufen. Für uns scheint Salz erst mal nicht so besonders kostbar zu sein. Aber wie wichtig Salz ist, merkt man ganz schnell, wenn man vergisst, es zu den Kartoffeln oder in die Suppe zu geben – dann schmeckt es fad und langweilig. Salz gibt Geschmack. Und es macht haltbar, zum Beispiel Fleisch, das man einpökelt. Salz war früher das „weiße Gold", die alte Salzstraße und die Salzspeicher in den Hansestädten erzählen noch davon.

Das Interessante an Salz ist: Wenn man es in etwas hineingibt, löst es sich auf, es lässt sich anschließend nicht mehr als Salz finden. Aber es verändert das, in das es hineinwirkt.

Und was heißt das für mich, für uns? Ich muss nicht der bürgerliche Suppentopf sein, sondern bin das Salz in der Suppe. Ich kann Geschmack geben, würzen, etwas schmackhaft machen. Und kann dabei durchaus in etwas aufgehen, etwas durch mein Da-Sein verändern.

Vielleicht auch wirken, indem ich mich in etwas hineingebe und darauf vertraue, dass sich alleine dadurch schon etwas verändert.

Ihr seid das Licht der Welt. Die Bibel, Matthäus-Evangelium, Kap. 5, Vers 14

NACH AUSSEN STRAHLEN

Wenn das Salz nach innen wirkt, so strahlt das Licht nach außen. Es macht gar keinen Sinn, eine Lampe anzuzünden oder eine Kerze – nur um sie anschließend zu verdecken. Ein Licht soll ja gerade in die Dunkelheit hinein leuchten. Es verliert sich nicht in der Dunkelheit – sondern setzt ein Gegengewicht zu allem Dunkel. Das Salz geht in etwas auf – das Licht setzt etwas dagegen.

Und das ist auch die Erlaubnis, mein Licht nicht unter den Scheffel zu stellen. Ich darf und soll leuchten, in alle Dunkelheiten hinein. Und dazu muss ich nicht gleich ein großer Kronleuchter sein, in einem dunklen Raum macht es auch ein Teelicht schon ein wenig heller. Wir können zu dem Licht stehen, das wir ausstrahlen ... wir brauchen uns nicht zu verstecken. Wir als Christen haben eine Antwort auf Fragen des Lebens ... und sei es nur die Antwort, dass wir unsere Fragen jemandem vor die Füße werfen können.

Mir macht das Mut. Jesus traut mir was zu. Er sagt nicht: Werdet irgendwann mal Salz – und er sagt nicht: Tu das und das, damit du leuchtest – nein, ihr *seid* das Salz, ihr *seid* das Licht! Er traut mir zu, dass ich Geschmack in etwas bringen und das Dunkel etwas heller machen kann.

Und wenn man davon ausgeht, dass in der Bibel nichts zufällig so dasteht, dann ist die Reihenfolge spannend: Wir sind zuerst Salz, dann erst Licht. Um „nach außen zu wirken“ muss zuerst etwas in mir und mit mir geschehen. Leuchten zu wollen ohne Salz gewesen zu sein, das könnte möglicherweise nicht klappen ...

Wohl denen, die da wandeln vor Gott in Heiligkeit! Kirchenlied von Cornelius Becker (1561–1604) nach Psalm 119

WANDELN

Dieses Wort wird heute nur noch selten gebraucht, viele kennen es gar nicht mehr. „Wandeln“ kommt von „wenden“ – eine „Wandelhalle“ ist ein Raum, in dem man hin und her geht und sich dabei immer wieder umwendet. Mit jedem „Umwenden“ aber wechselt auch die Blickrichtung, man sieht woanders hin und sieht deshalb anderes. Und wenn wir vor Gott „wandeln“ wie es in dem bekannten Kirchenlied heißt, dann schauen wir auf Gott und richten unseren Weg auf ihn hin aus.

Auch ich bin zum „wandeln“ eingeladen: hin und her gehen, die Perspektive, den Blickwinkel ändern. Und wenn ich anders hinschaue, dann können sich auch Menschen ver-wandeln. Dann ahnt man plötzlich um die Sehnsucht nach Liebe bei dem kleinen schüchternen Mädchen, die Einsamkeit im Blick des älteren Mannes, die Unsicherheit des so großspurig auftretenden Jugendlichen.

Wenn ich aus einer anderen Perspektive schaue, werde ich anderes entdecken, und dann kann ich auch anders damit umgehen.

Wandeln – mit der Liebe Gottes auf die Menschen schauen.

Und wer ist mein Nächster? Die Bibel, Lukas-Evangelium, Kap. 10, Vers 29

ANSEHEN GEBEN

In der deutschen Sprache wird es sehr schön deutlich: „Ansehen“ hat einer, der angeschaut, „angesehen“ wird. Angeblich wichtige Menschen haben viel Ansehen, denn jeder schaut zu ihnen hin oder gar zu ihnen hoch.

Manche Menschen aber wollen wir nicht wahrnehmen – und dann übersehen wir sie auch geflissentlich. Wir gehen eilig vorbei, würdigen sie keines Blickes, ignorieren sie. Ihr Anders-Sein macht uns Angst, ihre ewiggleichen Geschichten nerven, ihre Probleme machen ein schlechtes Gewissen – der Obdachlose auf dem Domvorplatz in Osnabrück, der mich gleich um zwei Zigaretten bittet, oder die Frau, die zweimal im Jahr an der Tür klingelt und Karten verkaufen möchte. Und manchmal bin ich dann auch in der Versuchung, das einfach zu ignorieren, zu flüchten oder mich mit einer Zwei-Euro-Münze „freizukaufen“.

Vielleicht wollen diese Menschen gar nicht das, worum sie als Vorwand bitten? Vielleicht wollen sie einfach nur wahrgenommen, angeschaut werden? Ein wenig Zuwendung, Zuhören, ein wenig Wärme in ihrer manchmal so kalten Welt?

In einer Ansprache fragte Papst Franziskus einmal: „Sagen Sie, wenn Sie Almosen geben, schauen Sie dann dem- oder derjenigen in die Augen, der Sie das Almosen geben?“

Das ist genau der Punkt. Einen anderen ansehen, das heißt, ihn als Mensch wahrnehmen und ihm damit seine Würde geben. Übrigens: Der Mann auf dem Domvorplatz wollte die zweite Zigarette für seine Lebensgefährtin – und er hat mir das „du“ angeboten.

Ich habe es gerne angenommen.

AUGENBLICKE

Einen Augenblick lang, einen Moment nur, trifft sich der Blick. Man sieht und wird gesehen. Einen Herzschlag lang Erkennen – und vorbei. Und doch ist irgendwas anders geworden.

Ein Augenblick, von Mensch zu Mensch, zwischen Menschen, von mir zu dir, von dir zu mir. Und einen Augenblick lang ist es völlig belanglos, wer krank oder gesund ist, wer Geld hat oder rechnen muss, wer hier wohnt oder fremd ist. Einen Augenblick lang sieht man mit dem Herzen und sieht den Menschen. Einen Augenblick lang erahnt man im anderen die abgrundtiefe Einsamkeit, den stillen Mut, die sich überfordernde Hingabe, die Sehnsucht nach Ruhe, die Sorge, die zermürbende Angst, das leise Glück, die Nervosität, die laute Geschäftigkeit, die bangende Hoffnung, die zweifelnde Frage.

Einen Augenblick lang sieht man auf den Grund und ahnt. Und man wird im Grunde gesehen und weiß ...

Und vorbei.

Und doch – irgendwas ist anders geworden. Durch einen winzigen Augenblick ...

Jesus fasste das Kind an der Hand und sagte zu ihm: Mädchen, ich sage dir, steh auf! Die Bibel, Markus-Evangelium, Kap. 5, Vers 41

DORNRÖSCHEN

Ich bin die Tochter des Jaïrus. Ich habe keinen eigenen Namen, ich bin ein Nichts, ein Niemand, nur die Tochter des ...

So aber kann ich nicht Mensch sein, kann ich nicht Frau werden. So kann ich nicht wachsen, mich entwickeln, meinen Weg gehen. Solange mein Vater mich festhält, bin ich nur Tochter – und kann nicht zur Frau werden. Die Liebe meines Vaters hält mich, bindet mich, fesselt mich.

Viele Kämpfe habe ich gekämpft – und ich habe verloren. Jetzt gebe ich auf. Wenn ich nicht Frau werden darf, will ich auch keine Tochter mehr sein. Meine Lebenskraft versiegt, zieht sich nach innen zurück. Und ich sterbe jeden Tag ein wenig mehr – weil ich nicht leben darf.

Aber tief in mir wartet das Leben. Wartet darauf, dass da einer kommt, mich berührt, erkennt, was in mir steckt. Ich warte darauf, dass mich einer herausruft. Und eines Tages wird er kommen ... ich weiß es.

Bis dahin verstecke ich mich. Ich warte. Und um mich herum wächst meine Dornenhecke und schützt mich. Für die anderen bin ich tot. Doch ich schlafe nur.

Als er kam, fasste er mich an der Hand. Er schaute mich an – und sah mich, die junge Frau, die werden will. Und er sagte „Mädchen" und nicht „Tochter des ...". Er meint mich.

Und er sagte: „Steh auf!" – geh deinen Weg, als Mensch, als Frau.

Angesehen, berührt, erkannt, geliebt, erlöst, befreit. Da haben die Dornen Rosen getragen.

Gabenbereitung

Ich überlasse dir

meinen unerfüllten
Traum vom Leben
und meine Angst
vor dem Verlassen-Werden
meinen Stolz
über ein gelungenes Seminar
und mein Scheitern
in einer Beziehung
meine Fähigkeit
zu organisieren
und die Grenzen
meiner Kraft

ich gebe dir
was ich bin
und was ich habe

viel
und wenig
zugleich

Samen
Knospen
Blüten
Früchte
geknickte Zweige
abgestorbene Blätter

nimm
meine Gaben an
und verwandle sie

damit sie
zum Segen werden

für alle Geschöpfe
in deiner Welt

VON INNEN NACH AUßEN

Verändern und verwandeln – zwei Wörter, die sich ähnlich anhören – und doch etwas ganz Verschiedenes meinen. Katholische Christen glauben daran, dass in der Eucharistie, die sie am Sonntag feiern, eine Wandlung von Brot und Wein in Leib und Blut Christi geschieht. Damit erinnern sie daran, dass Jesus von Nazaret beim letzten Abendmahl seinen Freunden Brot und Wein reichte und dazu sagte: „Das ist mein Leib, das ist mein Blut! Tut dies zu meinem Gedächtnis!"

Eucharistie ist das Fest der Wandlung, der Verwandlung. Wenn der Priester die Abendmahlsworte Jesu spricht und den Heiligen Geist um die Wandlung bittet, dann verändern Brot und Wein sich dadurch nicht – sie verwandeln sich. Und diese Verwandlung meint nicht nur Brot und Wein, sondern diese Verwandlung meint auch uns.

Veränderungen gehen von außen nach innen, manchmal auch gewaltsam und unter Druck. Verwandlungen geschehen im Innern und wirken nach außen. Und nichts und niemand kann eine Verwandlung herbeizwingen. Der christliche Glaube will keine Veränderung des Menschen – und immer dann und dort, wo er darauf reduziert wird, beispielsweise durch das Pochen auf Gesetze oder durch Sanktionen, wird er scheitern. Der christliche Glaube will, dass sich im Menschen von innen heraus etwas verwandelt. Jede Verwandlung wird Veränderungen mit sich bringen, aber nicht jede Veränderung zieht eine Verwandlung nach sich.

Verwandlung ist ein sanfter Prozess. Ich kann nur verwandelt werden, ich kann mich nicht selbst verwandeln. Mein aktiver Part dabei ist das „zulassen" – ein Prozess, der etwas mit Wachsen zu tun hat.

Behüte mich, Gott, denn bei dir habe ich mich geborgen!
Die Bibel, Buch der Psalmen, Psalm 16, Vers 1

bin ich

Du bist mein Gott

Bei dir bin ich geborgen,
dir kann ich mich geben.

Und siehe: Ich bringe das Brot meines Lebens,
alle Arbeit und Mühe,
meine Tränen, jeden Schmerz.
Hier bin ich
mit all meinen Alltäglichkeiten.

Und siehe: Ich bringe den Wein meines Lebens,
die Freude und die Hoffnung,
meine Lebendigkeit und meine Liebe.
Hier bin ich
mit dem Fest meines Lebens.

Wandle du das Brot meines Lebens
Wandle du den Wein meines Lebens

Hier bin ich – wandle du mich

Zeig mir den Pfad zum Leben.
Gib mir den Mut, den Weg zu gehen.
Gib mir die Kraft, mich herausfordern zu lassen.
Gib mir das Vertrauen, den nächsten Schritt zu wagen.
Hier bin ich. Ich gebe mich dir.

Wandle du mich dem Leben entgegen.

Jesus sagte: Ich bin das Brot des Lebens; wer zu mir kommt, wird nie mehr hungern. Die Bibel, Johannes-Evangelium, Kap. 6, Vers 35

WES BROT ICH ESS …

Es ist wohl ein ganz altes Sprichwort – und eines der wenigen, das auch heute noch gelegentlich „gebraucht“ wird: „Wes Brot ich ess, des Lied ich sing.“ Klar – wer mir das Brot zum Essen gibt, dessen Lied singe ich auch!

Es gibt die unterschiedlichsten Erklärungen, wo das Sprichwort herkommt, Walther von der Vogelweide und Martin Luther kursieren im Internet – aber vielleicht ist es ganz einfach eine uralte menschliche Erfahrung, die darin einen Ausdruck gefunden hat.

Wenn man es heute irgendwo hört, klingt es oft ein wenig spöttisch und abwertend. So nach dem Motto: Haben wir es doch gewusst! Der kann doch gar nicht anders, der wird doch von dem und dem bezahlt!

Als Christen könnten wir dieses Sprichwort aber auch ganz anders hören: Wes Brot ich ess, des Lied ich sing! Wenn Jesus Christus sich uns selbst als Brot gibt – dann könnte dieses Sprichwort, das oft so negativ gebraucht wird, auf einmal einen ganz neuen Klang, eine neue Farbe bekommen. Dann ergibt sich die spannende Frage: Welche Lieder singe ich denn? Singen wir überhaupt noch? Sind es Lieder des Lebens, der Freude, der Befreiung? Oder haben wir doch eher „Moll“ angestimmt – Trauer, Frustration, Resignation?

Wenn ER das Brot ist, das ich esse – dann bin ich auch eingeladen, seine Lieder zu singen – und das sind Lieder des Lebens!

Einladung

Tod
Tanz
und Traum

gelebt
und nicht
zu wenig

Mut
zum Träumen
gehabt

zum Glauben
an eine andere
Wirklichkeit

vom Leben berührt
manchmal
getanzt

schwerelos
durch Raum und Zeit
getragen gehalten

manchmal
Tod
am Ende sein

nicht mehr wollen
nicht mehr können
dunkel sein

um neu zu hören
neu zu werden
neu zu sein

Tod
Tanz
und Traum

Traum
Tanz
und Tod

Leben
hier
und jetzt

EIN TANZENDER GOTT?

Es ist ein altes mystisches Bild, das in den verschiedensten Religionen und zu allen Zeiten immer wieder auftaucht – ein Gott, der zum Tanz einlädt. Ein tanzender Gott? Einer, der sich der Musik, dem Rhythmus hingibt, der sich dreht und wiegt und vielleicht auch stampft und wirbelt? Der uns führt, berührt, hält, der den Weg vorgibt, auf den wir uns einlassen können ... *Friedrich Nietzsche*, ein deutscher Philosoph (1844–1900), hat einmal gesagt: „Ich würde nur an einen Gott glauben, der zu tanzen versteht."

Warum eigentlich nicht? Wir sind eingeladen zum Tanz des Lebens, weil Gott selbst das Leben ist.

Dieser Gott kommt auf uns zu und lädt uns ein, er fordert uns auf – und da wird niemand zum Mauerblümchen, keiner bleibt sitzen – wenn er nicht sitzen bleiben will. Wir sind eingeladen, uns dem Rhythmus des Lebens zu geben, dem Auf und Ab, dem Hin und Her, dem schwindligen Wirbel und den ruhigeren Melodien. Dazu braucht es das Hinhören – das Hören auf die Musik des Lebens und das Hören auf die manchmal so leise Stimme des „Komm – und folge mir! Komm mit zum Tanz des Lebens, zum Tanz der Lebendigkeit!"

Ein neueres englisches Kirchenlied fragt nicht lang, es sagt, oder besser, singt es: *I am the Lord of the dance said he* – ich bin der Herr des Tanzes, sagt er. Und im Refrain heißt es: „Tanz, tanz, wo immer du auch bist – und ich führe euch alle in den Tanz, sagt er." Wir sind eingeladen zum Tanz des Lebens.

Gott selbst lädt uns ein zum Tanz des Lebens! In der Bibel heißt es im Buch Jesaja: *Der HERR der Heerscharen wird auf diesem Berg für alle Völker ein Festmahl geben mit den feinsten Speisen, ein Gelage mit erlesenen Weinen* (*Die Bibel, Buch Jesaja, Kap. 25, Vers 6*). Und was wäre ein Fest ohne Musik und Tanz?

Dieser Tanz ist aber nicht nur nett, schön und glücklich. In der Klosterkirche der Benediktinerinnen in Dinklage im Oldenburger Münsterland gibt es eine Darstellung von Christus als „Schmerzensmann". Am Karfreitag wird sie vor den Altar gestellt. Wenn man genau hinschaut, sieht man die Wundmale der Nägel an den Händen und Füßen. Jesus ist durch Leid und Schmerzen und den Tod hindurchgegangen – und steht jetzt als der Auferstandene vor uns, von diesem Weg gezeichnet.

Bei dieser Figur gibt es aber noch etwas Besonderes: Dieser Schmerzensmann streckt seinen linken Fuß leicht nach vorne. Im Mittelalter soll dies ein ganz bestimmtes Zeichen gewesen sein, nämlich die Einladung zum Tanz. Er, der durch Leid und Tod hindurch gegangen ist, lädt uns ein – zum Tanz des Lebens, durch Höhen und Tiefen, mal nimmt es mir den Atem und macht mich schwindlig, dann wieder gibt es ruhigere Phasen ... aber tanzen mit Gott. Der kennt das Leben – und der kennt den Tod. Und von ihm können wir lernen, dass das Leben stärker ist als der Tod. Auch der „Schmerzensmann" trägt die Wundmale des Todes – und ist doch auferstanden.

Aus dieser Hoffnung heraus können wir leben – und in diese Hoffnung werden wir eines Tages hinein sterben, um zu einem anderen Tanz des Lebens gerufen zu werden.

Und diesen Tanz gilt es jetzt und hier zu lernen.

Gegenspieler

Tod ist Ende
Liebe Beginn
Kampf um das Leben

Anfang und Ende
Ende und Anfang
Rhythmus des Lebens

wer stirbt
setzt ein Ende
begräbt das Leben

wer liebt
beginnt immer wieder neu
Auferstehung

die Liebe
ist stärker
als der Tod

WAS MACHT EIN KÖNIG?

Ein König herrscht über sein Land und sein Volk. Aber ein guter König dient zugleich seinem Volk – denn er will, dass es den Menschen gut geht. Er regiert und trifft Entscheidungen. Aber vorher hört er zu, schaut genau hin. Er sorgt sich, lässt sich aber nicht ausnutzen. Er ist gerecht und barmherzig, genau und großzügig. Er lässt sich beraten – und durch Bitten auch schon einmal erweichen. Er kann energisch werden, wenn es sein muss, und ein klares Wort reden. Er sucht die, die sich verloren haben – und kämpft für die, die sich ihm anvertraut haben. Man findet ihn auf großen Festen, aber auch in der Hütte der armen Witwe. Er vertritt sein Land und sein Volk nach außen hin. Er setzt sich ein, weil er die ihm Anvertrauten liebt. Er lässt sich nicht nur feiern, sondern tut was.

Das alles macht ein König – und wahrscheinlich sogar noch ein bisschen mehr. Aber mit welchem Verb, oder wie wir es noch gelernt haben, mit welchem „Tu-Wort“ könnte man das beschreiben? Mir fallen mindestens zwanzig verschiedene Wörter ein, aber keines, dass all das umfasst.

Wenn es kein passendes Verb gibt, dann muss man eben eines erfinden. Wie wäre es denn mit „königen“? Ein guter König „königt“ ... und das ist etwas, das man tut und nicht nur einfach ist.

Christkönig – Christus königt – dieser König tut was. Und so einem König kann ich gut folgen – denn er tut es für mich.

KÖNIGS-GESCHICHTEN

„Also, ich geh ganz gerne zum Zahnarzt! Aber bei unserem kommt man immer so schnell dran!" – sagte die Frau plötzlich in unserem Gespräch. Ich muss wohl etwas verblüfft dreingeschaut haben – zum einen geh ich nicht so besonders gern zum Zahnarzt – und wenn, dann bin ich immer froh, wenn ich nicht zu lange warten muss. Sie sah wohl meinen fragenden Blick: „Ach, ich lese gern mal was über die Könige und Königinnen in den Zeitschriften ... aber ich komm nie dazu, einen Artikel fertigzulesen! Dann werde ich immer schon aufgerufen!"

Okay ... verstanden hab ich es jetzt.

Es stimmt schon – auch wenn Könige und Königinnen nicht mehr so richtig in die Welt von Facebook und WhatsApp passen – irgendetwas Faszinierendes geht immer noch von ihnen aus.

König – das ist ein altes, archaisches Bild. Ein König ist einer, der seinem Volk gut will. Er braucht sein Volk – und das Volk braucht seinen König. Und deswegen will ich mehr von meinem König erfahren – und ein guter König will wissen, was die Menschen bewegt.

Wenn Christus unser König ist, dann können und dürfen wir ihm unsere Geschichten erzählen. Man kann auch „beten" dazu sagen.

Und wir brauchen die Geschichten über ihn und mit ihm.

Die stehen übrigens schon in der Bibel.

Was ihr für einen meiner geringsten Brüder getan habt, das habt ihr mir getan. Die Bibel, Matthäus-Evangelium, Kap. 25, Vers 40

KÖNIGLICH WERDEN ...

Wenn man den bunten Illustrierten glaubt, dann bekommen kleine Prinzen und Prinzessinnen eine ganz besondere Erziehung: Da gibt es ein Kindermädchen, sorgfältig werden Eliteschulen für sie ausgesucht. Bei öffentlichen Auftritten sind sie zum Vorzeigen angezogen – und sie lernen früh, sich entsprechend zu benehmen, um dem Königshaus keine Schande zu machen. Sie sollen sozusagen „königliche Haltungen" einüben.

Auch Christus ist ein König, wenn auch sein Königreich nicht von dieser Welt ist. Und durch die Taufe haben wir Anteil an seinem König-Sein ... oder etwas einfacher gesagt: Dadurch sind wir alle Königskinder, Prinzen und Prinzessinnen. Auf Eliteschulen werden wir allerdings nicht geschickt ... sondern unsere Schule ist das Leben und der Alltag.

Aber auch für uns geht es darum, bestimmte Haltungen zu lernen, zum Beispiel Hungrigen zu essen zu geben und Durstigen zu trinken, Fremde aufzunehmen und Kranke zu besuchen. Es ist eben nicht angesagt, es mir nur in meinem Königspalast gemütlich zu machen, sondern wahrzunehmen, wo Menschen in Not sind und entsprechend zu handeln.

Ja, oft genug werden wir an solchen Ansprüchen scheitern. Aber auch damit sollten wir „königlich" umgehen. Ein Spruch sagt es so: Hinfallen, aufstehen, Krönchen richten, weitergehen ...

Oder anders gesagt: Wer hinfällt, bricht sich keinen Zacken aus der Krone. Aber es gar nicht erst zu probieren – das wäre unköniglich.

Jeder verwandelt sich in das, was er sucht. Michael Ende

SEHNSUCHTSVOLL LEBEN

Die Kunst, sehnsuchtsvoll zu leben ... recht und schön, mag mancher jetzt vielleicht denken, hört sich ja gut an – aber wieso um alles in der Welt soll es denn eine Kunst sein, sehnsuchtsvoll zu leben? Das macht doch jeder, und das kann doch jeder! Das ist doch keine Kunst!

Zugegeben – jeder mag seine Sehnsucht haben, auch wenn diese Sehnsucht sehr unterschiedliche Formen oder Namen hat. Für den einen mag es der Traum vom Sechser im Lotto sein, ein neues Auto, eine lang ersehnte Reise. Ein anderer wünscht sich nichts sehnlicher als jemanden zu finden, der ihn versteht, bei dem er sich aufgehoben fühlen kann. Für den einen erfüllt sich seine Sehnsucht dadurch, dass er zum Geburtstag die Karten für genau das Musical bekommt, das er schon immer sehen wollte – und ein anderer wäre glücklich, endlich mal wieder ohne Krücken laufen zu können.

Man kann sehr unterschiedliche Sehnsüchte haben – manche mögen groß und fast unerfüllbar sein, andere eher klein und unscheinbar. Manche Sehnsüchte von Menschen kann ich gut verstehen, andere sind mir eher fremd. Aber vielleicht ist es auch gar nicht so entscheidend, solche Sehnsüchte zu beurteilen, in Kategorien wie „groß und klein“, „wichtig und unwichtig“, „notwendig und nicht notwendig“ einzuteilen. Die jeweilige Sehnsucht eines Menschen entzieht sich sowieso allen objektiven Kriterien. Und deshalb ist es wirklich keine Kunst, Sehnsucht zu haben. Jeder von uns hat seine Sehnsucht.

Die Kunst, sehnsuchtsvoll zu leben, ist eine andere – es ist die Kunst, Sehnsucht zu sein.

Sehnsucht zu haben – und Sehnsucht zu sein: Beides hört sich sehr ähnlich an – und doch liegen Welten dazwischen.

Wenn ich eine Sehnsucht habe, strecke ich mich nach etwas aus, was sozusagen außerhalb von mir liegt, nach etwas, wohin ich möchte, nach etwas, von dem ich mir eine größere Zufriedenheit, ein bisschen mehr Glück erhoffe. Das darf durchaus so sein: Der Musicalbesuch in Hamburg kann zu einem unvergesslichen Erlebnis werden – und endlich wieder ohne Krücken laufen zu können kann die Lebensqualität natürlich dauerhaft verbessern.

Aber es sind endliche Sehnsüchte, das heißt, wenn sie eines Tages erfüllt sein sollten, werden andere, neue Wünsche nachwachsen – völlig zu Recht.

Die Kunst, sehnsuchtsvoll zu leben – das bedeutet nicht, Sehnsucht zu haben, sondern Sehnsucht zu sein. Ich stelle mich nicht meiner Sehnsucht gegenüber – sondern meine Sehnsucht lebt in mir. Meine Suche geht nicht nur nach außen, sondern auch nach innen. Damit aber wird Sehnsucht zu einer Haltung, einer Einstellung – und das ist mehr als ein Wunsch auf dem Wunschzettel, ein eventuell in Erfüllung gehender Traum, ein anzugehendes Projekt der Zukunft. Damit wird meine Sehnsucht unendlich. Eine unendliche Sehnsucht, das ist eine Sehnsucht, die keine Grenzen mehr kennt, die so tief ist, dass sie tatsächlich unbegrenzt ist – denn genau das meint sie: das Unendliche, das Entgrenzte. Wenn eine solche Sehnsucht in mir lebt, gibt sie sich mit all dem, was denkbar ist, nicht zufrieden. Sie will mehr.

SEHNSUCHT, DIE ICH BIN

All das, was man hat, kann einem genommen werden – aber das, was man ist, entzieht sich jedem Zugriff. Das gilt auch für die Sehnsucht. Eine Sehnsucht, die ich bin, kann mir niemand nehmen. Das ist die Kunst, sehnsuchtsvoll zu leben: Sehnsucht zu sein ...

Nein, Rezepte dafür gibt es nicht. Ich jedenfalls kenne keine. Aber vielleicht gibt es die eine oder andere Spur, der wir folgen könnten?

Wenn es um das Unendliche geht, dann dürfen wir nicht im Endlichen danach suchen, sondern – dort, wo es um Gott geht. Ja, wir können darüber streiten, welchen Namen wir diesem Gott geben – und wie man einen solchen Gott verehrt. Aber das wir überhaupt etwas suchen, das ist eine Sache, die erst einmal alle Gottsucher und Sehnsüchtigen miteinander verbindet – wir suchen nach etwas, das unsere irdische Realität entgrenzt, unendlich macht. Wir geben uns mit der Endlichkeit unseres Daseins nicht mehr zufrieden.

Wenn ich noch träumen kann, von einer anderen Welt – und wenn ich mich noch erinnern kann an das, wovon ich damals, als ich jung war, geträumt habe – das sind keine schlechten Voraussetzungen!

Wenn ich mich nicht zufriedengebe, wenn ich in mir eine Unruhe verspüren, die vielleicht sogar stark genug ist, um noch einmal neu aufzubrechen, dem eigenen Leben eine Kehrtwendung zu geben – warum eigentlich nicht?

Ja, das muss man lernen. Deshalb ist es auch eine Kunst.

Aber man kann es lernen. Vielleicht nur mühsam Schritt für Schritt. Macht nichts. Jeder Weg beginnt mit dem ersten Schritt.

29. NOVEMBER

„Alles beginnt mit der Sehnsucht“, so sagt es die jüdische Dichterin *Nelly Sachs* (1891–1970). Nur wer sehnsüchtig ist, wird sich auf den Weg machen, wird ins Handeln kommen, wird aufbrechen und losgehen. Wer sehnsüchtig ist, gibt sich nicht zufrieden mit dem, was ist, der streckt sich nach etwas anderem aus. Der glaubt daran, dass Leben mehr ist als die fröhliche Frühstücksmargarine, der Urlaub auf den Kanaren, die neue Wohnlandschaft, die sowieso in keine Drei-Zimmer-Wohnung passt. Wer sehnsüchtig ist, fängt an zu suchen.

Das ist Advent.

Das ist die Zeit, in der meine Sehnsucht leben und wachsen darf – die Sehnsucht nach gelingendem Leben trotz all meiner Gebrochenheit. Die Sehnsucht, dass mich etwas trägt und hält durch all mein Scheitern hindurch. Die Sehnsucht danach, dass da doch irgendwie mehr sein muss.

Zugegeben, manche verwechseln das mit dem neuen Flachbildfernseher oder dem Besuch des Musicals in Hamburg. Und dann taucht das auf dem Wunschzettel für Weihnachten auf.

Sehnsucht aber will mehr, greift tiefer, meint mich ganz. Davon erzählen die alten Texte und die Lieder in den Gottesdiensten: „Tauet Himmel, den Gerechten!“

An Weihnachten bekommt die Sehnsucht Hand und Fuß und ein Gesicht – für den, der seiner Sehnsucht traut.

Und genau das gilt es, im Advent zu lernen: meiner Sehnsucht zu trauen.

30. NOVEMBER

die
grenze
leben

das haus
das ich bewohne
passt nicht mehr

ich bin hier
nicht mehr
zu hause

ich kann hier
nicht mehr
leben

ich bekomme
keine luft mehr
habe keine lust mehr

und es liegt
nicht
am leben

nun gut
dann muss ich
eben mal wieder

aufbrechen

die weite suchen
das andere probieren
das neue wagen

aber manchmal
ist in mir so viel
sehnsucht

endlich
angekommen
zu sein

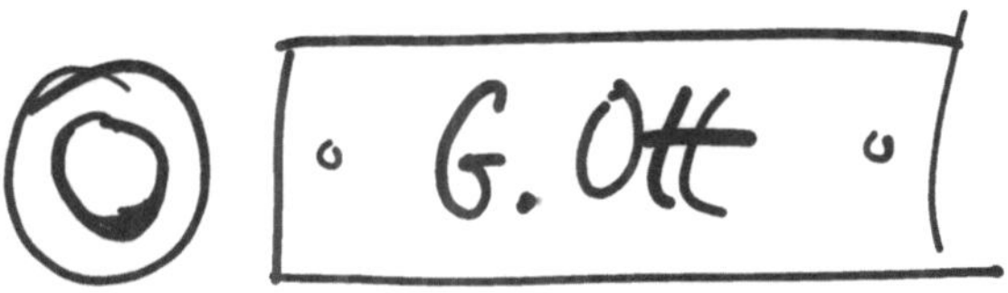

ankommen

DEZEMBER

Ein Zuhause ist, wohin man geht, wenn einem die Orte ausgegangen sind. Barbara Stanwyck

kein ort
nicht mehr
irgendwo

wohin
gehe ich
wenn ich
überall
schon war

wohin
gehe ich
wenn ich
nirgendwo
das fand

was ich suchte

aber
was suchte ich

oder wollte ich nur
finden

mitten auf dem weg
gehen mir
die orte aus
entlarven sich
ziehen die maske ab

ich bin müde
geworden
ich gehe nach Hause

und darf
ganz einfach

heimkommen

ADVENT IST ANKOMMEN

Manchmal prägen sich bestimmte Bilder, Wahrnehmungen, Stimmungen, Gedanken unauslöschlich ein – auch wenn sie nur Sekunden dauern.

Es war ein Herbstabend vor langer Zeit. Ich hatte einen Termin im Schwarzwald und fuhr im dämmrigen Abendlicht die kurvenreiche Straße bergan. Im Tal unter mir lag ein großer, alter Bauernhof – und aus einem Fenster fiel ein warmes Licht in die Dämmerung hinein. Dieser Lichtschein aus dem dunklen Hof strahlte eine solche Geborgenheit aus, dass ich dachte: Schön wäre es, jetzt dort in der Küche zu sitzen, mit Freunden zu reden, statt schon wieder unterwegs zu sein! Einen Moment lang war ich ganz sehnsüchtig – das gab es also noch, einen Ort, an dem das Licht in das Dunkel schimmert, ein Ort, an dem ich geborgen sein kann. Es muss schön sein, dort nach Hause kommen zu können. Und dieses Bild von dem dunklen Hof im Tal mit dem erleuchteten Fenster, aus dem ein warmes Licht fällt, trage ich seitdem wie einen Schatz in meinem Herzen.

Das ist für mich Advent – diese Sehnsucht, eines Tages irgendwo ankommen, heimkommen zu dürfen. Vielleicht bei dem Kind in der Krippe, im Licht einer kleinen Stalllaterne ...

Im Glauben sind diese gestorben und haben bekannt, dass sie Fremde und Gäste auf Erden sind. Die Bibel, Brief an die Hebräer, Kap. 11, Vers 13

ANKOMMEN DÜRFEN

Vor einigen Jahren war ich sechs Wochen lang zu Fuß nach Santiago de Compostela unterwegs – sechs Wochen lang mit dem Rucksack quer durch Nordspanien, auf dem Weg zum legendären Grab des Apostels Jakobus ...

Ein wunderschöner Weg, nicht immer leicht zu gehen, es war nicht immer leicht, unterwegs zu sein – aber ich glaube, das Allerschwerste an dem Weg ist das Ankommen in Santiago und dann die Rückkehr in den Alltag.

Damals, kurz vor Santiago, habe ich gedacht: Wenn ich einmal, am Ende und Ziel meines Lebens, bei meinem himmlischen Vater ankomme, heimkomme, dann möchte ich dort auch bleiben dürfen, dann will ich nicht noch einmal von vorn anfangen. Seitdem finde ich den Gedanken an Wiedergeburt und Reinkarnation ausgesprochen unangenehm – und seitdem mag ich das Lied: „Wir sind nur Gast auf Erden“ noch ein bisschen mehr. Ja, wir sind Gast auf Erden, unsere eigentliche Heimat, unsere eigentliche Wohnstatt aber – die ist im Himmel. Und wenn wir eines Tages sterben, wenn wir zu unserem Gott gehen, dann dürfen wir heimkommen.

Ich möchte ans Ziel gelangen, versöhnt mit allem Ungelebtem, allen vertanen Chancen, aller Schuld. Ich habe keine Lust auf: neues Spiel – neues Glück! Noch einmal ganz von vorne anfangen, der Gedanke ist für mich eher lästig als reizvoll ...

Mir ist die Einmaligkeit meines Lebens wichtig – auch wenn es vielleicht nicht vollkommen gewesen sein mag – aber es war und ist doch erfüllend und schön!

Der Hirt ruft die Schafe einzeln beim Namen und führt sie hinaus. Die Bibel, Johannes-Evangelium, Kap.10, Vers 3

BEI MEINEM NAMEN

Erstes Vortreffen für die Ausbildung zur Notfallseelsorgerin, zu Beginn die obligatorische Vorstellungsrunde. Ich überlegte schon, was ich über mich sagen wollte – als ich plötzlich eine junge Frau sagen hörte: „Ich heiße Andrea Schwarz." Verwirrt schaute ich sie an – wieso Andrea Schwarz? Das bin doch ich! Das kann doch gar nicht sein! Doch, es war so – zweimal Andrea Schwarz – und das brachte dann später auch manchmal die Dienstpläne und Absprachen etwas durcheinander.

Ich fand es jedenfalls mehr als irritierend, ja eigentlich fast schon verletzend, dass jemand so heißt wie ich. Klar, vollkommen irrational – weder „Andrea" noch „Schwarz" sind besonders exotische Namen. Aber an meiner Irritation habe ich gemerkt, welche Bedeutung mein Name für mich hat. Er gehört zu mir, macht mich einzigartig – na ja, zumindest gefühlt. Und wenn mich jemand mit Namen nennt, dann weiß ich: Ich bin gemeint!

Der gute Hirt ruft seine Schafe einzeln beim Namen, wenn er sie hinausführt. Er sagt nicht nur einfach: „Schafe, kommt!" – sondern er nimmt jedes Einzelne in den Blick, kennt es, weiß um seine Einmaligkeit und Individualität. Er sieht es an und gibt ihm damit Ansehen. Er würdigt sozusagen jedes einzelne Schaf in seiner großen Herde. Ich finde das schön.

Und wenn er mich eines Tages aus dem Stall dieser Welt auf die große, grüne Weide seiner Welt führt, wird er mich auch leise beim Namen rufen. Und sollte dann zufällig grad noch eine „Andrea" in der Nähe sein, dann werde ich an seinem Blick und an seiner Betonung schon merken, dass er mich meint.

5. DEZEMBER

Eines Tages

werde ich
das letzte Mal umziehen

und dann brauche ich
gar nichts einpacken und mitnehmen

ich kann alles dalassen
und einfach losziehen

und ich werde
ankommen

heimkommen
und bleiben dürfen

und endlich
unendlich

frei
sein

Nehmt euch in Acht, dass die Sorgen des Alltags euer Herz nicht beschweren! Wacht und betet allezeit! Die Bibel, Lukas-Evangelium, Kap. 21, Verse 34 und 36

ALTERNATIVPROGRAMM

Spätestens Anfang Dezember fängt er für die meisten Menschen an – der „Weihnachtsstress“. Schlagartig wird einem bewusst, dass in knapp drei Wochen Heiligabend ist – und was gibt es bis dahin nicht noch alles zu tun: Fenster putzen, Geschenke besorgen – wenn man nur schon wüsste, was! -, Plätzchen backen, für die Feiertage einkaufen, die ganze Weihnachtspost, ach ja, einen Christbaum brauchen wir ja auch noch, das Adventskonzert, von den vielen Weihnachtsfeiern ganz zu schweigen ... im letzten Jahr hörte ich zum ersten Mal den Satz: „Früher war Weihnachten später!“

Aber die Botschaft des Advents ist eine andere: Beschwert euer Herz nicht mit den Sorgen des Alltags – und denen des Advents! Schaut nach dem, was in diesen Tagen wirklich wichtig ist.

Und es gibt auch gleich zwei konkrete Vorschläge: Wachet und betet! Wachen, das bedeutet nicht, 24 Stunden auf den Beinen zu sein, sondern Ausschau zu halten, bereit zu sein für das, was kommen und geschehen soll. Und das sind eben nicht die abzuarbeitenden To-do-Listen, sondern ist Offenheit für den Augenblick.

Wir sind eingeladen, diese Wochen mit Gott zu verbringen, mit ihm zu sprechen, auf ihn zu hören. Was will er mir sagen? Bin ich dazu bereit, dass er in mir zur Welt kommen kann? Nichts anderes ist eigentlich „beten“.

Dann wird uns Weihnachten auch nicht plötzlich überraschen, dann ist die Krippe in uns schon aufgebaut, auch wenn die Fenster vielleicht nicht geputzt sind.

Der Wolf findet Schutz beim Lamm. Die Bibel, Buch Jesaja, Kap. 11, Vers 6

SCHÖN WÄR'S SCHON

Welch eine Vorstellung: Der Wolf vertraut sich dem Lamm an, der Säugling spielt mit der Schlange. Feinde schließen Frieden, es gibt keine Verbrechen mehr, niemand tut etwas Böses. Man könnte wie früher die Haustür einfach offen lassen, und bräuchte keine Angst haben, wenn die Kinder mal später nach Hause kommen.

Das ist eine Vision, ein kraftvolles Bild einer anderen Wirklichkeit, nicht nur ein Wunsch oder ein Traum. Eine Vision ist mehr. Sie geht an die Grenzen des Unmöglichen, bejaht das Leben, vertraut der Hoffnung. Eine gute und überzeugende Vision setzt Kraft frei und macht Lust auf mehr und anderes. Typisch für eine Vision ist die alte Geschichte von den drei Steinmetzen. Nach ihrer Tätigkeit befragt, antwortet der erste: „Ich verdiene Geld", der zweite: „Ich behaue Steine" – der dritte aber sagt: „Ich baue an einer Kathedrale!"

Menschen wissen schon seit Jahrtausenden um die Wichtigkeit solcher kraftvollen Bilder. Zugegeben, die Realität ist trotzdem immer noch eine andere. Aber wir können auch nicht sagen, wo wir heute ohne solche Vorstellungen einer anderen Wirklichkeit wären. Visionen sind nicht dazu da, erreicht zu werden – sie wollen unseren Schritten eine Richtung geben. Das erklärt, warum gerade der Advent die Zeit für solche Visionen ist – es geht darum, sich neu auszurichten.

Vielleicht finde ich in diesen Tagen auch gerade deshalb einen Satz ganz besonders schön, der auf die Friedensvision des Propheten Jesaja folgt: ... *und seine Ruhe wird herrlich sein ...* *(Die Bibel, Buch Jesaja, Kap. 11, Vers 10).*

ADVENTS-SCHWANGER

Immer wieder einmal gehen in diesen Tagen meine Gedanken zu einer Freundin, die ihr erstes Kind erwartet und kurz vor der Geburt steht. Umso überraschter war ich heute Abend, von ihr eine Mail zu bekommen, die eigentlich eher „dienstlich" war und in einem Nebensatz von „entspannten Tagen" sprach.

Entspannte Tage? So kurz vor einer Geburt? Ich stelle mir das eher spannend, wenn nicht sogar anspannend vor … und irgend sowas schrieb ich auch zurück.

Ihre Antwort hat mich dann aber „voll erwischt": „Ja, natürlich ist es auch ‚spannend', auf so eine Geburt zu warten. Es hat aber vor allem etwas sehr Adventliches: Man weiß nicht genau, wer da kommt und wann er kommt, und ist deswegen besonders wachsam."

Könnte es sein, dass wir genau das im Advent vergessen haben? Wir wissen ja angeblich, was kommt – und was man vorher noch alles erledigen muss. Und auch über das „wann" brauchen wir eigentlich nicht mehr nachdenken. Und „wer kommt", ist ja wohl auch klar – oder?

Wenn man aber meint, das alles zu wissen, dann ist man auch nicht mehr wachsam. Dann kommt man in Routinen hinein, macht alles so, wie es schon immer war, arbeitet sich durch seine Weihnachts-Postlisten und die Zu-erledigen-Zettel durch.

Das aber ist nicht Advent.

Advent – das ist Warten auf etwas, von dem man nicht genau weiß, wann es kommt und wie es kommt und was genau kommt – aber da ist eine Sehnsucht …

Deshalb hinhören, lauschen, behutsam, wach und aufmerksam sein …

WARTEN KÖNNEN

Hinhören, lauschen, behutsam und wach sein ... Voller Gewissheit, es kommt. Warten mit Hoffnung, Zuversicht, Vertrauen – und vielleicht doch ein wenig bang, wie es denn nun sein wird.

Und es wird kommen. Ich kann es nicht aufhalten – und noch viel entscheidender: Ich muss nichts dafür tun. Weihnachten wird kommen. Kann sein, es kommt nicht am 24.12., sondern ein paar Tage früher oder später. Und kann gut sein, dass es anders kommt als letztes Jahr. Und ganz anders, als ich mir das so denke.

Deshalb gilt es, wach zu sein ... sonst nichts.

Die Freundin, die kurz vor der Geburt ihres Kindes steht, hat mir dann noch einen adventlichen Rat mit auf den Weg gegeben: „Aber grundsätzlich genieße ich es, einfach in Ruhe warten zu können."

Advent – einfach in Ruhe warten können. Man könnte es ja mal probieren ...

Es kommt ein Schiff, geladen bis an sein höchsten Bord.
Adventslied aus dem 14. Jahrhundert

draußen am meer

der wind geht rau
wolken jagen vorbei
sand peitscht mir ins gesicht
regenschauer durchnässen mich

und doch schaue ich aus
halte stand
warte
bin

einmal
wird
das schiff
doch kommen

advent

AUFBRECHEN, UM ANZUKOMMEN

Wenn ich in meiner Sehnsucht ankommen will, muss ich zuerst aufbrechen – und wenn ich aufbrechen will, muss ich loslassen lernen. Wer das nicht kann oder will, wird zu Hause bleiben. Aber dann werde ich auch Weihnachten nicht entdecken können.

Loslassen, all das, was mich bindet und festhält. Die vielen „Man sollte aber noch ..." und „Das haben wir doch schon immer so gemacht". So wird man Weihnachten nicht finden, sondern nur das, was schon immer so war. Weihnachten aber ist neu und anders. Und man muss es suchen gehen, so wie sich die Hirten auf den Weg gemacht haben und ihre Herden zurückgelassen haben. Und wie die drei weisen Männer aus dem Osten den Mut hatten, einem Stern zu folgen, der noch nie da war.

Die Einwohner von Betlehem, die zu Hause geblieben sind, haben Weihnachten nicht gefunden. Zumindest wird nichts davon erzählt, dass einer von ihnen an der Krippe auftauchte.

Loslassen, sich nicht besitzen lassen von dem, was man besitzt. Nicht darauf fixiert sein, alles festzuhalten und zu behalten. Loslassen, um offen zu werden für das andere – Weihnachten.

Das ist Advent.

um ankommen
zu können
muss ich vorher
erst mal
losgegangen
sein

Das Segel ist die Liebe, der Heilig Geist der Mast. Adventslied aus dem 14. Jahrhundert

Das Segel
ist die Liebe

ein Ahnen spüren
der Sehnsucht
Raum geben

meinen Namen hören
und wissen
jetzt

ich geb
mich der Kraft
verlier mich
ans Unterwegs-Sein

und find mich
auf hoher See
und in den Wind
gestellt

und werde unendlich
beheimatet

Die sieben Gaben des Geistes: Weisheit, Einsicht, Rat, Stärke, Erkenntnis, Frömmigkeit, Gottesfurcht. Nach der Bibel, Buch Jesaja, Kap. 11.

DER HEILIG GEIST DER MAST

Eine der Gaben des Heiligen Geistes ist die „Frömmigkeit“. Wer dieses Geschenk aber nur mit „süßlich“, „brav“ und „in die Kirche gehen“ verbindet, der kennt den Heiligen Geist schlecht. Wenn er kommt, dann sind keine netten Teelichter angesagt, sondern dann entfacht sich ein Feuer. Dann säuselt er nicht lieb vor sich hin, sondern dann stürmt es. Und dann geht es darum, sich in den Wind zu stellen und sich von ihm vorantreiben zu lassen – so wie ein Segelboot über das Meer jagt, wenn es „vor dem Wind“ ist.

Es bedeutet eben nicht, nett im Hafen herumzudümpeln, sondern aufzubrechen, Segel zu setzen, Flagge zu zeigen, sich in die Kraft Gottes hineinzustellen, sich von ihr vorwärts treiben zu lassen.

Ich stelle mich ihm zur Verfügung, damit er mich „nutzen“ kann. Das aber geht nur, wenn ich nicht „nichts“ bin, sondern wenn ich „jemand“ bin. Es braucht das Segel, in das der Wind hineinblasen kann. Spirituell könnte man das „Hingabe“ nennen.

Und das passt zur ursprünglichen Bedeutung des Wortes „fromm“, das stand nämlich für „nützlich, sich brauchen lassen, tapfer, mutig“.

Fromm zu sein, könnte eigentlich heißen: Anker zu lichten, beherzt Segel zu setzen – und mutig aufzubrechen.

Mit Gottes Geist.

In der dargebotenen Hoffnung haben wir einen sicheren und festen Anker der Seele, der hineinreicht in das Innere hinter dem Vorhang. Die Bibel, Brief an die Hebräer, Kap. 6, Vers 19

Nirgendwo heimatlos

den Anker
einholen
die Segel hissen
Kurs aufs Unbekannte
Aufbruch

sich in den Wind stellen
sich den Wellen anvertrauen
sich in die Weite ziehen lassen
aus Lust an der Lebendigkeit
der Sehnsucht glauben

hiev Anker!
bleib nicht an dem Ort
aber nimm das mit
was dich hält
dich verankert

deine Heimat
ist das Leben
nimm den Anker mit
dann kannst du überall
Heimat finden

für eine Nacht
einen Augenblick lang
in einer geschützten Bucht
bei Freunden
manchmal unverhofft

um dann wieder neu
aufzubrechen

Der Anker haft' auf Erden, da ist das Schiff an Land. Das Wort will Fleisch uns werden, der Sohn ist uns gesandt. Adventslied aus dem 14. Jahrhundert

ANKER WERFEN

Advent, das Wort leitet sich von dem lateinischen „adventus Domini“, „Ankunft des Herrn“, ab. Gott kommt an. Und weil Gott ankommt, dürfen wir auch ankommen. Wir brauchen nicht wie der „Fliegende Holländer“ auf den Weltmeeren herumzuspuken, unsere Einsamkeit zu bedauern und dabei schöne Arien zu singen, die niemand hören will. Wir dürfen Anker werfen, uns dort verorten, wo Menschen sind und leben. Bodenhaftung ist gefragt. Denn Gott selbst wird Mensch, kommt zu uns Menschen, verankert sich. Das Wort wird Fleisch. Das ist Weihnachten.

Übrigens: Der Text dieses alten Liedes spricht nicht von der Vergangenheit, sondern von der Gegenwart. Gottes Sohn will heute, hier und jetzt ankommen – in mir, in dir, in uns. Lasse ich Gott in mir zur Welt kommen?

Zu Betlehem geboren im Stall ein Kindelein, gibt sich für uns verloren: Gelobet muss es sein. Adventslied aus dem 14. Jahrhundert, später hinzugefügte Strophe

GOTT KOMMT!

Weihnachten – das ist das Unfassbare, dass Gott zu uns Menschen kommt. Er liebt uns so sehr, dass er uns entgegenkommt, dass er zum Kind und zum Gekreuzigten wird. Er liebt uns so sehr, dass er in unseren Alltag einbricht. Längst bevor wir uns Gott zuwenden, ist er bei uns. Längst bevor wir Gott lieben, liebt er uns. *Im Anfang war das Wort – und das Wort war bei Gott. Und das Wort ist Fleisch geworden und hat unter uns gewohnt (Die Bibel, Johannes-Evangelium, Kap. 1, Verse 1 und 14).* Gott kommt zu uns, um uns nahe zu sein. Wenn er zu uns kommt, dann brauchen wir nicht mehr zu flüchten in billige Ausreden, faule Lügen, erfundene Geschichten. Wenn er uns so sehr liebt, dass er zu uns kommt, dann können wir endlich unsere Masken ablegen, dann brauchen wir uns nicht mehr zu verstecken, nicht mehr vor uns selbst zu flüchten. Da liebt uns einer so, wie wir sind. Da liebt uns einer so sehr, dass er uns zuvorkommt. Und wir dürfen sein und uns beschenken lassen – von unserem Gott.

Da ist sein Wort – und da ist unser Gott. Und wir sind eingeladen, Antwort zu geben, Antwort zu sein. Wir sind eingeladen, Mensch zu sein.

In einer älteren Textfassung dieser Liedstrophe heißt es übrigens nicht „gibt sich für uns verloren“, sondern „ist unser Bruder worden“. Er schenkt sich uns nicht nur, sondern geht auch all unsere Menschenwege als Bruder mit.

Vielleicht stimmt beides – irgendwie.

Meine Stärke und mein Lied ist der HERR, er ist mir zur Rettung geworden. Die Bibel, Buch Exodus, Kap. 15, Vers 2

Angekommen

hinausgetrieben
sehnsuchtsvoll
mich lösen
lassen

mich nicht einrichten
nicht sesshaft werden
mein Herz
an nichts und alles hängen

ja
zur Nicht-Heimat
frei werden
weil ich nichts festhalten muss

und mich beheimaten
in dem
der aus Liebe zu uns
heimatlos wird

Herberge

da kennt dich einer so sehr
dass er dir ansieht
dass es dir
nicht gut geht

da mag dich einer so sehr
dass er sagt
komm auf einen Whisky vorbei
sei einfach da

da versteht dich einer so sehr
dass er zuhört
und die richtigen
Fragen stellt

da ist einer
so sehr da

dass man
ein wenig

heimkommen
kann

Ein wenig geborgen sein …

Wenn du weißt
wo das Salz steht
die Nudeln und die Kekse
nach dem Einkauf verstaut
werden
und dass man den Wasser-
kocher
manchmal
ein wenig drehen muss
damit er anspringt

wenn du keine Bücher
mehr mitbringen musst
denn es stehen genug da
die dich interessieren
wenn der Hund dich kennt
und du die Hunde der Nach-
barn
wenn du unbesorgt das neue
Rezept ausprobieren
und die alte Jeans anziehen
kannst

wenn man sich viel zu sagen
hat
und manchmal am meisten
im Schweigen
weil es keine Worte braucht
wenn du sein kannst
wie du bist
und wie du eigentlich
gerne wärest

dann
könnte
es sein

dass du
heimgekommen
bist

obwohl du
eigentlich
unterwegs bist

Mit dir auf dem Weg

dir nahe sein
und mich doch nicht in dir verlieren

mich dir hingeben
aber nicht aufgeben

von dir gehalten sein
und dich doch nicht festhalten

dir verbunden sein
und doch frei sein

in dir geborgen sein
und doch auf dem Weg bleiben

zu dir gehören
aber dich nicht besitzen

dich lieben
und doch lassen

Weggefährte bei der Suche
auf Heimat hin

weihnachten fährt vorbei

am schreibtisch
konzeptionen
planungen
mails

draußen
ist es
dunkel
geworden

zu tun zu machen
zu erledigen
listen abarbeiten
termine im blick haben

auf der ems
ein schiff
tuckernd
stampfend

flüchtiger blick
aufmerken
hinschauen
sich ablenken lassen
und auf dem heck
ein weihnachtsbaum
eine tanne
mit lichtern

mitten im dunkel
mitten in all meinem tun
mitten in allem
    zu erledigen
mitten in allem
    scheinbar wichtigen

fährt
weihnachten
vorbei
einfach so

und
lädt
mich
ein

Wisst ihr nicht, dass ihr Gottes Tempel seid? Die Bibel, 1. Brief des Apostels Paulus an die Gemeinde in Korinth, Kap. 3, Vers 16

HERBERGE GOTTES SEIN

Die Zusage gilt: Gott kommt.

Zu mir.

Er hat sich sozusagen selbst eingeladen. Und ich bin mir noch nicht einmal sicher, ob ich wirklich darum gebeten habe.

Gott kommt. Zu mir.

Nein, ich muss nicht erst groß aufräumen und das Bad putzen. Und auch die Papierstapel in meinem Arbeitszimmer dürfen so bleiben, wie sie sind. Ich glaube, das interessiert Gott gar nicht so arg.

Er meint mich, mich ganz persönlich. Nicht irgendeine Fassade, nicht irgendein Bild, nicht irgendeine Rolle.

Gott kommt. Zu mir. So wie ich bin.

Er kommt in meinen Stall. Er macht sich klein, um in meine Welt hineinzupassen. Er gibt sich in Brot und Wein, um wirklich in mir zu sein. Für ihn bin ich so wertvoll und wichtig, dass er all seine Größe aufgibt, um mit mir zu sein.

Und in dem Moment, wo er in meinen Stall einzieht, macht er mich zum Tempel. Seine Größe in mir würdigt mich. Sein Glanz strahlt in mir und aus mir heraus. Weil Gott in mir wohnt, werde ich kostbar und wertvoll.

Ich bin ein Tempel Gottes. Ich bin wichtig und wertvoll.

Gott zieht in einem Stall ein – und macht ihn zu einem Tempel.

Gott macht mich zu seinem Tempel.

Und was mache ich daraus?

FINDEN

Weihnachten – das ist Finden. Das ist Ankommen. Das ist Sein.
Und das alles vollkommen unspektakulär. Ein junges Paar, ein kleines Kind, eine Krippe, ein Stall. Eine Situation, die sich tagtäglich tausendfach überall auf der Welt ereignet.

Und wenn sich nicht ein Engel erbarmt hätte, den Hirten die frohe Nachricht zu sagen, wer weiß, ob dann überhaupt jemand an der Krippe aufgetaucht wäre. Die Einwohner von Betlehem jedenfalls haben das Ereignis erst einmal verschlafen.

Da kommt ein Stück Himmel zur Welt – und die Menschen merken es noch nicht einmal. Sie gehen ihren Geschäften nach, haken ihre Zu-erledigen-Listen ab.

Klar: Wer nicht sucht, kann auch nicht finden.

Weihnachten – das ist aber zugleich die ganz andere Botschaft. Nicht ich finde, sondern ich werde gefunden. Gott selbst sucht mich. Und deshalb wird er Mensch, wird er Kind, um in mein Leben hineinzupassen.

Eigentlich muss ich gar nichts tun, nicht warten, suchen, lauschen ...

Er ist schon längst da.

Ich muss gar nicht finden, sondern darf mich einfach finden lassen.

Das ist Weihnachten.

Gott kommt.

Zu mir.

In meinen Stall.

Und er findet mich.

Der HERR machte Dunkelheit zu seinem Versteck. Die Bibel, Buch der Psalmen, Psalm 18, Vers 12

HEILIGE NACHT

„Weih-Nacht", das ist die geweihte, die heilige Nacht. Mitten im Dunkel kommt Gott zur Welt, geschieht das Wunder, nimmt sich das Geheimnis seinen Raum.

Im Dunkel der Nacht lenkt nichts ab, keine Farben, kein Lärm. Man schaut genauer, um wenigstens Umrisse zu erkennen, man hört schärfer hin, um die leisen, gewisperten Töne wahrzunehmen.

Und nur dann kann die Sehnsucht nach dem Licht wachsen, nach dem Wort, das mir gilt, der Berührung, die mich meint. Es braucht das Dunkel, damit das Licht aufscheinen kann, damit ich den Stern entdecken kann, der mir den Weg weist. Und ich taste nach der Hand, die mich hält ...

Gott kommt nicht im hellsten Tageslicht zur Welt – im Gegenteil, er hat sich die Dunkelheit als sein Versteck erwählt. Das Dunkel ist nicht gottlos – sondern Gottes voll. Er nimmt das Dunkel nicht weg, denn es gehört zum Mensch-Sein dazu. Aber er wohnt im Dunklen, auch wenn wir das Gefühl haben, dass wir alleine sind, weil wir ihn nicht sehen.

Aber wenn sich Gott in der Dunkelheit nur versteckt, dann braucht mir die Nacht keine Angst zu machen. Dann kann ich die Dunkelheit aushalten, weil ich weiß, Gott ist auch in ihr. Dann kann ich mich der Nacht geben, weil sie Gottes voll ist.

Vielleicht ist genau das die Weihnachtsbotschaft: Gott ist im Dunkel meiner Nacht – und das macht meine Nacht zur Heiligen Nacht. Gott ist meine Nacht so wertvoll, dass er in ihr zur Welt kommt, zu mir kommt.

Das ist Weihnachten.

WEIHNACHTEN IST JETZT

Mitternacht ist lange vorbei. Die Freunde sind nach Hause gegangen. Die Gottesdienste sind gefeiert. Die Geschenke sind ausgepackt.

Und doch fehlt mir noch was.

Unschlüssig räume ich ein wenig auf, räume das Geschirr und die Gläser in die Spülmaschine ein, versorge das Essen, das übriggeblieben ist.

Und dann gehe ich zum Stall.

Behutsam öffne ich die Tür. Obwohl es dunkel ist, gibt es doch ein sanftes Licht. In einer Ecke stehen Ochs und Esel und malmen ihr Heu.

Dort drüben liegen Josef und Maria auf dem Stroh, eng aneinandergeschmiegt. Sie schlafen, müde von all den Anstrengungen.

Und da, die Krippe – das Kind, von dem das sanfte Licht ausgeht.

Auch das Kind schläft.

Zögernd trete ich näher.

Da öffnet das Kind die Augen und schaut mich an.

Und es lächelt.

Und es breitet seine Arme aus.

Und ich knie nieder
und schaue es an
und ich werde ganz still

und
das Kind
schaut mich an

und
es lächelt
mir zu

und
Friede
kehrt ein

jetzt
ist Weihnachten

heim
kommen

fetzen von melodien
farben in einem bild
worte wohlvertraut

eine angelehnte tür
eine umarmung
ein blick

einen
moment
lang

sich verstanden fühlen
angenommen sein
geliebt werden

die ungeborgenheit vergessen
die erfüllung willkommen heißen
der hoffnung raum geben

heim
kommen

um neu
aufzubrechen

du bist die tür
für mich

durch dich
gehe ich
hinein

finde schutz
wärme geborgenheit
und dort steht
ein tisch und ein bett
und ein teller suppe
da brennt eine kerze
im kamin flackert ein feuer

ich schließe die tür
und komme heim

durch dich
gehe ich
hinaus

in den wind
die weite
voller sehnsucht
mit neugier
rucksack und wanderstab
ins unbekannte hinein
leben

ich schließe die tür
und breche auf

du bist

heimkommen und
losgehen
zuflucht und heraus-
forderung
geborgenheit und lockruf
schutz in der weite
gefunden werden in der
verlorenheit
die freiheit inmitten der
mauern
die sehnsucht im ver-
trauten

du bist
hier und dort
dort und hier

du bist
die tür
vom einen
zum anderen

was bleibt

sind erinnerungen
ein lächeln
ein paar tränen
das eine oder andere wort
eine umarmung
ein stück leben

was bleibt
ist heimat
nähe
verbundenheit

wurzeln
die in die zukunft
wachsen

lassen

WEIHNACHTEN GEHT WEITER!

„Die Würde des Menschen ist unantastbar.“ Mit diesem Satz beginnt das Grundgesetz der Bundesrepublik Deutschland. Wir haben diese Würde allein durch die Tatsache, dass wir leben – und wer einmal die Geburt oder das Sterben eines Menschen miterlebt hat, der weiß, was ich meine. Man wird ehrfürchtig vor dem Leben, das so zerbrechlich und so stark zugleich ist, so geheimnisvoll und so bezaubernd - und den Atem Gottes in sich trägt. Und das schließt das ungeborene Leben, das behinderte Leben und das sterbende Leben mit ein.

Diese Kostbarkeit des menschlichen Lebens feiern wir an Weihnachten – Gott selbst wird Mensch. Er wird einer von uns, in allem uns gleich. Damit macht er das Mensch-Sein wertvoll.

Und deshalb geht Weihnachten auch weiter – denn diese Kostbarkeit und Würde will im Alltag gelebt sein. Wenn dieses Fest mit den offiziellen Feiertagen abgeschlossen wäre, dann wäre es ein Fest wie alle anderen – nett, schön, Feiern, Geschenke – das war's dann. Aber gerade das ist Weihnachten nicht. Weihnachten ist mehr. Bewähren muss sich diese Botschaft von der Würde des Mensch-Seins dann, wenn der Alltag wieder einkehrt, wenn der Tannenbaum abgeschmückt ist, die Krippe auf dem Dachboden verstaut und die Geschenke schon eifrig in Gebrauch sind. Dann gilt es, das ganz praktisch umzusetzen und zu leben, indem ich anderen Menschen diese Würde gebe – und sie mir nicht nehmen lasse. Deshalb kann man Weihnachten nicht „abhaken“. Das, was wir an diesen Tagen gefeiert haben, geht weiter, öffnet Türen, will Wege aufzeigen.

Und damit fängt es für uns jetzt erst richtig an – mit einem kleinen Kind an unserer Seite.

ANFANGEN

Es gibt eine „Kunst des Anfangens“. Dazu gehört es, zurückzuschauen und das Alte und Gewesene zu verabschieden, es loszulassen. Manchmal kann man das voll Dankbarkeit tun, dann wieder spürt man, dass es noch Zeit braucht. Auch beim „anfangen“ kommt es auf den richtigen Zeitpunkt an – und das muss nicht unbedingt das Datum auf dem Kalenderblatt sein.

Offen werden für das Neue kann ich dann, wenn ich die Vergangenheit nicht festhalte. Das heißt nicht, dass ich vergessen soll, was war – aber es bedeutet, ihm seinen Platz zu geben. Solange die Vergangenheit mich „besitzt“, „besetzt hält“, wird das Neue keine Chance haben. Zu jedem Anfang gehört ein Abschied dazu.

Wer das nicht durchlebt, wird nicht gut anfangen können. Der setzt dann das Neue auf das Alte, trauert dem nach, was war – und traut dem nicht, was kommt.

Im Kassenbuch macht man am Ende des Jahres einen Strich unter die Geschäftsvorgänge des vergangenen Jahres und fängt ein neues Buch an. Das gilt auch für das Leben. Manchmal muss man einen Strich unter etwas machen, um neu anfangen zu können.

Und wir können immer wieder neu anfangen, weil Gott mitgeht.

In der griechischen Mythologie gilt der Kranich als „Vogel des Glücks“. Nach dem japanischen Volksglauben bekommt derjenige von den Göttern einen Wunsch erfüllt, der 1000 Kraniche aus Papier faltet. In der chinesischen Mythologie wurde angenommen, dass die Seelen der Verstorbenen auf dem Rücken eines Kranichs zum Himmel getragen werden.

Der Segen der Kraniche

Möge Gott dir Glück und ein langes Leben schenken
Möge Frieden in deinem Herzen sein
und in der Welt, in der du lebst
Möge Tanz dein Leben erfüllen
und Sehnsucht dein Herz
Mögest du den Mut zum Aufbruch haben
und dorthin ziehen, wohin der Ruf dich führt
Möge deine Seele im Unendlichen geborgen sein
– und wenn sie eines Tages
heimgehen will
dann werde ich sie tragen

Quellenverzeichnis

Die in diesem Jahreslesebuch zusammengestellten Texte sind zum Teil zum ersten Mal in einem Buch veröffentlicht.
Viele davon wurden in anderer Form publiziert, unter anderem im Stammteil der Kirchenzeitungen der (Erz-)Diözesen Hamburg, Hildesheim, Osnabrück, Berlin, Magdeburg, Dresden-Meißen, Görlitz, Erfurt, Aachen, Fulda, Mainz und Limburg, auf dem Bistumsblog Osnabrück sowie in der Zeitschrift *Anzeiger für die Seelsorge*. Für die erstmalige Veröffentlichung in Buchform wurden sie teilweise überarbeitet.

Ein herzlicher Dank an diese Zeitschriften und Blogs!

Andere Texte dieses Bandes sind entnommen aus folgenden Buchveröffentlichungen von Andrea Schwarz:
Gott lässt grüßen (Patmos Verlag)
Um Antwort wird gebeten (Patmos Verlag)
Von Chaos, Ordnung und dem wahren Leben (Patmos Verlag)
Wie ein Gebet sei mein Leben (Patmos Verlag)
Wilde Weihnachten (Patmos Verlag)
Auf ein Wort (Verlag Katholisches Bibelwerk)
sowie aus weiteren Büchern der Autorin, die nicht mehr lieferbar sind.

Copyright der Veröffentlichungen im Patmos Verlag: © Patmos Verlag, Verlagsgruppe Patmos der Schwabenverlag AG.
Die Texte 29. März, 30 März, 11. Mai, 22. Juli, 31. Juli, 22. August, 20. September, 25. Oktober, 14. November, 22. Dezember sind entnommen aus dem Band Andrea Schwarz, *Auf ein Wort. Biblische Pausen für den Alltag* © Verlag Katholisches Bibelwerk GmbH, Stuttgart 2015.

Fremdtexte

S. 232 (1. August): *Loreena McKennitt,* The Dark Night of the Soul (John of the Cross) auf dem Album „Mask and Mirror“ (1994).
S. 233 (2. August): *Johannes vom Kreuz,* aus: ders., Die dunkle Nacht, in der Übersetzung von Pater *Reinhard Körner OCD* © der deutschen Sprachfassung beim Übersetzer. Mit freundlicher Abdruckgenehmigung des Übersetzers.

S. 251 (20. August): Wen die Theorie zu den „Affen im Nacken“ interessiert: *Kenneth Blanchard, William Oncken Jr., Hal Burrows*, Der Minuten-Manager und der Klammeraffe, Rowohlt Taschenbuch Verlag, Reinbek bei Hamburg, 11. Auflage 2012.

Biblische Bezüge
Nach Bibelstellen

Einige Tagestexte des Jahreslesebuchs sind entstanden mit Bezug auf Abschnitte aus der Bibel. Die Liste der Bibelstellen verweist auf die Tagestexte des Jahreslesebuchs mit einem solchen Bezug.

Buch Exodus	
Ex 17,3-7	11. Februar
Ex 15,2	17. Dezember
Ex 20,8-11	13. Juli
Ex 31,17	13. Juli
1. Buch Samuel	
1 Sam 16,1b.6-13	26. Juni, 27. Juni
Buch der Psalmen	
Ps 1,3	17. Oktober
Ps 16,1	17. November
Ps 31,16	1. September bis 3. September
Ps 84,2.4	23. Mai
Ps 84,6	23. Februar
Ps 84,7-8	26. September
Ps 92,2-3	3. Oktober
Ps 121,4	10. August
Ps 127	9. Mai
Ps 131,2	27. Juli
Ps 147,3	15. März
Buch Kohelet	
Koh 3,1-8	27. August
Buch der Weisheit	
Weish 9,13-19	25. Oktober

Mk 11, 15-19	31. März
Mk 16,15-20	23. April

Lukas-Evangelium

Lk 2,22-40	1. Februar, 2. Februar, 7. Mai
Lk 2,51b	9. März
Lk 4,1-13	17. Februar
Lk 4,16-21	15. September
Lk 4,21-30	18. September, 19. September
Lk 6,20-26	15. Juni, 16. Juni
Lk 7,11-17	25. März
Lk 9,3 25	26. September
Lk 9,18-24	8. Oktober
Lk 10,25-37	12. November
Lk 10,38-42	7. Oktober
Lk 12,20	20. Januar
Lk 12,49-53	27. Mai
Lk 14,1.7-14	6. Oktober
Lk 15,1-10	17. Januar
Lk 15,11-32	26. Februar
Lk 16,19-31	13. Januar
Lk 18,1-8	29. Juli
Lk 18,9-14	5. Oktober
Lk 19,37-40	29. März
Lk 20,27-38	2. November
Lk 21,28.34-36	6. Dezember
Lk 24,11	6. April
Lk 23,44-49	2. April
Lk 24,13-35	7. April, 8. April

Johannes-Evangelium

Joh 1,29-34	31. Juli
Joh 1,37-39	9. Januar, 10. Januar
Joh 3,4	16. September
Joh 6,1-15	12. Juni, 14. Juni, 22. August
Joh 6,24-35	18. November
Joh 6,60-69	29. April, 20. September
Joh 10,1-10	4. Dezember, 27. Dezember
Joh 10,10	31. Oktober
Joh 10,11-18	25. April
Joh 13,1-20	1. April
Joh 13,31-35	17. Mai

Joh 14,23-29	6. August bis 8. August
Joh 15,1-8	9. Oktober bis 11. Oktober
Joh 15,11	12. Oktober
Joh 17,1-11a	22. Juli
Joh 17,20-26	21. April
Joh 20,1-18	5. April, 9. April, 12. bis 19. April
Joh 20,19-28	10. April
Joh 20,19-31	11. April
Joh 21, 1-14	20. April
Apostelgeschichte	
Apg 2,1-13	21. Mai
Apg 13,14.43b-52	27. April
1. Korintherbrief	
1 Kor 3,6	10. Mai
1 Kor 3,9c-11	22. Dezember
1 Kor 3,16-17	31. März, 22. Dezember
1 Kor 13,4-13	10. März
1 Kor 15,54-58	30 April
Hebräerbrief	
Hebr 6,19	14. Dezember
Hebr 11,13	3. Dezember
1. Petrusbrief	
1 Petr 5,7	4. August
Geheime Offenbarung des Johannes	
Offb 21,4	23. März
Offb 21,10-14.22-23	24. April
Offb 22,13	26. Oktober

Nach liturgischen Daten

Einige Texte des Jahreslesebuchs sind entstanden mit Bezug auf die Bibellesungen der Sonn- und Feiertage nach der Leseordnung der katholischen Kirche. Die Liste der liturgischen Daten verweist auf die Tagestexte des Jahreslesebuchs mit einem solchen Bezug (Das Datum des jeweiligen Tagestextes im Lesebuch entspricht dabei nicht notwendig einem Kalendertag des liturgischen Datums in einem bestimmten Jahr).

Erscheinung des Herrn (6.1.)	3. Januar, 5. Januar, 6. Januar
Darstellung des Herrn (2.2.)	1. Februar, 2. Februar
Aschermittwoch	17. Februar
Gründonnerstag	1. April
Karfreitag	2. April
Karsamstag	3. April
Ostersonntag	4. April, 9. April
Ostermontag	5. April
Pfingsten	19. Mai bis 26. Mai, 28. Mai
Dreifaltigkeitssonntag	30. Mai
Verklärung des Herrn (6.8.), Lesejahr A	17. Juni
Fest Kreuzerhöhung (14.9.)	14. September
Allerheiligen (1.11.)	1. November
Weihetag der Basilika am Lateran in Rom (9.11.)	22. Dezember
Christkönig	23. November, 24. November, 25. November (Lesejahr A)
Weihnachten	24. Dezember, 25. Dezember
Fest der unschuldigen Kinder (28.12)	8. März

LESEJAHR A

Im Jahreskreis	
2. Sonntag im Jahreskreis A	31. Juli
3. Sonntag im Jahreskreis A	29. Januar
5. Sonntag im Jahreskreis A	9. November, 10. November
7. Sonntag im Jahreskreis A	23. Juni
8. Sonntag im Jahreskreis A	5. August
14. Sonntag im Jahreskreis A	16. Januar
16. Sonntag im Jahreskreis A	11. Mai
18. Sonntag im Jahreskreis A	13. Juni
22. Sonntag im Jahreskreis A	21. September, 22. September
26. Sonntag im Jahreskreis A	18. Januar
30. Sonntag im Jahreskreis A	30. September

Fastenzeit	
2. Fastensonntag A	11. Juni
3. Fastensonntag A	11. Februar
4. Fastensonntag A	26. Juni, 27. Juni

Osterzeit

4. Sonntag der Osterzeit A	4. Dezember
5. Sonntag der Osterzeit A	27. Dezember
7. Sonntag der Osterzeit A	22. Juli

Advents- und Weihnachtszeit

2. Adventssonntag A	7. Dezember

LESEJAHR B

Im Jahreskreis

2. Sonntag im Jahreskreis B	9. Januar, 10. Januar
3. Sonntag im Jahreskreis B	8. Januar
4. Sonntag im Jahreskreis B	24. Januar
10. Sonntag im Jahreskreis B	18. Mai
11. Sonntag im Jahreskreis B	8. Mai
13. Sonntag im Jahreskreis B	14. November
15. Sonntag im Jahreskreis B	10. Juni
17. Sonntag im Jahreskreis B	12. Juni, 14. Juni, 22. August
18. Sonntag im Jahreskreis B	18. November
21. Sonntag im Jahreskreis B	20. September
23. Sonntag im Jahreskreis B	22. April
25. Sonntag im Jahreskreis B	18. März
27. Sonntag im Jahreskreis B	12. März
29. Sonntag im Jahreskreis B	28. April
21. Sonntag im Jahreskreis B	29. April

Fastenzeit

2. Fastensonntag B	26. März
Palmsonntag B	28. März, 30. März

Osterzeit

4. Sonntag der Osterzeit B	25. April
5. Sonntag der Osterzeit B	9. Oktober bis 11. Oktober
Christi Himmelfahrt B	23. April

Im Jahreskreis

4. Sonntag im Jahreskreis C	10. März, 18. September, 19. September
8. Sonntag im Jahreskreis C	30. April
10. Sonntag im Jahreskreis C	25. März
12. Sonntag im Jahreskreis C	8. Oktober
15. Sonntag im Jahreskreis C	12. November
16. Sonntag im Jahreskreis C	7. Oktober
18. Sonntag im Jahreskreis C	20. Januar
20. Sonntag im Jahreskreis C	27. Mai
22. Sonntag im Jahreskreis C	6. Oktober
23. Sonntag im Jahreskreis C	25. Oktober
24. Sonntag im Jahreskreis C	17. Januar
26. Sonntag im Jahreskreis C	13. Januar
29. Sonntag im Jahreskreis C	29. Juli
30. Sonntag im Jahreskreis C	5. Oktober
32. Sonntag im Jahreskreis C	2. November

Fastenzeit

1. Fastensonntag C	17. Februar
4. Fastensonntag C	26. Februar
Palmsonntag C	29. März

Osterzeit

2. Sonntag der Osterzeit C	11. April
3. Sonntag der Osterzeit C	20. April
4. Sonntag der Osterzeit C	27. April
5. Sonntag der Osterzeit C	17. Mai
6. Sonntag der Osterzeit C	24. April, 6. August bis 8. August
7. Sonntag der Osterzeit C	21. April

Advents- und Weihnachtszeit

1. Adventssonntag C	6. Dezember

Andrea Schwarz ist ausgebildete Industriekauffrau und Sozialpädagogin und war viele Jahren in der katholischen Gemeindearbeit tätig. Sie ist als gefragte Referentin und Bibliolog-Trainerin im ganzen deutschen Sprachraum unterwegs. Andrea Schwarz gehört zu den meistgelesenen christlichen Schriftsteller*innen unserer Zeit.

Andrea Schwarz in der Verlagsgruppe Patmos

Vom Engel, der immer zu spät kam
und andere Weihnachtsmärchen
ISBN 978-3-86917-810-3 (Verlag am Eschbach)

Wilde Weihnachten
Das andere Lesebuch für die Advents- und Weihnachtszeit
ISBN 978-3-8436-1073-5 (Patmos Verlag)

Wie ein Gebet sei mein Leben | Ein Impuls-Tage-Buch zum Lesen und Schreiben
ISBN 978-3-8436-1068-1 (Patmos Verlag)

Von Chaos, Ordnung und dem wahren Leben
ISBN 978-3-8436-1165-7 (Patmos Verlag)

Um Antwort wird gebeten | 52 Einladungen ins Leben
ISBN 978-3-8436-0798-8 (Patmos Verlag)

Gott lässt grüßen | 52 Entdeckungen
ISBN 978-3-8436-0709-4 (Patmos Verlag)

Gott lässt grüßen | 40 Tage Auszeit für mich
48 farbige Karten in einer Faltschachtel
ISBN 978-3-8436-0888-6 (Patmos Verlag)

Am Tag der offenen Himmelstür | Nur ein Märchen?
Mit Illustrationen von Thomas Plaßmann
ISBN 978-3-8436-1044-5 (Patmos Verlag)

Gott lässt grüßen
52 Entdeckungen
96 Seiten | Gebunden
Mit sw-Fotografien
ISBN 978-3-8436-0709-4
(Patmos Verlag)

Ein Jahresbegleiter über kleine Gegenstände. Neue Blickwinkel, die Lebensschätze erschließen.

Gott lässt grüßen
40 Tage Auszeit für mich
Magnetschachtel
mit 48 farbigen
Meditationskarten
ISBN 978-3-8436-0888-6
(Patmos Verlag)

Die Meditationskarten zeigen anhand von Alltagsgegenständen, wie Spiritualität mitten im Alltag gelebt werden kann.
Zum persönlichen Gebrauch und für Gruppen und Kreise.

Um Antwort wird gebeten
52 Einladungen ins Leben
96 Seiten | Gebunden
Zweifarbig mit Fotografien
ISBN 978-3-8436-0798-8
(Patmos Verlag)

Ein Jahresbegleiter, der die Augen öffnet für Vertrautes und die Chancen, die darin zu mehr Lebendigkeit liegen.

Wie ein Gebet sei mein Leben
Ein Impuls-Tage-Buch zum Lesen und Schreiben
208 Seiten | Flexcover mit Gummiband und Leseband
In Sonderfarbe gedruckt, mit Schmuckgrafiken
ISBN 978-3-8436-1068-1
(Patmos Verlag)

Das Tage-Buch mit 40 Impulsen enthält überraschende Anstöße von Andrea Schwarz und Raum zum Eintragen der eigenen Gedanken und Erfahrungen. Das Ziel: sich mitten im Alltag eine Auszeit gönnen – lebendiger werden – sich selbst wahrnehmen – den Träumen Raum geben. Die Impulse erschließen neu, was »beten« meint: Beten ist atmen und schweigen. Streiten, klagen und schreien. Lachen, tanzen und singen – und vieles mehr.

PATMOS
www.patmos.de

2. Auflage

Wilde Weihnachten
Das andere Lesebuch für die Advents- und Weihnachtszeit
128 Seiten | Gebunden mit Leseband
In Sonderfarbe gedruckt, mit Illustrationen
ISBN 978-3-8436-1073-5
(Patmos Verlag)

»Wild« ist das Gegenteil von angepasst und gezähmt, und zahm ist Weihnachten für Andrea Schwarz nicht. Für sie verweist Weihnachten auf etwas Ursprüngliches. Ein Plädoyer gegen die Zähmung von Advent und Weihnachten. Andrea Schwarz erzählt von Zimtsternen im Mai, von einem Weihnachtsfest im Oktober und einem gestohlenen Jesuskind ...

PATMOS
www.patmos.de

Vom Engel der immer zu spät kam

Und andere Weihnachtsmärchen
Mit Illustrationen von Anna-Katharina Stahl
112 Seiten | Gebunden mit Leseband
Durchgehend vierfarbig illustriert
ISBN 978-3-86917-810-3
(Verlag am Eschbach)

Was passiert, wenn Engel Max sich so verspätet, dass er die Geburt des Christkindes verpasst? Wenn der echte Nikolaus für einen Nikolaus-Service arbeitet? Wenn im Himmel die Weihnachtsplätzchen erfunden werden? Fröhlich und frech, anrührend und amüsant, heiter und hintergründig sind die Weihnachtsmärchen von Andrea Schwarz.

ESCHBACH
www.verlag-am-eschbach.de